ILONA MARIA HILLIGES
PETER HILLIGES

Die weiße Hexe

Meine Abenteuer in Afrika

Ullstein

Die weiße Hexe schildert Ereignisse, die sich wirklich zugetragen haben. Die darin erwähnten Menschen existieren. Allerdings wurden einige Namen verändert, um die Privatsphäre der Betroffenen zu schützen.

Umwelthinweis:
Dieses Buch wurde auf chlor- und säurefreiem Papier gedruckt.

Besuchen Sie uns im Internet: www.ullstein-taschenbuch.de

Jubiläumsausgabe Januar 2003
Ullstein Verlag
Ullstein ist ein Verlag des Verlagshauses Ullstein Heyne List GmbH & Co. KG

Lektorat: Verlagsbüro Dr. Andreas Gößling und Oliver Neumann GbR
Umschlagkonzept: Sabine Wimmer, München
Umschlaggestaltung: Thomas Jarzina, Köln
Titelabbildung: IFA Bilderteam, Düsseldorf
Alle Abbildungen im Innenteil stammen aus dem Privatarchiv der Autorin.
Gesetzt aus der Sabon, Linotype
Satz: KompetenzCenter, Düsseldorf
Druck und Bindearbeiten: Ebner & Spiegel, Ulm
Printed in Germany
ISBN 3-548-36416-0

Inhalt

Danksagung

Von meiner Mutter habe ich gelernt, was Liebe bedeuten kann: selbstlos denen zu helfen, die Hilfe brauchen. Mutti war für meine Kinder Janet und Bobby da, egal wie gut oder schlecht es ihr selbst gerade ging. Was mich selbst umtrieb – ich habe es ihr nicht immer gesagt. Und sie hat nicht gefragt. Sie war einfach immer zur Stelle, forderte nichts, sondern gab ihre Liebe, ihre Zeit, ihre Kraft. Ohne ihren Rückhalt wären meine Jahre in Nigeria nicht möglich gewesen.

Janet und Bobby, meine beiden Großen, die dieses Buch in einem Alter lesen, in dem sie selbst Erwachsene sind, und die ihren afrikanischen Wurzeln bis heute zwiegespalten gegenüberstehen, bitte ich um Nachsicht, daß ich nicht immer die Mutter war, die sie sich wünschten.

Für die Hartnäckigkeit, mit der Kai Precht für *Die weiße Hexe* gekämpft und die letzten Endes dazu geführt hat, daß sie den Weg zwischen zwei Buchdeckel gefunden hat, gebührt ihm großer Dank.

Ich habe dieses Buch auch für meine Freunde in Nigeria geschrieben – obwohl die meisten es nie lesen werden –, um Verständnis für ihr wundervolles, aber auch zerrissenes Land zu wecken und ihnen auf diese Weise meinen Dank auszudrücken.

Berlin, im Februar 2000 *Ilona Maria Hilliges*

Rückkehr nach Afrika

Manchmal ist meine Erinnerung wie ein kleines Kind, das sich hinter der Gardine versteckt und laut ruft: Ich bin nicht mehr da! Und unten gucken die Füßchen raus... Dann reißt das Kind blitzschnell den Vorhang zur Seite und schreit: Da bin ich wieder! Mit ausgestreckten Armen stürmt es los und rennt mich mit seinem Schwung fast um.

Mit dieser Heftigkeit brach meine Erinnerung hinter dem grauen Vorhang des Vergessens hervor, als Peter eines Tages mit der Post ins Haus kam. Mein Mann sagte mit einem Tonfall, der nebensächlich klingen sollte, aus dem ich seine Neugier aber deutlich heraushörte: »Da ist ein Brief von einem Abiola. Aus Lagos, Afrika.«

Obwohl der Brief nur aus einer handgeschriebenen Seite bestand, las ich darin stundenlang wie in einem Roman, den man nicht aus der Hand legen kann, bevor man das Ende kennt. Ich sah Afrika vor mir, mit seinen endlosen Weiten voller schlummernder Energie, dem tiefblauen Himmel, der nirgendwo weiter und höher zu sein scheint. Ich hörte die vielstimmige Sinfonie der Natur, das Zirpen der Grillen, den Ruf des Uhus, das Quaken der Frösche und das Brüllen der Affen im Regenwald. Das leise Klicken, das entsteht, wenn der Wind die Palmblätter sanft gegeneinanderschlägt. Ich atmete die feuchte Luft ein, die nach reifen Früchten und lieblichen Orchideen duftet. Ich hörte den Chor der Stimmen auf den Märkten und Basaren, das Schreien der Kinder und das befreite Lachen der Frauen.

Und dann sah ich die Menschen, die mir damals nahegestanden hatten, wieder vor mir, so deutlich, als wären nicht inzwischen Jahre vergangen – Abiola, Yemi und die Kinder, Mila, die Zauberin, die mir eine Freundin geworden war. Und Victor, den Prinzen aus einer fernen Welt, mit dem ich in der Wüste unter einem Baldachin aus Sternen gesessen hatte. Ich hörte die Worte, die er zu mir sagte, das Versprechen seiner Liebe, das einzulösen ihm versagt blieb.

Dann vermischten sich die verträumt-romantischen Bilder mit den schrecklichen Szenen eines gefährlichen Abschieds. Plötzlich waren da Sunnys Wächter, die mich packten und auf die Ladefläche des Pick-ups warfen, wo ich verzweifelt nach Halt suchte. Die Luft war durchdrungen von feinem, rotem Sand, den der Wüstensturm Harmattan aufgewirbelt hatte. Ein Schuß fiel, dann noch einer, Frauen kreischten hysterisch. Mit zitternden Knien kletterte ich vom Wagen. Akpoviroro, dessen Gesicht von Tränen, Staub, Dreck und Wut zu einer unheimlichen Maske verzerrt war, glotzte mich an. Er richtete das Gewehr auf mich.

»Stirb, weiße Hexe!« stieß er hervor.

Abiolas Brief war die Einladung zu seiner Hochzeit. Er fragte höflich, ob ich seine vier Mädchen wiedersehen und seine zukünftige Frau Emeta kennenlernen wolle. Und ob ich nicht noch einmal, wenigstens für kurze Zeit, nach Afrika zurückkehren könnte ...

Mochte mir in Nigeria auch Schreckliches zugestoßen sein, so brannte plötzlich tief in mir doch wieder das Feuer einer großen Sehnsucht, von einem Funken in Brand gesetzt wie das ausgedörrte Gras der Savanne. So wenig, wie ein Glas Wasser den Flächenbrand zu löschen vermag, so wenig konnte sich meine wieder geweckte Leidenschaft für Afrika mit bloßen Erinnerungen und einem Brief begnügen. Ja, ich wollte zurückkehren nach Nigeria, um Peter teilhaben zu lassen an meiner Leidenschaft für dieses Land. Damit wir beide über die Brücke gehen konnten, die das Gestern meiner Vergangenheit mit dem Heute unserer Gegenwart verbindet.

Peter hat einmal gesagt, daß ich mein Leben mit einer Intensität führe, die für mehrere Frauenleben reiche. Der Grund dafür ist meine Neugier. Als ich jenen Mann traf, der mir die Tür zu dem unbekannten Reich namens Afrika aufstieß, war meine Naivität allerdings noch größer als meine Neugier: Ich war erst 19. Diese junge Liebe verging. Obwohl ich bereits sechs Jahre mit John, dem Mann aus Nigeria, verheiratet war, flog ich erst in seine Heimat, als wir schon in Scheidung lebten. In Afrika lernte ich dann Victor lieben, mit dem ich den Rest meines Lebens verbringen wollte. Aber das Schicksal riß diesen Mann mit solch einer Gewalt aus meinen Armen, daß ich geglaubt hatte, die unbewältigte Erinnerung verdrängen zu müssen, um weiterleben zu können.

Jetzt war ich endlich bereit, mich meinen Erinnerungen zu stellen. Meine Schwägerin übernahm unsere Kinder und das Haus in Deutschland. Zusammen mit Peter flog ich nach Westafrika, in ein Land am Regenwaldgürtel des Äquators, das viermal so groß ist wie Deutschland, in dem jeder fünfte Afrikaner lebt und das dennoch – im Gegensatz etwa zum ostafrikanischen Kenia – in keinem Reisekatalog zu finden ist: Nigeria.

14 Jahre waren vergangen, seitdem ich Abschied von Lagos genommen hatte. Als ich mit Peter im Sommer 1997 zurückkehrte, hatte ich allerdings das Gefühl, die Zeit wäre stehengeblieben. Afrika, oft als die Wiege der Menschheit bezeichnet, die Mutter, nach der wir alle uns sehnen und die wir aus der Ferne lieben, empfing mich mit ihrer direkten, unverfälschten Intensität. Der Strom der Menschenmenge zog Peter und mich in die Ankunftshalle des Airports hinein. Das

unbeschreibliche Chaos genoß ich mit der aufgeregten Vorfreude eines Kindes, dem ein großartiges Wiedersehen bevorsteht.

Abiola, runder und ruhiger als in meiner Erinnerung, hatte zu unserem Empfang nicht nur seine liebenswerte künftige Frau Emeta mitgebracht. Er hatte es sich auch nicht nehmen lassen, eine Frau über meinen Besuch zu informieren, bei deren Anblick ich die Tränen nicht mehr zurückhalten konnte: Mila. Wortlos fielen wir uns in die Arme. Auch Mila, eine Frau mit einem enormen Leibesumfang, die gleichzeitig Würde, Mütterlichkeit und Autorität ausstrahlte, wischte sich eine Träne weg. Dann zog sie aus der unergründlichen Tiefe ihres Wrappers, dem traditionellen afrikanischen Wickelrock, eine Kette, die sie küßte und mir um den Hals legte.

»Jemonja hat dich nicht vergessen, *sister*«, sagte sie ernst. »Sie wird dafür sorgen, daß deine Reise diesmal ohne Probleme verläuft.« Sie umarmte mich erneut. Die Rührung über dieses Willkommensgeschenk übermannte mich; ich brachte kein Wort hervor. In diesem Augenblick schloß sich der Kreis aus Abschied und Wiedersehen: An dem dünnen Lederband um meinen Hals hing der goldgefaßte, gebogene kleine Zahn eines Krokodils. So, daß meine Begleiter es nicht hören konnten, flüsterte mir Mila ins Ohr: »Was auch immer dir in deinem Leben zustößt – denk daran: Du hast den Teufel besiegt.«

Mit ausgestreckten Armen schob sie mich von sich und musterte mich wie eine Mama die heimgekehrte Tochter. »Die Jahre sind dir gut bekommen!« Verlegen zupfte ich mein Kleid zurecht: Ich wog zehn Kilo zuviel. Doch in Milas Augen waren das jene Kilo, die ich das letzte Mal zuwenig hatte.

Jetzt nahm sie Peter in Augenschein. »Das ist dein Mann? Er ist ein bißchen dünn geraten. Du solltest ihm mehr zu essen geben, *sister*!« Ihr lautes Lachen war so warm und herzlich, wie ich mir unsere Ankunft nur wünschen konnte.

Peter, der Afrika nur aus meinen Erzählungen kannte, bestaunte das bunte, pralle afrikanische Leben mit großen Augen. Lagos ist eine Metropole von heute schätzungsweise zehn Millionen Einwohnern. Wer als Europäer nachts durch die Straßen fährt, möchte glauben, daß sie alle herbeigeströmt sind, um uns Tagmenschen die afrikanische Lust am Leben in der Nacht zu beweisen. Die Straße ist eine unendlich lange Bühne, auf der sich das ganze Leben abspielt. Männer sitzen vor den Häusern und palavern; Gruppen von Frauen und Kindern sind auf dem Weg zu einer Feier oder einem der zahllosen Gottesdienste welcher Religion auch immer; Straßenhändler – Männer, Frauen, Kinder –, die Tabletts in den Händen tragen oder kunstvoll auf dem Kopf balancieren, bieten Süßigkeiten, Backwaren, Früchte, Zigaretten, fertig gekochte Speisen oder Kolanüsse zum Kauf an; ein alter Mann schiebt in einem Karren Wasserkanister vor sich her; manchmal sieht man kleine Herden von Ziegen, die ein Junge vorantreibt; jemand traktiert einen vollbeladenen Esel mit einem Stöckchen, damit er weitergeht; Mopeds, Busse, Sammeltaxen verschaffen sich in diesem Durcheinander laut hupend Platz.

Nichts hatte sich verändert, nur ich selbst. Ich war älter geworden und, nach inzwischen vier Kindern, runder. Aber das – Mila hatte es mir ja so nett gesagt – gilt in Afrika als schön.

Abiola brachte uns in sein Haus in der Nähe der Universität von Benin City. Man sagt, daß die Kinder uns zeigen, wie die Zeit vergeht. Abiolas vier Mädchen waren inzwischen erwachsen, genauso wie Janet und Bobby, meine Kinder aus der Ehe mit John. Während der warme Regen niederprasselte und die schwülwarme Luft nach diesem aromatischen, sinnlichen Moschus duftete, saßen wir zu viert auf der regengeschützten Veranda von Abiolas Haus und drehten die Uhr zurück.

Damals, 1972, als alles begonnen hatte, war ich jünger als meine älteste Tochter Janet jetzt.

I

Eine alte Liebe

»Solange du Läuse in der Kleidung hast,
wird unter deinen Fingernägeln Blut sein.«
(Nigerianisches Sprichwort)

John, der Mann aus meiner Vergangenheit

In München fanden die Olympischen Spiele statt. Die Stadt war voller Fremder, die ganze Welt sah auf sie. Und ich war mittendrin, 19 Jahre jung! Ich hatte einen Job »bei Olympia« ergattert, teilte Reinigungskräfte ein. Es war Sommer, eine Atmosphäre, als wäre jeden Tag Föhn, und die Luft war wie Champagner.

John Wowo war so schwarz, daß ich in der Dunkelheit der Nacht nur seine Augen und sein fantastisch weißes Gebiß leuchten sah. Er war nicht viel größer als ich, hatte krause Haare mit viel zu langen Koteletten, ein unwiderstehliches Lachen in den Augen und einen weichen, sinnlichen Mund. Er wählte seine Kleidung so, daß er auffiel – ein zu langer Mantel, zu weite Hosenbeine und bunte Hemden. Das Essen, das er für mich kochte, war ungewohnt scharf oder von verführerischer Süße. Er rief mich an, schrieb mir seitenlange Briefe, erzählte märchenhaft anmutende Geschichten aus seiner Heimat. Er holte mich zu unerwarteten Zeitpunkten ab, brachte mir kleine Holzfiguren, bunten Perlenschmuck, ungewöhnliche Talismane und Amulette mit, die mich faszinierten und meine Neugier weckten. John warb um mich mit einer altmodischen Aufmerksamkeit voll romantischer Zartheit, der ich mich bereitwillig auslieferte.

Meine Freunde, ganz zu schweigen von meinen Eltern, die schon bei der Erwähnung von Johns Hautfarbe abblockten, warnten mich. Vielleicht war es der Reiz des Fremden, die uralte Versuchung, von verbotenen Früchten zu naschen, die Herausforderung, unsichtbare Grenzen zu überschreiten.

Auf jeden Fall verletzte ich bereitwillig jene Tabus, die ich ohnehin nie akzeptiert hatte.

Johns Begehren machte mich süchtig, und ich begann ihn zu lieben, seine schwarze, haarlose Haut, seine vollen Lippen. Seine sinnliche Körperlichkeit half mir aus meinen Hemmungen heraus wie aus einem zu engen Korsett. Sein Stolz auf mich, den er auf unzähligen Partys zeigte, gab mir Selbstbewußtsein. Seine Fantasie, die unbekümmerte Fröhlichkeit, mit der er das Leben auf sich zukommen ließ, ohne vorauszuplanen, verlieh mir Flügel. Seine Liebe und warmherzige Fürsorglichkeit umhüllten mich wie ein Handschuh die frierenden Finger.

Johns sinnliches Reich aus Liebe und Sex, Düften und Essen hätte ewig dauern können; aber er hatte kein Geld. »Macht nichts«, sagte ich lässig, »ich verdien' ja schon neben dem Studium.« Und war nun meinerseits stolz, ihm mit meinem Geld helfen zu können. Das Leben mit John veränderte mich schnell. Auch äußerlich: Meine rotblonden langen Haare kräuselten sich schon bald im Afro-Look, womit ich John zeigte, daß ich zu ihm gehörte.

Aber mein Vater, der auf einen braven deutschen Geschäftsmann – wie er selber einer war – als Gatten seiner ältesten Tochter gehofft hatte, sah seine Felle davonschwimmen. Unverhüllt zeigte er seine Ressentiments. Weil ich Konfrontationen immer aus dem Weg ging, schwieg ich. Da kamen mir Johns Ideen, die so farbenprächtig waren wie seine Fantasie, gerade recht. Er träumte von jener Gegend der Welt, die uns beiden weit, ungezwungen und grenzenlos erschien. In Kanada wollte er sich zum Piloten ausbilden lassen.

Mit Johns Liebe und Kraft fühlte ich mich unendlich stark und mutig, und ich glaubte, nie einen Fehler machen zu können. Meinem dominanten, überfürsorglichen Vater erzählte ich, daß ich in Amerika ein internationales Studium beginnen wolle. Er brachte mich sogar zum Flughafen. Und dann strömten am Abflugschalter fünf, sechs schwarze Männer auf mich zu, mittendrin John, voller Vorfreude auf Kanada. Mein Gebäude aus Lügen knickte in sich zusammen. Ich flog Hals über Kopf ab, statt meinem Vater klarzumachen, daß ich von nun an mein eigenes, von mir selbst zu verantwortendes Leben führte. Ich nahm einen Berg Schuldgefühle mit, mit denen ich die nächsten Jahrzehnte lebte und die Papa trefflich auszunutzen wußte.

Unsere abenteuerliche Reise nach Kanada tat unserer Beziehung gut. Ich bewunderte John wegen seiner Ausgeglichenheit, die nie ein böses Wort über seine Lippen kommen und ihn nie ein hartes Urteil über andere Menschen fällen ließ, ganz egal, wie sehr er selbst beleidigt worden war. Da ich immer eine Einzelgängerin gewesen war, genoß ich seine unkomplizierte Art, überall schnell Freunde und »Verwandte« zu finden. Und ich lernte auch die stille, gläubige Seite an ihm kennen, das Gebet vor jeder Mahlzeit, das Ausdruck tiefer Spiritualität war.

Unsere Hoffnung erfüllte sich nicht: Das Leben in Kanada war nicht leichter als das in Deutschland, vor dem wir davongelaufen waren. Zwar fand ich problemlos Arbeit, doch John erhielt nicht einmal eine Aufenthaltsgenehmigung, die Voraussetzung für die Verwirklichung seiner hochfliegenden Pläne. Aber was uns hätte trennen sollen, schmiedete uns noch stärker zusammen: Im März 1974 heirateten wir in Toronto, und ich wurde Ilona Wowo. In Briefen, die ich nach Hause schrieb, gab ich nur meinen Vornamen als Absender und eine Postfachadresse an. Meine Mutter roch den Braten bald und fragte, ob ich geheiratet hätte. Nach meinem Antwortbrief wollte mein Vater nichts mehr mit mir zu tun haben; Mutter mußte von nun an heimlich schreiben.

Den ersten Schatten auf unser Glück warf ein Brief aus Nigeria. John hatte dort eine Ehefrau, die er kurz vor seiner Abreise nach Deutschland nach Stammesrecht geheiratet hatte. Aus seiner Sicht war Polygamie nichts Verwerfliches, sondern gehörte zur Tradition. Doch ich war wütend. John schrieb einen Brief nach Hause, in dem er das Mädchen verstieß und seine Eltern aufforderte, die letzte Rate des Brautpreises nicht zu zahlen, da er in Europa die Frau seines Leben gefunden habe. Ich war versöhnt und glaubte wieder an ihn.

Trotz der Heirat bot Kanada uns keine Zukunft. Wir entschlossen uns, nach England zu gehen, um zu studieren und zu arbeiten. In kürzester Zeit gelang es mir, in London einen Job zu finden und Geld für uns beide zu verdienen. Wir wohnten in dem heruntergekommenen Londoner Stadtteil Brixton, weil wir uns mehr nicht leisten konnten. Das armselige Zimmer, das ein Vorhang in Wohn- und Schlafbereich teilte, besaß weder Klo noch Bad. Der Nachbar von oben löste das Problem auf seine Art: Er pinkelte aus dem Fenster.

Ich wurde vom anstrengenden Alltag so in Beschlag genommen, daß ich nicht bemerkte, was mit John vor sich ging. Was es für ihn bedeuten mußte, die Weite Afrikas zu kennen, von der Freiheit Kanadas zu träumen – und in einem solchen Loch zu landen, ohne die Aussicht, das Schicksal in die eigenen Hände nehmen zu können. Denn wieder bekam John keine Arbeitsgenehmigung. Wenigstens ein Studium durfte er beginnen, das wir allerdings selbst zu finanzieren hatten. Es machte mir nichts aus, daß es mein schwer verdientes Geld war, solange John seinem Ziel ein Stück näher kam.

Aber John fehlte der Antrieb. Erst gegen Mittag fand er aus dem Bett, beantwortete Fragen nach dem Studium ausweichend. Wenn ich müde von der Arbeit nach Hause kam, war in unserer kleinen Wohnung Party angesagt. Mein ausgeruhter, kontaktfreudiger Mann hatte andere Afrikaner eingeladen, die alle nicht arbeiten mußten oder durften. Unser Leben geriet aus den Fugen.

Ausgerechnet da kam John mit einer neuen Idee – ein Kind! Für Afrikaner hat Nachwuchs einen anderen Stellenwert als für Europäer. Das reicht vom Gedanken der finanziellen Alterssicherung bis hin zu einer spirituellen Bedeutung: Kinder sichern die Wiedergeburt. Das wußte ich mit Anfang Zwanzig nicht. Ich dachte weiblich-pragmatisch: Als Vater wird John sicher verantwortungsbewußter!

Anfang Juli 1975 kam unsere Tochter Janet zur Welt, doch nichts änderte sich. Im Gegenteil. John dachte gar nicht daran, Janet zu betreuen. Das alte Klischee: Kindererziehung ist Frauensache. Aber ich arbeitete – der Sozialhilfesatz hätte nur zum Verhungern gereicht. Johns Vorschlag: Bring das Kind zu deiner Mutter. Unvorstellbar! Mit Mama wechselte ich immer noch heimlich Briefe, zwischen Papa und mir herrschte der Krieg des Schweigens. Ich hätte zu Kreuze kriechen, mein Versagen eingestehen müssen. Doch so weit war ich nicht – noch nicht. Janet kam zur Tagesmutter, in deren winziger Wohnung ein Dutzend anderer Kinder herumkrabbelte.

Da Janet ständig krank war, mußte ich sie oft zu Hause lassen. Als ich am Abend eines solchen Tages heimkehrte, glaubte ich, die falsche Wohnung erwischt zu haben. Da stand eine Frau in unserem Zimmer an der Kochplatte, trug meinen Wrapper, rührte träge in einem Topf, und meine einjährige Tochter, hochfiebrig, krabbelte zu ihren Füßen herum. Mein Mann tanzte mit seinen Freunden zu lauter, reggaeartiger High-Life-Musik durchs Nebenzimmer. Ich bin nicht der Typ, der Szenen macht. Statt dessen schleppte ich John zum Eheberater, der uns zur Sexberatung ins Krankenhaus schickte. Nasenspray gegen Lungenentzündung, sozusagen. Alles ging weiter wie gehabt. Zum ersten Mal wollte ich raus aus dieser Ehe, die so romantisch begonnen hatte.

John begriff den Ernst der Lage, wurde für einige Monate wieder der Mann, den ich geliebt hatte und der sogar seine kleine Tochter versorgte. Im September 1977 kam Bobby zur Welt. »Mein Sohn«, sagte John voller Vaterstolz. Jetzt wollte er mir zeigen, daß er Geld verdienen konnte. Na ja, vielleicht wollte er es mehr sich und seinem Sohn beweisen. Jedenfalls bekam ich nichts davon mit, denn er flog nach Nigeria. Um Geschäfte in Gang zu bringen, die er mit seinen Freunden nächtelang diskutiert hatte.

Ich mußte arbeiten, wurschtelte mich mit den zwei Kindern durch und schickte Geld nach Nigeria. Dann hörte ich nichts mehr von John – er war verschwunden, als hätte ihn der afrikanische Boden verschluckt. So konnte es nicht weitergehen! Janet und Bobby verbrachten den Tag bei einer englischen Tagesmutter in einer engen Sozialwohnung mit acht anderen Kindern, drei Hunden und zwei Katzen. Das war nicht das Leben, das ich mir für meine Kinder gewünscht hatte. Schlechtes Gewissen plagte mich. Sollte ich zurück zu Muttern nach Deutschland? Mama, die großmütige Kindernärrin, liebte meine beiden Süßen aus der Ferne. Und Vater? Ihn reumütig um Hilfe bitten? Er hatte mir ja noch nicht mal die Ehe mit John verziehen. Schuldgefühle hier wegen der Kinder, Schuldgefühle dort wegen meines Vaters. Die Kinder gaben den Ausschlag, zerknirscht kapitulierte ich. Meine Eltern hatten mich wieder. Und ich sie!

Während meine Mutter sich um die Kinder kümmerte, machte ich in München bescheiden Karriere als Abteilungsleiterin. Ich reichte die Scheidung ein. Das Scheidungsbegehren wurde von der Post zwischen Deutschland und Nigeria hin- und hergeschickt. Johns Adresse konnte nicht ermittelt werden. Ich war mit einem Nigerianer verheiratet; aber in Afrika war ich bis dahin noch nie gewesen. Das war 1980, im sechsten Jahr meiner Ehe. Oma und Opa hatten ihre Rolle,

Janet und Bobby ihre Familie gefunden. Ich hoffte, endlich wäre Ruhe eingekehrt. Außerdem war Weihnachten.

Meine Hoffnung sollte sich nicht erfüllen. Ein erstes Anzeichen dafür war, daß der dreijährige Bobby mit seinem ersten Fahrrad, das sein Opa ihm schon einen Tag vor Heiligabend geschenkt hatte, im Kellerflur stürzte. Er blutete aus einer Platzwunde über dem rechten Auge, und sein linker Arm war verrenkt. So saß mein kleiner Sohn mit einem Gipsarm und einem dicken Pflaster über dem Auge unter dem dritten Weihnachtsbaum seines zarten Lebens.

Wir waren gerade bei »Stille Nacht, heilige Nacht«, als es klingelte. Überrascht sahen wir uns an. Da sprang Janet schon hoch und lief zur Tür. Sekunden später hörte ich sie aufgeregt kreischen: »Mama, komm schnell! Da ist ein schwarzer Weihnachtsmann!«

Janet hätte ihren Vater auch nicht erkannt, wenn der sich keine rote Mütze mit einem weißen Bommel aufs schwarze Kraushaar gesetzt hätte. Da stand er nun, bepackt mit lauter glitzernden Paketen und einem unschuldigen Grinsen im Gesicht. Janet klammerte sich ängstlich an mir fest und starrte den schwarzen Weihnachtsmann an, der zur Bescherung zu spät gekommen war.

»*Happy Christmas, everybody.* Kann ich sehen meine Sohn?« fragte John in seinem fröhlichen Deutsch-Englisch. Obwohl mit einer Deutschen verheiratet, hatte er meine Sprache nie richtig lernen wollen; wir unterhielten uns immer auf englisch. Am Anfang hatte das einen exotischen Reiz gehabt; doch im sechsten Jahr unserer Ehe, dem Frustjahr, nervte es mich.

Der schwarze Weihnachtsmann bekam seinen Mund nicht wieder zu. Aber er staunte nicht etwa über den zwei Meter fünfzig großen Weihnachtsbaum, den mein zur Gigantomanie neigender Vater ins Wohnzimmer geschleppt hatte, sondern über den desolaten Zustand seines einzigen Sohnes, seines Stammhalters, den zu besuchen er gekommen war. Auf englisch rief er: »Was habt ihr mit meinem Bobby gemacht?«

Er stürzte auf das leidende Kind zu, hob es auf den Arm und drückte ihm Küsse ins verdutzte Gesicht. Ich weiß nicht, ob Bobby von dieser Art der Liebkosung Kopfschmerzen bekam und deshalb in Tränen ausbrach oder einfach nur vor Schreck, aber ich tippe auf letzteres. Der Heilige Abend war jedenfalls gelaufen. Keine stille Nacht, sondern ausführliche Erklärungen über den Hergang des Unfalls im Keller. Ich glaube, John wertete Bobbys Fahrradcrash schließlich in die erste Männlichkeitsprüfung seines Sohnes um. Denn der einzige Schluß, den er aus der Angelegenheit zog, war: »Morgen kaufe ich für Bobby ein neues Fahrrad.«

»Aber John, morgen ist Weihnachten. Da haben alle Geschäfte zu!«

»Okay, dann der Tag nach morgen.«

»Da ist auch zu.«

»Ilona, das ist typisch für dich. Ich bin gerade gekommen. Den weiten Weg von Nigeria zu euch hier nach München. Und du streitest mit mir.«

Ich habe erst später erfahren, daß er nicht aus Nigeria gekommen war, sondern aus Augsburg. Gerade mal sechzig Kilometer. Und daß er schon seit zwei Wochen in Deutschland war. In Augsburg hatte einer seiner vielen Vettern eine Wohnung. Und der Vetter hatte eine Freundin, die eine Freundin ... Egal, zu diesem Zeitpunkt befanden wir uns schließlich im Trennungsjahr.

Von Johns Auftauchen an spielten weder meine ohnehin sehr stille, leidgeprüfte Mutter noch meine verdutzte Tochter Janet oder gar ich selbst eine Rolle. Wir waren abgemeldet und überließen John, meinem Vater und Bobby das Schlachtfeld. Mutter und ich backten Kuchen, und Janet gesellte sich zu uns. Ich futterte, gefrustet und ratlos. Ich hätte John einfach rausschmeißen sollen! Wir lebten doch in Scheidung. Aber ich bin viel zu nachgiebig, viel zu rücksichtsvoll. Die armen Kinder – da kommt der Daddy an Weihnachten vorbei, und den setzt man an so einem Festtag eben nicht einfach vor die Tür. Was hätten Janet und Bobby von mir denken sollen?

Vielleicht war mein Rückzug vom weihnachtlichen Schlachtfeld schuld oder der viele Glühwein. Auf jeden Fall hatten mein Noch-Mann und sein Noch-Schwiegervater plötzlich einen Narren aneinander gefressen. Sie redeten und redeten. Wenn ich mal dazukam, wunderte ich mich über ihre spezielle Kommunikation. John sprach afrikanisches Englisch und konnte nur wenige deutsche Worte, Papa pflegte sich auf bayerisch zu unterhalten. Ob John alles verstand? Ob mein Vater alles richtig mitbekam? Leider verschwendete ich daran nicht genug Gedanken, amüsierte mich nur insgeheim über die beiden angetrunkenen Weihnachtsmänner. Was sich bitter rächen sollte. Denn so wunderte ich mich nicht weiter über die Rechenmaschine vor den beiden, deren papierener Auswurf im Laufe des Abends Girlandenausmaße annahm. Und konnte nicht verhindern, daß John von meinem Vater herzlich eingeladen wurde, über Silvester zu bleiben.

Welches gemeinsame Interesse hatten mein weißer Vater und mein schwarzer Mann an diesem Abend wohl ausgemacht? Natürlich: Autos. Damit nahm ein Verhängnis seinen Lauf, dessen Ausgang ich nicht im Traum geahnt hätte.

John und mein Vater beschlossen unter dem Weihnachtsbaum, Johns vom reichlich sprudelnden Öl gesegnete Heimat Nigeria mit Autos zu versorgen. Nun wußten die beiden von Autos mal gerade so viel, daß die Dinger möglichst groß zu sein hatten, schick aussehen mußten und viele PS unter der Haube haben sollten. Vom Handel damit hatten sie auch ganz konkrete Vorstellungen: kaufen, aufs Schiff packen, wieder entladen, gewinnbringend verscherbeln. Den Anfang wollten sie mit zehn Stück machen. In Deutschland billig kaufen, in Nigeria zu astronomischen Preisen verkaufen. Johns älterer Bruder Moses sollte das Unternehmen in Lagos in die Wege leiten und ein Vetter der beiden, der beim Zoll arbeitete, für eine reibungslose Einfuhr sorgen.

Der Autohandel stand von Anfang an unter keinem guten Stern. Papa und John kauften vor allem Peugeots, weil die angeblich in Nigeria besonders gefragt waren, und zwei Mercedes. Vielleicht lag es am deutschen Verkehr, den John nicht gewohnt war, vielleicht ließen es die beiden Herren auch bei der Auswahl der Wagen an Sorgfalt mangeln. Jedenfalls kamen vier der zehn Wagen mit Beulen, defekter Ölpumpe und kaputtem Vergaser am Verschiffungshafen in Bremen an. Meine zaghaften Einwände, daß man für im Schnitt 3 000 Mark pro Auto eben keine Nobelschlitten bekomme, hatten nicht gegolten. Was versteht eine Frau schon von Autos? Außerdem: »In Nigeria kann man alles billig reparieren.«

In diesem Stil ging es weiter: Meerwasser ist salzig. Daß für Autos eine Meerwasser-Dauerdusche auf Deck nicht gerade wertsteigernd ist, sollte man berücksichtigen. Aber mein Vater wiegelte ab: »Unter Deck kommt zu teuer, Ilona. Ist doch billiger, sie hinterher zu waschen und ordentlich zu polieren. Wenn die Wagen in Lagos ankommen, nimmt John sie in Empfang und läßt sie auf Vordermann bringen.« John nickte.

Die Rechnung der beiden Starverkäufer war einfach: Kaufpreis pro Auto 3 000 Mark plus jeweils etwa 7 000 Mark »Nebenkosten« gleich 10 000 Mark, Verkaufspreis in Nigeria 10 000 Naira, damals 20 000 Mark. Aus eins mach zwei. Aber das war eine Rechnung mit verflixt vielen Unbekannten. Denn mit dem Ausfall eines Wagens standen nicht 3 000

Mark auf dem Spiel, sondern 10 000. In drei Monaten sind die Autos verkauft, machte mein Vater mir Mut. Und mit dem Gewinn wird dann richtig groß ins Autogeschäft eingestiegen. Dem künftigen Leben als Millionär stand nichts mehr im Weg...

Die Wagen wurden verschifft, und dann herrschte Funkstille an der Autofront. Wir konnten nur hoffen, daß die Vehikel ihr Ziel heil erreichten. Die Bank meines Vaters hoffte mit: Sie hatte insgesamt 50 000 Mark für den Autohandel vorfinanziert. Die Spedition, die die Wagen nach Afrika verschiffte, hatte meinen Vater Wechsel unterschreiben lassen, die drei Monate später zur Zahlung fällig waren. Hier lauerten weitere 25 000 Mark.

Dann kam das Telegramm aus Nigeria: Johns Bruder Moses, der unerläßliche Helfer beim Autohandel vor Ort, liege im Sterben, John müsse sofort kommen. Und weg war er. Mit weiteren 25 000 Mark, die die Bank uns lieh, um die Autos sicher aus dem Zoll zu bekommen und herrichten zu lassen.

Ursprünglich hatte ich mit diesem unsinnigen Autohandel nichts zu tun. Trotzdem machte ich ihn mit jedem Tag des Wartens mehr zu meiner Angelegenheit. Ich fühlte mich für Johns Tun verantwortlich. Jeder Schritt, den Vater mit hängenden Schultern schlurfte, drückte auf meine schuldbeladene Seele. Wenn sich die Autos nicht verkaufen ließen, wären wir ruiniert gewesen.

Von John kam keine Nachricht. Anrufen konnten wir nicht – er war abgereist, ohne eine Telefonnummer dazulassen. Was wir hatten, war ein Zettel, auf den er ein paar Worte gekritzelt hatte – die Adresse seines Vetters irgendwo in Lagos. Ich schickte ein Telegramm an den Vetter: *John, ruf sofort an!* »Sofort« ist in Afrika ein sehr relativer Begriff. In diesem Fall bedeutete er zwei Wochen, in denen ich bangte und kaum noch schlief. Eines Nachts um eins schrillte das Telefon. Durch das Rauschen der Leitung drang Johns Stimme – von ganz weit her.

»Hi! Hello? Ilona? Hier ist John!«

»O Gott, John! Wo bist du? Bist du okay?«

»Ja, ja. Geht es den Kindern gut?«

»Ja, alles okay. Was ist mit den Autos? Hast du sie verkauft?«

»Die Autos? Was soll mit den Autos sein?«

»John! Sind sie verkauft?«

»Die stehen im Zollhafen.« Dabei mußte mein Vater eine Woche später 75 000 Mark zurückzahlen! »Ilona, es gibt ein Problem mit den Autos.«

Ich war der Ohnmacht nahe. »Was ist mit deinem Vetter beim Zoll?«

»Er ist nicht mehr beim Zoll. Ich brauche noch Geld, um die Autos aus dem Zoll zu bekommen.«

»Du hast doch 25 000 Mark mitgenommen!«

»Ilona, mein Bruder Moses ist sehr krank. Ich muß den Medizinmann bezahlen. Sag deinem Vater, er muß noch Geld schicken.«

»Er hat keins mehr!«

»Du brauchst Geld, um Geld zu verdienen, Ilona.«

»Wieviel denn noch?«

»Ich glaube, 10 000 Mark werden reichen. Aber vielleicht wären 20 000 besser.«

»John, willst du Autos verkaufen oder Medizinmänner reich machen?«

»Ilona, bitte reg dich nicht auf. Zwei Autos sind beim Ausladen beschädigt worden. Sie müssen repariert werden.«

Die Leitung brach zusammen. Und ich auch. Ich sank einfach zu Boden. Als meine Mutter nachts um drei aufstand, um sich aus der Küche etwas zu trinken zu holen, fand sie mich so vor. Nein, geheult habe ich eigentlich nicht, jedenfalls nicht bewußt, nur geschrien, leise in mich hinein. Auf dem Weg nach draußen müssen wohl Tränen daraus geworden sein. Man kann ja nachts um eins nicht vor Wut losbrüllen. Ich hätte die Kinder geweckt.

Autos sind zum Fahren da. Und die Beziehung zu einem Mann setzt Vertrauen voraus. Das ist meine Überzeugung bis heute. Obwohl ich gegen beide Ansichten verstieß, war im März 1981 klar: Ich fliege nach Nigeria, um die Sache in Ordnung zu bringen. Denn ich habe noch ein Prinzip: Ich lasse niemanden im Stich, schon gar nicht meinen Vater, so gespannt das Verhältnis zu ihm auch war.

Aber auch Papa war ein Dickkopf. »Ilona, du fährst nicht allein nach Afrika! Es geht schließlich um mein Geld, das John da unten aus dem Fenster schmeißt. Ich komme mit.«

»Aber du sprichst kein Wort Englisch!« mahnte ich vergebens.

Als John zum verabredeten Zeitpunkt brav anrief, informierte ich ihn, daß wir kämen und wann er uns abholen solle. Da meinte John: »Oh, gut, daß ihr kommt. Bringt ein paar Kleinigkeiten mit, um Freunde zu machen.« Kleinigkeiten? Ein schwerer Ballen goldenen Brokatstoffes sowie zwei riesige Stoffballen mit österreichischer Stickerei. Mein Vater fuhr extra 300 Kilometer nach Dornbirn in Österreich. Er wollte sich ja nicht lumpen lassen. Das Motiv der Stickerei: Mercedes-Sterne, laut John der letzte Schrei auf dem nigerianischen Modemarkt. Am nächsten Tag brachte Quelle noch ein gigantisches Paket voll güldenem Krimskrams: Aschenbecher, Vasen, Tellerchen, Kerzenleuchter. Ein Flohmarkt für den Afrika-Export.

Diesmal nahm ich den Kredit auf: 15 000 Mark, 10 000 für die Autos, 5 000 kosteten die Lufthansa-Flüge. Wir mußten

Business class nehmen, denn auf Plätze in der günstigeren Touristenklasse hätten wir wochenlang gewartet. Mein Vater war auch nicht der Typ, der mit einem Billigticket reist. Er war ein Mann von einem Meter achtzig und wog damals 125 Kilo. Ein Mann mit Einlegesohlen in den Gesundheitsschuhen, wollenem Trachtenanzug und Filzhut mit Gamsbart. Er wollte eben was hermachen. Um einen Kredit bei einer oberbayerischen Bank zu ergattern, war das vielleicht der richtige Aufzug. Doch so stieg er auch ins Flugzeug nach Afrika.

Reise ins Ungewisse

Die Lufthansa-Maschine wurde weit draußen in Lagos auf dem Rollfeld des Murtala Mohammed Airport abgestellt. Bis zu diesem Zeitpunkt war es mir egal gewesen, ob ich in Island oder Sibirien Vaters undurchdachte Geschäfte hätte retten sollen. Ich bin nicht nach Afrika geflogen, um Abenteuer zu erleben oder mir den Duft der großen weiten Welt um die Nase wehen zu lassen. Ich war eine Frau von 27 Jahren, auf die zu Hause zwei kleine Kinder und ein Berg von Schulden warteten. Trotzdem vollzog sich schon in diesen ersten Minuten, während wir an der geöffneten Türe warteten und schwitzten, eine unerklärliche Veränderung in mir. Die süßlich aromatische Luft, der der Geruch von Kerosin beigemengt war, strömte in die Kabine. Ein geradezu stimulierend aufregender Duft, der meinen Puls beschleunigte. Es war dieser unbekannte Geruch, der mir die Dimension meiner Reise ins Ungewisse klarmachte. Ich war in Afrika!

Papa steckte meine Erregung keineswegs an. Da er Mantel und Hut trug, dauerte es keine zwei Minuten, bis er schweißgebadet war. Ich glaube, Papas grauer Filzhut machte mir bewußt, daß in Afrika alles unvorstellbar anders war: Vor der Paßkontrolle wollte er ihn wieder aufsetzen, doch durch die feuchtwarme Hitze war das graue Filzding um zwei Nummern eingelaufen. Papa wirkte wie der Aushilfsclown eines Zirkus. Trotzig behielt er sein geschrumpftes bayerisches Stammessymbol auf dem schweißnassen Kopf.

Wir befanden uns in einer Schlange von Menschen, die sich langsam auf den Einreisebeamten zubewegte. Ich die überflüssige Garderobe über dem Arm, in jeder Hand eine große Tasche. Mein Vater mit Anzug, Mantel, Hut, links den Koffer mit dem güldenen Nippeszeug, obenauf ein paar Hemden und Krawatten, und rechts den schönen Aktenkoffer, auf den er so stolz war, weil er sich beim Öffnen so toll auseinanderfächerte.

Ich hielt meinen Paß und meinen Impfpaß parat. »Papa, hast du deine Pässe?« Statt einer Antwort griff er – mit der Geste großer Männer – in die linke Brusttasche des Anzugs. Voilà, der Paß. Er runzelte die Stirn, hielt den Paß mit den Zähnen fest, fühlte – schon wesentlich unsicherer – noch mal nach. Fehlanzeige. Kein Impfpaß. Ich sagte nichts. Ich wußte, daß man uns ohne Impfpaß nicht ins Land lassen würde.

Problemlos passierten wir den Einreisebeamten, schoben uns zum Gesundheitsbeamten weiter. Vater tastete in den anderen Sakko- und Manteltaschen. Dann blieb er stehen, mitten in der von hinten nachdrängenden Menschenmenge. »Ist bestimmt im Aktenkoffer«, sagte er, drehte an den Zahlencodes des Koffers, ließ die Verschlüsse schnappen. Irgend jemand stieß prompt von hinten gegen ihn, und der Koffer klappte auf, die fein säuberlich geordneten Dokumente purzelten wild durcheinander auf den Boden. Zwanzig Hände griffen hilfreich danach. Vaters Hut kullerte davon, der Schweiß tropfte. Wir rafften das ganze Papierzeugs schnell zusammen, bevor es jemand mit der Hilfe übertreiben konnte. Durch diese Radikalinventur des Kofferinhalts wurde klar: Der gesuchte Impfpaß hatte die Afrikareise verpaßt.

»Ich glaube, er liegt zu Hause auf dem Bett. Der war doch in dem großen Koffer, und den hab' ich noch mal umgepackt.« Nun wußte er's wieder.

Der Gesundheits-Beamte fertigte mich ab. Man sah es ihm richtig an, wie er sich auf den korpulenten reichen Weißen freute, der nichts vorzuweisen hatte. Es dauerte keine fünf

Minuten, und Vater hatte weniger zu tragen. Ein vergessener Impfpaß? Macht einen halben Koffer voll vergoldetem Quelle-Nippeszeugs, das unter dem riesigen Tresen des hilfreichen Beamten verschwand.

Wir holten die Koffer vom Gepäckband. Lauter freundliche Nigerianer boten ihre Hilfe an. Papa schwitzte. Wenigstens von seinem Schrumpfhut trennte er sich endlich. Ein Sechsjähriger freute sich darüber – so klein war das Filz-Gamsbart-Hütchen inzwischen.

Ab zum Zoll. In den vielen großen Koffern ist wirklich nur Privates? Aufmachen! Mit zwei großen Ballen österreichischer Stickerei waren wir angekommen. Nach dem Zoll war es nur noch einer. Für den anderen und den dicken Brokatstoffballen mußten wir trotzdem Zoll zahlen. Natürlich ohne Quittung!

Doch so schnell wollte ich mir meine gute Laune nicht vermiesen lassen. Von allen Seiten drangen Stimmen auf uns ein. Jeder zweite war Taxifahrer, jeder dritte bot uns Geld zum Schwarzumtausch an, einige wollten Hotelbetten loswerden, manche Uhren und Schnitzereien, die ich fasziniert bestaunte. Während Papa motzte, sah ich in die freundlichen Gesichter, die mich anlachten. Das war also Afrika – ein quirliger Mix aus fröhlichen Menschen, die sich über unsere Ankunft freuten.

Ich erkannte John erst auf den zweiten Blick. Keine weiten Schlaghosen, kein Hemd aus falscher Seide. Nein, das war ein Herr aus Afrika. Mit seinem dreiviertellangen bunten Hemd und dazu passender Hose strahlte er Würde und Selbstbewußtsein aus, verteilte Nairas an Helfer, die die Koffer zum Parkplatz schleppten. Sogar mein Vater war von diesem Auftritt beeindruckt. Leider hielt sein Respekt nur an, bis John unsere Karawane vor dem Auto anhielt, das zu unserem Transport vorgesehen war. Vater sah sich um, ob vielleicht noch ein weiterer Wagen eingeplant war. Nein, der da war's: ein blauer VW Käfer. Nicht unbedingt das richtige Beförderungsmittel für Vaters zweieinhalb Zentner, die großen Koffer und mich. Wenigstens fehlte der Beifahrersitz – fürs Gepäck. Wir kamen nach hinten, die großen Koffer nach vorn.

Auf der Fahrt zog ich den Kopf ängstlich immer tiefer zwischen die Schultern und spähte sorgenvoll an den Koffern vorbei nach draußen, während John sich unerschrocken einen Weg durch das nächtliche Chaos aus rasenden gelben Riesenbussen, überladenen Minibussen und stinkenden Lastwagen bahnte. Alles, was an Fenstern zu öffnen war, stand offen. Viel war das nicht – alte Käfer hatten nun mal hinten keine Fenster, die man öffnen konnte. Ich schwitzte mit Vater um die Wette, die Klamotten klebten, der Kopf brummte. So heiß konnte es doch nicht mal in Afrika sein! Hier stimmte irgendwas nicht! Und dieser Gestank!

»John, machst du bitte die Heizung aus? Es ist verdammt heiß hier drin.«

Die Autos, die an uns vorbeifuhren, hupten. Ich warf einen Blick nach hinten aus dem Fenster. Hinter uns war Nebel. Nebel? Quatsch! Das war Qualm! Und der Gestank – das war nicht Afrika, das war Wolfsburg! »John, halt an, das Auto brennt!«

Vielleicht hätte ich nicht so brüllen sollen. John verriß das Lenkrad, der Käfer schlingerte, Vater und ich knallten mit den Köpfen gegeneinander. Lautes Gehupe, Bremsen quietschten. Irgendwann stand der Wagen auf dem Seitenstreifen der Autobahn. Raus, nichts wie raus. Vorne die ganzen Koffer, schwere Dinger, John mühte sich. Und das dauerte. Dann versuchte Papa rauszukrabbeln. Ich schob und drückte von hinten, John zerrte von vorn. Schließlich standen wir auf der Straße. Gestrandete in der Nacht, inmitten ihrer Habseligkeiten.

Erstaunlicherweise hatte John urplötzlich einen Feuerlöscher zur Hand, krabbelte in den Wagen hinein, es qualmte und zischte. Hustend und prustend tauchte John aus dem Auto auf, schmiß das verkokelte Sitzpolster auf die Straße und murmelte was von durchgeschmorter Batterie.

Bevor wir's uns versahen, fuchtelte John mit den Armen in der Luft herum, ein Taxi hielt (ging hier, trotz Autobahn), John rief: »Paßt aufs Gepäck auf!« – und war verschwunden.

Meine erste Nacht in Afrika, und ich stand mit meinem schimpfenden Vater zwei Stunden lang an der Autobahn, zitternd vor Angst. Ob's hier Straßenräuber gab? Die vorbeirasenden Wagen – viele fuhren ohne Licht – deckten uns regelmäßig mit einer Staubwolke ein. Vater hustete, japste nach Luft, klagte abwechselnd über Durst und Hunger. Irgendwann hielt ein Wagen. Gott sei Dank – John. Dieses Gefährt hatte immerhin zwei Vorteile: Erstens brannte es nicht, zweitens hatte Vater einen luftigen Platz zum Mitfahren erwischt. Johns Ersatzwagen war nämlich ein Kleinlaster, und Vater saß samt Gepäck auf der Ladefläche.

Nach kaum einem Kilometer Fahrt trafen wir zum ersten Mal auf das nigerianische Militär: Straßensperre. Die Soldaten taten uns nichts. Im Gegenteil: Wenn sie nicht da gestanden hätten, wäre unser Schiffbruch auf der Autobahn nicht so glimpflich verlaufen. Ihre Anwesenheit hielt die Straßenräuber fern.

John fuhr trotz Schwiegervater und Koffern auf der Ladefläche mit atemberaubendem Tempo und testete die Stoßdämpfer an so ziemlich jedem Schlagloch. Irgendwann waren wir in einem Viertel mit gutgeteerten kleinen Straßen, auf denen lauter kaputte Autos standen. Die Scheinwerfer erfaßten einen buntgestrichenen Bungalow, vor dem die Fahrt zu Ende war. Aufatmen. John hupte. Es war stockfinster, als wir endlich bei Chief Bole ankamen, einem Vetter von ihm. Eine dicke Frau kam mit einer Kerosinlampe in der Hand heraus in die vollkommene Dunkelheit. Der beißende Gestank nach Fäkalien nahm mir den Atem. Daß die Kanalisation überirdisch und offen neben der Straße verlief, entdeckte ich, als ich vorsichtig über zwei Bretter ins Haus lief.

Bole war weder Vetter noch Chief, sondern ein entfernter Verwandter Johns. Verglichen mit den übrigen vielen Vettern, die ich noch kennenlernen sollte, machte er richtig Geld. Ausgerechnet mit jenen Geräten, die das Überleben des blauen Käfers gesichert hatten – Feuerlöscher! Vetter Bole war ein kleiner, dürrer Mann in den Sechzigern, freundlich, mit wachen Augen. Sein Haus lag in einer besseren Wohngegend, verfügte aber leider nicht über eine Klimaanlage. Was allerdings nicht weiter ins Gewicht fiel, da die Stromgesellschaft NEPA den Strom ohnehin abgestellt hatte. Was auch die Ventilatoren an der Ausübung ihrer Arbeit hinderte ... Dauernder Versorgungsengpaß in einem der ölreichsten Länder der Erde. Ich sollte bald erfahren, wie Nigerianer NEPA übersetzten: »*Never expect power again*« (Erwarte niemals wieder Energie). Im vom Notstromaggregat erzeugten Licht stellte ich fest, daß wir nunmehr keine Weißen mehr waren, sondern Rote: Die Staubdusche auf der Autobahn hatte deutliche Spuren hinterlassen.

Ein paar Jungs balancierten unsere Habseligkeiten auf den Köpfen ins Haus. Sie türmten das Gepäck im Wohnzimmer auf, das sich allmählich mit lauten, fröhlich schwatzenden Fremden füllte. Ich stupste John an: »Sind die unseretwegen da?«

John druckste herum: »Ihr habt doch die Geschenke mitgebracht?« Der Flohmarktnippes und die teuren Stoffe ... Mir kam die vage Überlegung, ob Taxi und Hotel angesichts des durchlittenen Martyriums nicht billiger gewesen wären, als die Gastfreundschaft des Chiefs auf diese Weise zu entlohnen.

Chief Bole war ein zuvorkommender Mann, doch mit Knödeln und Schweinshaxe konnte er nicht dienen. Seine Frau, die gut und gerne den doppelten Körperumfang Boles hatte, servierte Reis, *garri* und rote Bitterleaf-Soup. Vater häufte sich einen dicken Schlag Reis auf, verzichtete auf die Breipampe namens *garri* und griff zum Schöpflöffel, um sich rote Fleischsauce draufzutun. Er brauchte nur den Dampf der Sauce einzuatmen, um einen Hustenanfall zu bekommen. Kein Wunder, zu Hause meckerte er schon, wenn ich mal Curry ins Essen tat, und Curry ist nichts gegen die nigerianische rote Cayenne-Pfeffer-Sauce. Behutsam schob Papa das nicht angerührte Essen von sich.

Gastgeber Bole verfolgte jede Bewegung des großen weißen Mannes mit wieselflinken Augen und schickte seine Frau nach draußen. Kurz darauf kam sie wieder – mit Trockenfischsuppe. Du meine Güte! Mein Vater hatte nicht mal was für Fische im Zierteich übrig, von eßbaren ganz zu schweigen. Er schaffte es nicht mal, den Anstands-Probierhappen runterzuwürgen. Schließlich flüsterte er mir zu, ob man denn nicht vielleicht in ein Restaurant ...?

Dann fiel Vaters Blick auf die auf dem Tisch stehende Wasserkaraffe. »Ilona, ist das Wasser abgekocht?«

Ich leitete die Frage, ins Englische übersetzt, freundlich lächelnd an Chief Bole weiter, was den trotzdem nicht zu einem Nicken bewegen konnte. Papa blieb durstig. Ich fühlte mich zunehmend unbehaglicher in meiner unfreiwilligen Rolle als Vermittlerin zwischen Afrika und Europa. Wo ich doch selbst kaum durchblickte! Geprüft durch die Ehe mit John, konnte man mich zwar nicht mit teuflisch scharfer Nigeria-Sauce schocken, aber auch ich wartete vorsichtshalber, bis nach dem Essen Bier und 7 up-Limonade gereicht wurde.

Der Chief schien den desolaten Zustand meines Vaters nicht zu bemerken. Unverdrossen versuchte er, Konversation zu machen. Es ging natürlich um Autos. Denn John hatte mächtig angegeben, behauptet, mein Vater habe fantastische Verbindungen zu den deutschen Autokonzernen, vor allem zu Mercedes. Schließlich war Vater ja als Autohändler hier, gewissermaßen jedenfalls. Und John brauchte einen guten Grund, um seinem Vetter zwei Deutsche als Gäste ins Haus zu schicken. Ob Vater mit Chief Bole nicht in den Autohandel einsteigen wolle? Vater machte große Augen: Was denn, noch mehr Autos?! Wo er die zehn noch nicht mal verkauft hatte!

Stinksauer und hungrig ging Vater ins Bett. Ich hörte ihn in der Kammer, die man ihm zugeteilt hatte, rumoren. Nach einer Stunde stand er rotgesichtig und schnaufend vor mir: »Ilona, es ist zu heiß. Ich glaube, ich ersticke.«

Chief Bole schleppte mit mir eine Matratze auf die Terrasse, drapierte ein Moskitonetz drüber. Für John und mich stand nur ein gemeinsamer Raum zur Verfügung. Mit einem gemeinsamen Bett. Alles andere hätte seine Position Vetter Bole gegenüber erheblich geschwächt... Glücklicherweise ersparte John mir in der ersten Nacht die unangenehme Diskussion darüber, daß der Verkauf von Autos nicht automatisch eine brachliegende Ehe zu neuer erotischer Leidenschaft beflügelt. Aber mir war klar, daß John meine Trennungsabsichten ignorieren würde.

Am nächsten Morgen sah Vater aus wie roter Streuselkuchen. Die Matratze war zu schmal, das Netz hatte an ihm geklebt, die Moskitos am Netz. So waren sie trotz der gutgemeinten Vorsichtsmaßnahme doch an sein leckeres Blut gekommen. »Ilona, ich will in ein Hotel! Noch mal überlebe ich so eine Nacht nicht.«

Vaters Auszug aus Boles Haus verdüsterte dessen Stim-

schwand. Ich fand ihn gebückt vor einem der Peugeots. Breite Druckstellen verliefen hinter den vorderen und vor den hinteren Kotflügeln, der Lack war bis aufs Blech abgeschabt.

Rost.

»Das kommt vom Entladen. Die Seile«, erklärte John. Ich blickte ihn entgeistert an. »Ist auch an dem grünen Peugeot da drüben«, fügte er hinzu. Wir sahen uns auch dort die Bescherung an.

Wieder ein Schreckensschrei von Vater: »Ilona, der Peugeot da drüben! Der hat ja keine Räder mehr. Der ist ja bloß aufgebockt!«

Und dann sahen wir genauer hin: Hier fehlten die Räder, fast kein Wagen verfügte mehr über Scheibenwischer, meistens waren die Spiegel abmontiert, aus einigen hatte man die komplette Beleuchtungsanlage entfernt.

»Okay, er soll seinen Mercedes haben. Wenn die Wagen hier noch länger stehen, können wir sie gar nicht mehr verkaufen.« Vater hatte seine Lektion schnell gelernt und Master Tomorrow kein anderes Ergebnis unserer Besichtigungstour erwartet. »Frag ihn, ob wir die Autos jetzt gleich mitnehmen können.«

Ich hatte zwar meine Zweifel, daß es so einfach gehen würde, übersetzte aber brav.

Ein freundliches, breites Grinsen war die Antwort. *»Do you have your licences?«*

Zack, die nächste Hürde! Lizenzen? Wofür?

John erklärte es uns: Die Regierung hatte, um zu verhindern, daß immer mehr nigerianisches Geld ins Ausland abfloß, Einfuhrlizenzen verhängt. Pro Nigerianer ein Auto – im Jahr. Wir waren nur ein Nigerianer – und hatten zehn respektive neun Autos. Unverdrossen fragte ich, wie lange es denn dauere, diese Linzenzen zu bekommen. Drei Monate! Wie sollte ich das meinem Vater beibringen?

Wir fuhren zurück nach Ikeja. Im Auto sagte ich es meinem Vater. Sein Wutanfall überbot an Lautstärke mühelos jedes Autoradio mit High-Life-Musik neben uns im Stau. Ich beschloß, meinen Vater für die nächsten Tage in seinem klimatisierten Hotel zu lassen, um seine Nerven zu schonen. Und meine.

John und ich fanden den für die Einfuhrlizenzen zuständigen Beamten diesmal im ersten Anlauf. Ich hatte ja dazugelernt. Wie es der Zufall wollte, konnte auch dieser Herr noch einen Wagen gebrauchen. Sein Tarif lag allerdings etwas höher als der von Master Tomorrow: Kriegt er ein Auto, bekommen wir die Lizenzen für fünf. Auf gut deutsch: Insgesamt mußten wir drei Autos »abgeben«, um zehn – theoretisch, wohlgemerkt – herauszubekommen. Tolles Geschäft.

Als ich Vater nach zwei Tagen in seinem Hotel aufsuchte, platzte er schon bei meinem Anblick vor Zorn. Die nigerianischen Einfuhrmodalitäten gaben seinen Nerven den Rest. Ich schlug ihm vor, nach München zurückzufliegen. Helfen konnte er nicht, seine Anwesenheit hier verursachte nur noch mehr Kosten. Er willigte ein. In seinen Augen war ich die Schuldige. Daß John uns den ganzen Mist eingebrockt hatte, auf diese Idee kam er nicht. Leider hatte ich nicht den Mut, ihm gehörig die Meinung zu sagen. Ich fraß meinen Zorn lieber in mich – den Zorn auf Papa, auf John, auf Afrika, auf mich.

Am Flughafen erklärte uns die smarte Lady am Lufthansa-Schalter, daß bedauerlicherweise alle Flüge nach Deutschland ausgebucht seien. Aber sie könne meinen Vater auf die Warteliste setzen. Er müsse sich dann jeden Abend am Flughafen einfinden und sein Glück versuchen. Das machten wir tatsächlich zwei Abende lang. Bis Vaters Nerven endgültig den Dienst versagten und er laut jammernd mitten in der Halle zusammenbrach. Sogar der Chef des Flughafens kam herbeigeeilt, weil alle glaubten, Vater hätte einen Herzinfarkt, was zum Glück nicht der Fall war. Der Flughafendirektor ließ seine Beziehungen spielen, und zwei Stunden später saß mein geplagter Vater in einem Airbus der Nigerian Airways. Vor der Abreise hatte ich ihn gebeten, mich bei meiner Firma in Deutschland krankzumelden. Mein Rückflug sollte in vier Tage gehen.

Vater hatte in seiner Brieftasche noch genau zehn Mark. Das reichte für die Fahrt vom Flughafen nach Hause.

Afrikanischen Boden hat Papa nie mehr betreten.

So seltsam es auch klingt: Mein Vater konnte zur Beschaffung der Rostautos nichts Konkretes beitragen, aber seine Anwesenheit hatte John und mir einen hohen Stellenwert gegeben. Ohne ihn war ich in dieser von Männern beherrschten Welt nur noch die Frau eines Nigerianers, Johns Anhängsel. Mit der Abreise meines Vaters aus Nigeria verloren wir in den Augen von Chief Bole jede Kreditwürdigkeit. Um ihn für seine Gastfreundschaft zu bezahlen, fehlte uns das Geld. Er lieh uns nicht mal den Käfer, denn das wäre einer Investition gleichgekommen. Eine Investition in John und mich? Der mittellose John galt nicht viel, und ich galt weniger als er. Das hatte ich nicht bedacht, als ich meinen Vater heimgeschickt hatte. John und ich zogen noch am selben Abend aus dem Haus von Chief Bole aus. Hatte ich mich ein paar Tage zuvor noch über den blauen Käfer lustig gemacht, so vermißte ich das Ding jetzt um so schmerzlicher. Wenn wir nicht laufen wollten, waren wir auf teure Taxis angewiesen.

Bis es mir vergönnt war, die Schönheit Afrikas zu entdekken, vergingen noch Monate. Was ich jetzt erlebte, empfand ich zunächst als Abstieg. Ich brauchte einige Zeit, um zu verstehen, daß es eine Chance war. Die Chance, ein Land so kennenzulernen, wie es wirklich ist – nämlich aus der Sicht der Afrikaner. Aber daran dachte ich an jenem Abend nicht ...

In Agege, einem der ärmsten Stadtteile von Lagos, hielt das Taxi irgendwo auf einer nicht asphaltierten Straße an. Ich dachte schon, das Benzin wäre uns ausgegangen. Irrtum. John stieg aus, als hätte er nichts anderes vor, als den nächstbesten Haufen Müll neben uns zu untersuchen.

»John, was machen wir hier?«

Er deutete in die Ferne. »Dahinten liegt das Haus.«

Was ich sah, war ein stinkender Fäkaliengraben, der parallel zur Straße verlief, in großen Abständen hatte man lose Bretter zum Überqueren darübergelegt. Jenseits des Grabens rotbraunes, staubiges Land, in großen Abständen schlichte Hütten mit rostigen Blechdächern, mal aus unverputztem Stein, mal aus Lehm, dazwischen Palmen und zerfranste Bananenstauden. Dazwischen jagten nackte Kinder schmutzige Schweine. Und überall Papier- und Plastikreste. Eine unglückliche Mischung aus den Schattenseiten westlicher Zivilisation und urwüchsigem Afrika.

Es begann zu dunkeln. Mein Noch-Ehemann eilte munter voraus, ich mit meinen zwei Koffern hinterher, eine Schar kleiner Kinder im Schlepptau, die *»oi-bo, oi-bo«* riefen. Das schrien sie immer, wenn ich in der Gegend unterwegs war. So wie man den Almkühen eine Glocke um den Hals hängt, damit der Bauer sie wiederfindet. Riefen die Kinder *»oibo, oibo«*, wußte John, daß er mit mir rechnen mußte, denn *òyìbó* heißt in der Sprache der Yoruba »Europäer« und wird als Synonym für Weiße gebraucht.

Vor einer wellblechgedeckten, langgestreckten Hütte hatte der Marsch ein Ende. Wir gingen um die Hütte herum, auf den »Hof«. Eine vielfältige Mischung an Gerüchen empfing mich. Über dem stechenden Geruch aus den offenen Fäkalienkanälen hing der süß-schwere Duft der Hibiskusbüsche, dazu kam der Gestank frei herumlaufender Ziegen. Von einem offenen Holzfeuer stieg beißender Qualm auf. Meine

Kleidung klebte auf der Haut, ich schwitzte und fühlte mich völlig fehl am Platze.

Aus der Hütte traten an die zehn Frauen, in deren Mitte mir eine sofort auffiel. Sie überragte die anderen um Haupteslänge, war sehr schlank und viel heller als die anderen. Sie war sorgfältig zurechtgemacht, trug eine Kombination aus einer Bluse und zwei Tüchern aus demselben Damaststoff, von denen sie eines als Rock um die Taille gewickelt hatte, so daß es bis zu den Knöcheln herabfiel; das andere hatte sie sich über die Schultern gelegt. Ihre Haare waren kunstvoll geflochten und in kleinen Zöpfen um den Kopf gelegt. Die tiefschwarzen Augen waren mit Antimon umrandet, ihre Hand- und Fußnägel mit Henna rot gefärbt. Sie mochte höchstens zwanzig sein und war hochschwanger. John stellte sie mir als seine Schwägerin Rhoda vor. Mich präsentierte er nicht etwa als Ilona. Mit meinem Eintritt in seine Welt gab John mir einen neuen Namen: Mama Okeoghene. Okeoghene war der zweite Vorname Janets und bedeutete auf deutsch »Gottesgeschenk«.

»Es ist in meinem Land unhöflich, wenn du mich mit meinem englischen Vornamen John ansprichst, als ob ich dein Diener wäre. Auch der Name meiner Eltern ist für dich tabu. Nenn mich einfach Papa Ajiri. Schließlich ist Ajiri unser erstgeborener Sohn«, führte John-Papa-Ajiri aus. Ajiri heißt in Johns Sprache »Dem Himmel sei Dank« und ist Bobbys nigerianischer Zweitname.

Die Hütte hatte sechs Räume – einen bewohnte der Hausherr mit seiner schwangeren Frau Rhoda, einen hatte man für uns freigemacht. Jeder der restlichen vier Räume war an ganze Familien vermietet, so daß das Haus etwa zwanzig bis dreißig Bewohner hatte. Das uns zugewiesene »Zimmer« war komplett eingerichtet: ein Metallbett, zwei wackelige Stühle, ein Eßtisch sowie eine Holzkommode, deren Schlösser aufgebrochen worden waren. An der Decke eine nackte

Glühbirne. Bei näherer Untersuchung unseres Quartiers entdeckte ich in allen vier Ecken Weihrauchgefäße, an den Gardinen hatte irgend jemand mit langen Lederbändern handtellergroße Lederamulette befestigt. Ich berührte sie.

»Faß das nicht an!« rief John scharf. »Das sind *juju*s. Mach sie nicht ab. Sie beschützen uns.«

Beschützen? Auf jeden Fall beschützten die *juju*s die roteingestaubten Gardinen vor der Waschmaschine, scherzte ich. »Waschmaschine?« brummte John. »Eine Waschmaschine gibt es nicht.«

Na, das hatte ich ja prima hingekriegt! Zusammen mit einem Mann, mit dem ich eigentlich im Trennungsjahr lebte, saß ich nun in einem Raum von der Anmut eines Gefängnisses, mit der Aufgabe betraut, das Vermögen meines Vaters zu retten.

Ich konnte keinen Schlaf finden und wälzte mich ruhelos auf der Wirbelsäulen-Killer-Matratze herum. John verstand das als Annäherungsversuch, und so rutschte ich rasch an den äußersten Rand des Bettes und zeigte ihm wortlos meine in einen Wrapper gewickelte Rückseite. Beleidigt drehte er sich um.

Irgendwann in der Nacht mußte ich auf die Toilette. John schloß die Tür unseres Zimmers auf, und ich sah, daß vor dem Türschloß auch ein *juju* hing. Der Flur des Hauses wurde von einer Glühbirne beleuchtet. Ein langer Gang, auf jeder Seite drei Türen, hinter denen man wummernde Musik oder Kinderlärm hörte. An jedem Ende des Ganges befand sich eine weitere Tür, die mit sechs dicken Schloßriegeln verrammelt war. John schob sie zur Seite, dann sperrte er mit einem Schlüssel auf, und wir traten in die rabenschwarze Nacht. Er gab mir eine Taschenlampe und führte mich zu einem mannshohen, aus Bambusmatten, Seilen und Pfählen gebastelten Versteck. Und machte kehrt.

»He, was soll das sein?«

»Ich denke, du mußt mal.«

»Was, hier? Wie denn?«

»Hinhocken.«

Er entfernte sich, und ich betrat die stinkende Höhle der Fliegen. Die »Toilette« bestand aus einem simplen Erdloch, links und rechts ein Brett.

Zwei Minuten später traf ich John am Haus wieder. »Wo kann ich mir die Hände waschen?« John atmete hörbar genervt durch und ging zum Brunnen. Während ich leuchtete, schöpfte er mit einem Eimer Wasser. In der Nähe des Brunnens lag in einer Schale ein Stück Seife. John goß mit einer Blechschüssel Wasser über meine Hände. Erschrocken floh eine wasserscheue Ratte. Mit einem Aufschrei fuhr ich zurück, John erschrak über meinen Schrei, und da hatte mein Wrapper seine nächtliche Brunnentaufe weg.

Inzwischen weiß ich, daß der eigene Brunnen schon einen großen Luxus bedeutet. In jener Nacht aber waren mir solche Zusammenhänge fremd. Ich dachte an mein schönes Bad in München. Und beschloß, hier zumindest in der Nacht nie wieder aufs Klo zu gehen.

Zurück im Zimmer plazierte John wieder das seltsame *juju* vor dem Türschloß. Ich deutete auf das kleine schwarze Beutelchen. »John, das ist doch kindisch. Wovor soll das denn schützen?«

»Das hält Unglück fern.«

Daß man sich in diesem Haus vor Unglück fürchtete, begann ich zu verstehen, als der Hausherr heimkehrte: Moses, der kranke Bruder von John. Er erschien eine Stunde nach Mitternacht, und sein Auftauchen versetzte das ganze Haus in Aufruhr. Er hatte lange und kräftig gegen die verriegelten Türen schlagen müssen, bis ihn jemand hörte, der dann seinen ganzen Mut zusammennehmen mußte, um aus seinem Zimmer herauszukommen.

Moses bot das Bild menschgewordenen Elends. Die schwarze Haut grau, eingefallen, zitterte er in der afrikanischen Hitze vor Fieber. Er war aus dem Heimatdorf der Familie Wowo zurückgekehrt, wo er bei einem Medizinmann, einem *babalawo*, Hilfe gesucht hatte. Das Problem war nicht, daß der Buscharzt bei Moses mit seinem Latein am Ende gewesen wäre. Er verlangte nur mehr Geld.

Der Schwager und die *jujus*

Leben ist oft eine Frage des richtigen Timings. Was Johns Bruder Moses betrifft, hatte ich den denkbar schlechtesten Zeitpunkt erwischt, diesen Mann kennenzulernen. Moses hätte mir unter »normalen« Umständen wohl mit meinen Autos helfen können. So aber wurde ich Zeugin, wie er sich mit aller Kraft gegen einen Todesfluch wehrte. Vergebens.

Moses war das zweitälteste Kind seiner Familie und der älteste Sohn. Die Familie Wowo stammte aus dem Mittelwesten Nigerias und hatte Moses schon mit sechs Jahren nach Lagos geschickt. Dort lebte er in der Familie eines Vetters, wie weitläufige Verwandte allgemein bezeichnet werden. Zwei Jahre lang durfte der kleine Moses die Schule besuchen, bevor er mit acht begann, das Gewerbe seines Vetters zu erlernen.

Im Gegensatz zu dem acht Jahre jüngeren John hatte Moses sich sein Leben zielstrebig aufgebaut: Mit 15 machte er sich selbständig und hatte bald eine eigene Gartenbaufirma mit Angestellten und zwei Autos. Mit zwanzig heiratete er seine Frau Efe, die fleißig den Wohlstand als Händlerin mehrte. Die beiden bauten sich in Agege das große Haus, in dem ich zu Gast war, und vermieteten Zimmer.

Dann kam der Wendepunkt. Moses war Mitte Dreißig, als ihm auffiel, daß er zwar mit seiner Efe fünf Kinder hatte, aber nur Mädchen. Ich tue ihm wohl nicht Unrecht, wenn ich unterstelle, daß es ihm bei Rhoda nicht allein um die Vermehrung seiner Gene in Gestalt kräftiger Knaben ging: Rhoda war eine Schönheit. Und sie war 15 Jahre jünger als Efe, die fleißige

Mutter seiner fünf Töchter. So heiratete Moses auch Rhoda, die in dem langgestreckten Flachdachbau ihr eigenes Zimmer bekam, während Efe mit den fünf Mädchen in einem Zimmer lebte. Efes Familie wohnte in einem Dorf fünfhundert Kilometer östlich von Lagos, und dorthin fuhr sie, um Ratschläge einzuholen, wie mit dem treulosen Moses umzugehen wäre.

Nach ein paar Monaten kam Efe nach Lagos zurück. Rhoda, die schöne Nebenbuhlerin, hatte mit Moses fleißig für männlichen Nachwuchs geübt. Mit Erfolg: Sie war schwanger. Doch Efe schien sich nicht abschrecken zu lassen. Sie verwöhnte ihren Moses mit seinen Lieblingsspeisen und zeigte ihm ihre Liebe ganz unverhohlen. Efes Taktik trug Früchte: Auch sie wurde wieder schwanger.

Nur eines machte Moses stutzig: In ihrem Zimmer hatte Efe eine Kommode, die sie jetzt sorgfältig verschlossen hielt. Als Moses den Schlüssel dazu forderte, wurde sie wütend. Etwa um die Weihnachtszeit – just in den Tagen, als John bei uns in Bayern auftauchte – bereitete Efe ihrem Moses ein großes Festmahl zu. Nur für ihn allein. Der Erfolg war enorm: Von diesem Tag an hatte Moses Schwierigkeiten, auf die Toilette zu gehen. Während seine beiden Frauen immer runder wurden, nahm Moses rapide ab, fühlte sich schwach, hatte Fieber. Bald darauf war er nicht mehr in der Lage zu arbeiten, konnte keine neuen Aufträge für seine Gartenbaufirma heranholen oder seine Angestellten beaufsichtigen.

Moses spürte die Gefahr; er fuhr nach Hause in sein Dorf und bat seinen *babalawo* um Hilfe. John erzählte mir, der *babalawo* habe ein Orakel befragt, das ihm sagte, Moses sei sterbenskrank. Moses schickte einen Boten nach Lagos, der wiederum ein Telegramm nach Bayern sandte. Diese Nachricht holte John nach Nigeria zurück, und von diesem Zeitpunkt an war John das Schicksal seines Bruders wichtiger als unsere Autos.

John und Moses machten sich als erstes daran, Efes Geheimnis zu lüften, das nach Ansicht des *babalawo* einen ganz eindeutigen Namen hatte – Hexerei. Sie stellten die Beweise in der verschlossenen Kommode sicher – zerstoßene Blätter und Früchte, Pulver, Salbe und Weihrauch. Efe wurde verstoßen und samt Töchtern in ihr Heimatdorf geschickt. Damit sie niemals zurückkehren konnte, wurde der *juju*-Zauberkram am Türschloß und den Gardinen angebracht. Leider machte das Moses nicht gesund. Ebensowenig wie ein weiterer Besuch beim *babalawo,* von dem er in jener Nacht zurückkehrte.

Die Rücksicht auf Moses' Zustand konnte mich nicht zur Selbstverleugnung bringen: Ich fragte, ob wir uns nicht einen seiner beiden Lieferwagen ausleihen könnten, um die notwendigen Fahrten zu machen. John hatte schon gefragt. Aber: »Es gibt ein Problem. Mit dem einen Wagen holen die Arbeiter die Ziegen aus dem Norden.«

»Ziegen?« Meiner naiven Auffassung nach waren Ziegen der Feind des Gärtners. Aber das war falsch gedacht: Diese Ziegen sollten dem Gärtner Moses und seinem Team helfen – als Opfertiere, damit die Geschäfte besser liefen.

»Okay. Und der andere?«

»Der steht in der Firma.«

»Dann laß uns doch hingehen!«

Zu dritt warteten wir am Straßenrand auf ein Taxi. Moses konnte nicht gerade stehen, hockte schmerzgekrümmt im Staub. Ich hatte die falsche Hautfarbe und befand mich in Begleitung von zwei Männern. Dieses Trio wollte kein Fahrer gern mitnehmen. Und wenn, dann gegen einen völlig überhöhten Preis. Überall tauchten Probleme auf, mit denen ich nie gerechnet hätte.

Moses' Gartenbau-Firma residierte im besseren Teil von Lagos, in Ikeja. Dort erwartete eine Helferin den angeschlagenen Boß – und ein völlig demolierter zweiter Pick-up. Totalschaden. Ein Angestellter hatte sich mit dem Wagen auf den löchrigen Straßen überschlagen.

Die Firma hatte vier Großkunden. Mit einem Taxi klapperten wir sie der Reihe nach ab, um wenigstens die ausstehenden Rechnungen einzufordern. Dabei kam es zu meiner ersten Begegnung mit der GRA, der *Government Residential Area*, jenem Viertel, in dem vor allem Weiße lebten. Ich hätte mir in diesem Augenblick nicht vorstellen können, daß ich bereits wenige Monate später hier selbst eine Villa haben und das Innenleben dieses weißen Ghettos kennenlernen würde.

Als weiße Frau mit zwei schwarzen Männern räumte man uns nicht mal so viel Vertrauen ein, daß eine Haustür richtig geöffnet wurde. Wir standen viermal im Garten, inmitten der von Moses und seinen Leuten prächtig angelegten, bunten Oasen mit Orchideenhainen. Das Ergebnis unserer Tour war niederschmetternd: Master Nummer eins – Firma pleite, Master unauffindbar. Nummer zwei – der Chef war noch einige Wochen lang auf Urlaub in Deutschland. Nummer drei – der Fertigrasen aus England fehlte noch, also kein Geld. Nummer vier – die Angestellten hatten bereits kassiert. Wegen der Ziegen ...

An diesem Tag wurde immer deutlicher, daß es mit Moses bergab ging. Er konnte sich keine fünf Minuten aufrecht halten, immer wieder zwangen ihn Darmkrämpfe in die Knie. Mit diesem kranken Gefährten würde ich mein Ziel nie erreichen, und das sagte ich John.

Doch John interessierte sich nicht mehr für rostige Autos, sondern nur noch für seinen todkranken Bruder. Würde Moses sterben, müßte John in dessen Fußstapfen treten. Zur Erinnerung: Moses hatte damals fünf Kinder, und zwei waren unterwegs.

John wollte einen anderen Heiler um Hilfe bitten, einen

richtigen Buschdoktor nahe dem 150 Kilometer entfernten Ibadan. Andeutungsweise hatte ich von den übernatürlichen Kräften der Buschdoktoren vom dort ansässigen Stamm der Yoruba schon gehört. Als unwissende *òyìbó* hätte ich Moses ins Krankenhaus gebracht. Doch das wäre noch teurer gewesen, erklärte John. Und: »Ich glaube auch nicht, daß Moses den Ärzten dort vertrauen kann.« John blickte mich hilfesuchend an: »Die Fahrt nach Ibadan ist teuer.« 200 Mark. Und noch mal 1 000 Mark für den *babalawo*. »Moses ist doch mein ältester Bruder. Es geht um sein Leben. Er würde das auch für mich tun!« Bevor sie verschwanden, baten sie die hochschwangere schöne Rhoda, sich um mich zu kümmern.

Ich mußte zum Zoll. Mit öffentlichen Bussen, vollgestopft mit Menschen, die während der Fahrt in dichten Trauben sogar an den Bustüren hingen. Sightseeing der besonderen Art. Draußen erschienen links und rechts der Schnellstraßen flache, wellblechgedeckte Hütten in einem perspektivlos erscheinenden, rostigen Elend. Überall standen alte, kaputte Autos herum. Die Straßen waren übersät mit Schlaglöchern. Hin und wieder lagen verwesende Hunde und sogar manchmal tote Menschen an den staubigen Straßenrändern.

Es ist nicht richtig, an afrikanische Lebensformen den Standard der Industrienationen anzulegen. Man tut es trotzdem. Elend bleibt Elend, relativiere es, soviel du magst. In den Dörfern in der wundervollen, weiten Landschaft, die ich bald kennenlernen sollte, fehlten die Menschen. Hier hungerten sie einem besseren Morgen entgegen. Und hier wollte ich gammelige europäische Autos verkaufen! Vielleicht hätte ich mir in diesem zugigen, klapprigen, stinkenden Bus zum Zoll die Vergeblichkeit meines Vorhabens eingestehen sollen. Einfach sagen, okay, Ilona, hast dich übernommen, das ist eine Nummer zu groß für dich. Aber ich wollte nicht kapitulieren. Sturheit? Weiße Arroganz, die sich anmaßt, mit einer fremden Kultur nach Gutdünken umspringen zu können? Ich bin bestimmt nicht die einzige, die diesen Fehler gemacht und dafür bezahlt hat.

Letzten Endes ging es noch um sieben Autos, die im Hafen standen. Stolz legte ich dem Zollbeamten die Einfuhrlizenzen für »unsere« sieben Autos vor. Sie trugen als Käufer die Namen von Johns und Moses' viclen, vielen Vettern.

»Sehr gut, dann können Sie die Autos abholen«, sagte der Zollbeamte, nachdem er einen kurzen Blick auf die Papiere geworfen hatte.

Ich lächelte freundlich. »Dann ist ja alles okay.«

»Oh, sicher. Die Frachtpapiere haben Sie dabei, Frau Wowo?«

»Natürlich.« Klar, ich hatte alles dabei. Ich legte sie ihm vor die Nase.

Es folgte ein langer Blick in die Papiere. Er blätterte alle durch. »Die Frachtpapiere sind auf John Wowo ausgestellt«, sagte er lakonisch.

»O ja, natürlich, er ist ja auch mein Mann.«

»Er ist draußen beim Auto? Könnten Sie ihn reinholen, bitte?«

»Warum?«

»Er ist der Importeur und damit der Eigentümer, Frau Wowo«, sagte der Zollmann ruhig.

Das bedeutete, daß Rhoda und ich den ganzen Weg umsonst gemacht hatten. Ich mußte meinen Vater anrufen.

Ein Strahlen ging über Rhodas Gesicht. »Das Telegrafenamt ist in Ikoyi auf Lagos Island. Dann können wir gleich zum Markt gehen«, sagte sie. Ich bewunderte ihren unverwüstlichen Optimismus. Ihr schien unsere Odyssee – eine mehrstündige Busfahrt quer durch diese Riesenstadt – nichts auszumachen. Im Gegenteil: Auf dem Markt im Zentrum von Lagos City kaufte sie auch noch üppig ein, bevor wir das

Telefonamt erreichten. Geschickt balancierte sie ihre Einkäufe auf dem Kopf – Schwangerschaft hin, bevorstehende Niederkunft her.

Ich zahlte die Gebühr für ein Gespräch nach Deutschland – und mußte warten. Zwei Stunden lang, bis das handvermittelte Gespräch stand. Endlich wurde ich in eine stickige Zelle gerufen. Erneutes Warten. Dann polterte mein Vater los. Berichtete, daß ich fristlos gefeuert worden sei und daß er ein sehr unangenehmes Gespräch mit meinem Boß gehabt habe: »Du hast keine Vorstellung, was hier los ist, Ilona! Ich war bei der Bank ... den Wechsel verlängern ... zwanzig Prozent Zinsen, Ilona! Zwaanzig! Plus 2 000 Mark Bearbeitungsgebühr ... Gangster, ich sag' es dir. Aber das ist nicht alles ... Ilona ... bist du noch dran ...?«

Ich hörte geduldig zu. Daß er eine Hypothek aufs Haus aufgenommen habe. Und bereits eine Lösung für unser Problem sehe: noch mehr Autos für Nigeria! Um die Schulden zu tilgen. Diesmal schrie ich ein entschiedenes Nein! in den Hörer und fragte nach den Kindern. Um zu erfahren, daß Janet vom Pferd gefallen war, sich aber nicht ernsthaft verletzt hatte. Und Bobby hatte eine Batterie verschluckt. Das letzte Wort, das ich verstand, bevor die Leitung zusammenbrach, war »Sauerkraut«.

Ich habe mir, während ich – vergebens – auf eine neue Verbindung wartete, den Kopf zermartert, wo der Zusammenhang zwischen Bobby, Batterie und Sauerkraut liegen konnte. Ich habe es erst Wochen später erfahren: Meine Mutter, Krankenschwester aus Berufung, gab dem Jungen zwei Pfund Sauerkraut zu essen. Gottlob mochte er Sauerkraut. Dann setzte sie ihn aufs Töpfchen und wartete, bis es »pling« machte und die Knopfzelle wieder draußen war.

Jeder deutsche Supermarkt, der sich weltläufig geben will, offenbart heutzutage das kaviarartige Innenleben von Papayas, als wären es schwarze Perlen der Natur, sauber und steril auf Plastik gebettet. Welch ein Gegensatz dazu der laute Markt im Zentrum von Lagos! Ein Sinnenfest. Der größte Teil des Angebots ist auf schlichten Ständen unter Holz und Blech ausgebreitet: Die bei uns so kostbaren Papayas liegen in Bergen bereit, daneben Mangos, Bananen verschiedenster Art (die klitzekleinen sind die süßesten), Ananas, Zitronen, helle Maniokwurzeln, dunkle Yamswurzeln, dick wie Baumstämme, große Blechschüsseln voller schwarzer, gelber, roter Bohnen, Linsen oder Erbsen, Mais, Schüsseln voller gelblich braunem *garri*-Pulver (gewonnen aus den geriebenen Maniok-Wurzeln), Erdnüsse in unvorstellbaren Mengen, frisch, geröstet oder in Schüsseln als weiche Erdnußbutter.

Dazwischen Stände, die Trocken- und Frischfisch anbieten oder Fleisch, das oft so frisch ist, daß das Blut in Schalen tropft, wo es gerinnt. Hühner werden in winzige Holzkäfige gesperrt feilgeboten, Ziegen und Hammel warten blökend angeleint auf Käufer. Oder das *bushmeat*, das Fleisch aus dem Urwald: zum Beispiel Hase, Erdferkel oder – Ratte.

Eine bunte Vielfalt, die an einen Garten Eden erinnert, bevölkert mit schwatzenden und lachenden Menschen, die sich mit überschwenglicher Freundlichkeit in die Arme fallen. Unablässig werden Grüße ausgetauscht, und man sieht Frauen oder auch Männer, die ungeachtet des Wirbels ringsum auf die Knie fallen, um einer höhergestellten Person Respekt zu bezeugen. Neben der überbordenden Auswahl an Schätzen der Natur entdeckte ich mit großen Augen die Waren des täglichen Bedarfs: Macheten, Hüte, Petroleumlampen, Autoteile, Stoffe in großer, farbenfroher Auswahl, alte Plattenspieler oder Fahrräder. Im Schatten ihrer Verschläge standen die Marktfrauen in bunten Wickelkleidern und Turbanen, den kunstvoll gewickelten *gelen*. Sie schwatzen in ihren unterschiedlichen, melodiösen Sprachen und

Dialekten mit kräftigen Stimmen. Alle laut, alle durcheinander.

Die Vielvölkernation Nigeria offenbart ihre Unterschiede am besten auf dem Markt, dem wahren Schmelztigel der Stämme. Denn natürlich ist schwarz nicht gleich schwarz, es gibt die unterschiedlichsten Tönungen. Die aparten Fulanis aus dem Norden haben die hellste Haut. Unterschiedlich auch die Kleidung: Moslemfrauen sind verhüllt, manche Männer in bodenlange Umhänge gewandet, andere geben sich westlich bis zur Krawatte. Man entdeckt auch Albinos oder Schwarze, die an der Weißfleckenkrankheit leiden.

Gemeinsam scheint ihnen die Liebe zum Goldschmuck, der demonstrativ an Hand, Arm und Hals getragen wird. Wer Geld hat, zeigt es offen. Das mag auf uns protzig wirken; für Nigerianer ist erlangter Reichtum etwas, auf das man stolz ist. Leprakranke ohne Beine bewegen sich auf selbstgebastelten Skateboards durch die Massen. Pechschwarze Bettler flehen um Almosen. Andere schlafen neben den Menschenströmen, direkt vor einem lärmenden Miniradio. Je nach Marktecke umfängt einen ein anderer Geruch. Manchmal auch der von Ausscheidungen – Toiletten gibt es nicht. Die weiten Tücher der Damen verhüllen ja so dezent. Und was zurückbleibt, na ja, das bleibt eben.

Handel ist hier Frauensache. Aber er funktioniert so ganz anders als bei uns: Gewinn wird sofort in Ware reinvestiert, die sich berghoch stapelt. Kein Wunder – das Mißtrauen in die Banken ist groß. Und berechtigt. Die Mammis stehen ihre Frau, jonglieren mit Krediten, kaufen ganze Lastwagen oder Busse, mit denen sie in ein zweites Geschäft einsteigen, den Transport von Mensch und Ware. Viele von ihnen packen das locker, obwohl sie weder schreiben noch lesen können.

Auf diesem bunten, lauten Markt begann ich, meinen »Zwangsurlaub« zum ersten Mal zu genießen. Gleich neben dem eigentlichen Markt entdeckte ich eine Halle mit noch mehr Ständen. Mit einer Mischung aus Faszination und Ekel trat ich ein, argwöhnisch beäugt von den Händlern. Ganz am Ende der Halle duckte sich ein Stand in die Ecke, der von einer mächtigen Plastikplane geschützt wurde. Eine Aura von Mystik und Magie nahm mich gefangen. Rhoda wollte nicht stehenbleiben, denn hier, erklärte sie, würden die heiligen Männer einkaufen. Damit wollte sie mich wohl abschrecken. Sie erreichte das Gegenteil: Ich bin nun mal die Tochter einer mit Sauerkraut heilenden Deutschen ...

Das hier war der Supermarkt der *babalawos*. Ich erkannte die magischen *juju*s aus schwarzem Leder wieder. Aber es gab auch Skelette von Affen- und Hundeschädeln, Schlangenhäute, Haifischzähne, Knochen, Schüsseln voller Kauri-Schnecken, Ketten, Felle, Muscheln, Pulver und Kräuter.

Selbst ein pechschwarzer Händler mit narbiger Gesichtshaut, dessen eine Pupille schneeweiß war, während das andere Auge immer wieder gen Himmel rutschte, konnte mich nicht abschrecken. Er wollte mir in schwer verständlichem Pidgin-Englisch meine Zukunft voraussagen. Zuviel für Rhoda – sie ging. Und bekam so nicht mit, daß er mich mit seinem verbliebenen Auge derart durchdringend ansah, daß es mir heiß und kalt den Rücken runterlief. Schmerzhafte Prüfungen, aber auch Erfüllung durch eine große Aufgabe, verstand ich. Ich solle doch einen seiner glücksbringenden Armreifen aus dem schwarzem Schwanzhaar eines Elefanten erstehen. Damit das mit der Erfüllung auch funktioniere.

Rhoda hatte geduldig gewartet. Sie warf einen Blick auf meinen neuen Armreifen. Ich hatte das Ding eigentlich mehr als Schmuckstück erstanden, aber Rhoda sagte, daß er ein magischer Talisman sei, eben ein *juju*. Ich fragte sie, was sie von den *juju*s in Moses' Haus halte. Als Antwort erzählte sie, daß in manchen Gärten ein Reisigbesen in einen Baum gehängt wird. Ein Einbrecher wäre gezwungen, den Besen zu nehmen, um damit den Garten zu fegen. Und zwar so lange, bis der Hausbesitzer heimkehrt, um die Polizei zu rufen. Ich unterdrückte ein ungläubiges Lachen. Später las ich einmal eine Zeitungsmeldung: Ein Einbrecher war, den *juju*-Besen schwingend, in einem Geschäft aufgegriffen worden. Mancher Glaube versetzt Berge, ein anderer läßt Besen tanzen. Mein *juju*-Armreif jedenfalls war günstig, schön und hat, wer weiß das schon so genau, wohl geholfen. Denn das Glück kam wieder; wenn auch nicht sofort.

Im Taxi zurück setzten Rhodas Wehen ein, was bei den löchrigen Straßen auch zu erwarten war. Der Taxifahrer setzte uns in der Nähe von Moses' Haus ab, und wir mußten wieder den »*oibo-oibo*«-Marsch machen. Rhoda ließ sich trotz Wehen nicht beim Tragen helfen, manövrierte ihre Einkaufstasche erhobenen Kopfes dem Ziel entgegen. Ich lief hinterdrein. Was Rhoda trotz Wehen und Lasten mühelos gelang, schaffte ich nicht: Beim Balancieren über eines der schmalen Bretter, die über die Jauchegräben führten, rutschte ich ab. Platsch, steckte mein Fuß im Matsch. Den Fuß bekam ich wieder raus, aber der Schuh blieb drin. Solch profane Widrigkeiten kann eben auch ein magischer *juju*-Reif nicht verhindern.

»*Oi-bo, oi-bo!*« scholl es in meinen Ohren.

Oje, oje! Wie bekommt man einen Schuh aus der Jauche? Ein alter Mann erschien; er hatte einen Stock dabei, der sich vorzüglich zum Schuhangeln in Jauche eignete. Sollte ich den versauten Schuh wieder anziehen? Als Tochter einer Krankenschwester fallen mir sofort mindestens zwei Krankheiten ein, wenn ich nur an den Jauche-Schuh denke. Ich lief barfuß zurück. Womit ich immerhin ein gutes Werk tat. Am nächsten Tag zierten meine gereinigten Schuhe die Füße einer Nachbarin.

Jede Frau hat ihre eigene Erinnerung an das erste Kind. Dennoch scheint es mir, als gäbe es nur zwei Arten zu gebären: unter endlosen Qualen oder schnell und fast ohne Probleme. In meinem Leben scheint alles nach der Qual-Methode zu laufen, auch das Kinderkriegen. Janet befand sich in der Stirnlage, die Wehen wollten nicht enden. John kam nach einer für mich schmerzensreichen und für ihn alkoholfeuchten Nacht am Morgen ins Krankenhaus. Das Baby war noch nicht da. Man ließ ihn nicht zu mir, doch er lamentierte so lange, bis die Hebamme nachgab. Ich war fertig mit der Welt, und da sagte John doch tatsächlich, daß eine Frau Schwierigkeiten mit der Geburt habe, wenn sie fremdgegangen sei. Er wollte so lange bei mir bleiben, bis ich gestand, daß ich ihn betrogen hatte. Die Hebamme schmiß ihn raus.

Endlich, Sonntag nacht um kurz nach zwei, kam Janet. Mir half die Rückenmarksnarkose, ihr eine Zange. Und während all dieser Zeit lag ich an Schläuche und Wehenschreiber gefesselt auf dem Bett. Nachdem ich durch dieses Tor der Schmerzen gegangen war, kam John ins Krankenhaus, ausgeschlafen, frisch rasiert und mit einem reichhaltigen Frühstück im Magen, um unser gemeinsames Kind zu begutachten. »Es ist ein Mädchen.« Zwei Jahre später, als sich Bobby, das Riesenbaby mit fast fünf Kilo, aus meinem Leib gequält hatte, sagte er mit stolzgeschwellter Brust: »Mein großer Junge.«

Wie anders lief das hier ab, in dieser langgestreckten Hütte neben den stinkenden Gräben! In den folgenden Stunden sollte ich Rhoda, von der ich schon wußte, daß sie hart im Nehmen war, bewundern lernen. Sie hatte nie zuvor einen Arzt konsultiert, kannte weder Vorsorgeuntersuchung noch Ultraschall. Als die Wehen bereits im 5-Minuten-Abstand kamen, legte sie sich nicht etwa hin, setzte sich nicht, stöhnte kaum. Nein, Rhoda begann zu kochen. Im Hof hockte sie sich neben die anderen Frauen auf einen Schemel an der Feuerstelle. Die Frauen kochten riesige Mengen warmer Nahrung. Ich fragte mich, wer das alles essen sollte – es reichte für mindestens zwanzig Personen, und wir waren zu sechst.

Niemand schickte nach einem Arzt. Mit der einbrechenden Dunkelheit verzogen sich die Frauen in ihre Häuser, da sie sich im Dunkeln nicht mehr nach draußen wagten. Irgend jemand hatte vorher einen Jungen zu einer sehr dicken Frau gesandt, der Hebamme. Die Frau, Rhoda und ich zogen uns in Rhodas Zimmer zurück. Die zahlreichen Türen des Hauses wurden wie üblich versperrt, Rhodas Tür noch einmal separat. Eine normale Nacht. Seitdem Moses und John nach Ibadan zum Medizinmann aufgebrochen waren, war ich in Rhodas Zimmer einquartiert, in dem sich ein schmiedeeisernes Bett befand.

Als die Wehen immer schneller kamen und Rhoda pressen mußte, hielt sie sich in einer Hockposition halb aufrecht am Gitter des Bettes fest. Und so entband sie auch – in der Hocke auf dem Steinboden, den nur Blätter der wilden Traube bedeckten. Die Hebamme hatte Rhoda während der Wehen ziemlich unsanft mit Daumen und Zeigefinger der linken Hand den Bauch massiert. Geschickt fing sie das schnell herausgleitende Baby auf und legte es – nachdem sie es so lange an Armen und Beinen gezogen und in der Luft herumgewirbelt hatte, bis es schrie –, in ein neues Baumwolltuch gewikkelt, auf den Boden. Atemlos hatte ich zugesehen und den empfindlichen Kopf des Neugeborenen beobachtet, der bei dieser Prozedur gefährlich hin und her wackelte.

»Das macht unsere Babys stark. Ihr verwöhnt eure Kinder zu sehr. So können wir später schwere Lasten auf dem Kopf tragen«, sagte die Hebamme und lachte über meine Bedenken.

Erst nachdem die Nabelschnur zu pulsieren aufgehört hatte, band sie sie mit einem Bindfaden zweifach ab, holte eine mitgebrachte Rasierklinge aus der Tasche und trennte sie durch. Anschließend legte sie das Baby in meine Arme. Während ich den lauthals schreienden Nachwuchs gerührt im Arm wiegte, wartete die schweißüberströmte Rhoda auf die Nachgeburt. An der verbleibenden Nabelschnur zog die Hebamme die Plazenta ins Freie, um sie in eine dafür bereitstehende Metallschüssel zu legen. Sie deckte die Schale mit einem bunten Batiktuch zu, nachdem sie pulverisierte Elefantenhaut auf die Nachgeburt gestreut und folgende Beschwörungsformel gemurmelt hatte: »Alle alten Hexen und alle, die wissen, daß sie gekommen sind, um Böses zu tun, sollen gehen.«

Der Elefant symbolisiert Stärke wie kaum ein anderes Tier und soll das Baby vor Neiderinnen schützen, erklärte mir die Hebamme. Dann schob sie die Schüssel unter die Matratze des Bettes. Sie schüttete heißes Wasser in eine weitere neue Blechschüssel und löste darin einen Absud aus Heilpflanzen und Kräutern auf. Dann nahm sie mir das ruhig schlafende, nackte Baby ab, um es mit bereitgestellter Erde einzureiben. Das sollte dem Neugeborenen helfen, mit dem neuen Lebensraum vertraut zu werden. Anschließend badete die Hebamme das Baby viermal in der Schüssel mit dem Kräuterwasser, entsprechend der geschlechtsbezogenen Zahlensymbolik – Knaben werden nur dreimal gewaschen.

Mit der rechten Hand flößte sie dem jetzt schreienden Kind das gleiche Wasser, in dem es gebadet worden war, in Mund und Nase. Mit einem kleinen Klistierball machte sie außerdem einen traditionellen Einlauf, um das Kindspech – den ersten Stuhl des Neugeborenen – zu entfernen. Anschließend spuckte sie dem Baby auf Rücken und Bauch, massierte es sehr lange mit einer öligen Lotion, die angenehm intensiv nach Kräutern duftete. Besondere Beachtung schenkte sie dem durch die Geburt länglich gezogenen Kopf des Kindes.

Rhoda hatte sich in der Zwischenzeit mit fast kochendem Wasser, das auf der Herdplatte im Zimmer vorbereitet worden war, gewaschen. Ihre Brüste massierte sie mit Karitebutter und strich die Vormilch mit Heißwasser aus. »Heißes Wasser tut weh, macht aber stark. Man bekommt eine schöne Haut, und die Müdigkeit verfliegt. Heiße Waschungen, vierzig Tage nach der Geburt zweimal täglich durchgeführt, helfen der Frau, jung zu bleiben und das Blut abfließen zu lassen. Auch gut gewürzte Suppe, Pflanzenabsude und heiße Bauchwickel helfen, damit Hitze und Kälte im Körper ausgeglichen werden«, erklärte die Hebamme.

Rhoda mußte die vorbereitete Sauce mit Pottasche essen und heißes Wasser trinken, um den Milchfluß anzuregen. Die Hebamme schärfte ihr ein, die nächsten vierzig Tage auf Fleisch zu verzichten. Endlich durfte sie sich hinlegen. Aber nicht etwa auf das weiche Bett. Diese erstaunliche Frau entrollte ihre Schilfmatte auf dem Boden und legte sich darauf. Das war ihr Nachtlager. Als Decke genügte ihr ein weiteres blau-weißes Batikbaumwolltuch. Die dicke Hebamme legte sich daneben. Das Baby bettete sie an Rhodas Busen. Wie in den Nächten zuvor durfte ich das verwaiste Bett benutzen.

Während ich auf den erschöpften Atem Rhodas lauschte, unter den sich das wohlige Schmatzen des Neugeborenen und das Schnarchen der Hebamme mischte, lag ich noch lange wach. Ich war so aufgedreht, als ob ich selbst das Baby zur Welt gebracht hätte.

Moses' sechstes Kind war wieder ein Mädchen. Hatte dieser Mann nicht seine Frau Efe verlassen, weil sie ihm nur Mädchen gebar? War aus dem Wunsch nach einem männlichen Erben nicht Moses' Elend erst entstanden?

Einen knappen Monat später bekam auch Efe ihr Baby. Und zwar den ersehnten Jungen.

Am Nachmittag des folgenden Tages kehrten John und Moses aus Ibadan zurück. Fragen, ob die Reise erfolgreich war, erübrigten sich. Moses' Zeit auf Erden lief zweifellos ab. Ich weiß nicht, ob Moses der Zusammenhang zwischen dem Geschlecht seines Kindes und der Sinnlosigkeit seines eigenen Leidens bewußt gewesen ist. Er ließ es sich jedenfalls nicht anmerken. Er schien sich über das kleine Baby mit dem dichten Kraushaar und den wachen Augen enorm zu freuen. Der Tradition gehorchend, grub er noch am Abend unter Schmerzen im steinharten Lehmboden außerhalb des Grundstücks am Fuße eines Plantain-Baumes ein Loch, in dem er die Nachgeburt begrub.

John machte mir schnell klar, daß wir in der kommenden Woche bereits komplett verplant waren: Rhodas Kind würde am Ende dieser Woche, genau am siebten Tag nach der Geburt, mit einem prächtigen Tauffest auf Erden willkommen geheißen werden. In der Zwischenzeit hätten wir alle Autos aus dem Hafen geholt. Ich berichtete John von meinem Reinfall mit den Frachtpapieren. Da er sicher war, dieses Problem allein durch seine Anwesenheit zu lösen, fuhren wir am Tag nach seiner Rückkehr zum Hafen. Ich hätte es mir denken können: Kaum stand ich vor der nahen Lösung eines Problems, tauchte ein neues auf: Der Hafen war geschlossen worden!

An den Umstand, daß der Hafen privat war, hatte ich bis dahin keinen Gedanken verschwendet. Jetzt erfuhr ich, daß die Regierung alle privaten Häfen dichtgemacht hatte. Von nun an sollten alle Luxusgüter – und darunter fielen natürlich auch unsere Autos – nur noch über die staatlichen Häfen verschifft werden. Eine wirtschaftspolitische Kontrollmaßnahme, die die schwache Währung schützen sollte. Diesmal war die Angelegenheit auch nicht mit schönen Worten und Scheinen zu regeln. Im Gegenteil: Der Buchhalter machte uns eine horrende Rechnung über Standgebühren auf! Unser Autoimport hatte endgültig die Dimension eines Kampfes Getreidekorn gegen Mahlstein angenommen. Ich sah meinen Elefantenhaar-Reif an: schmerzhafte Prüfungen!

Wenigstens den Pick-up konnten wir aus der Gartenbaufirma holen. Moses ließ damit Hühner, Reis und Yams beschaffen, um die wohl hundert Gäste zu verköstigen. Bereits am fünften Tag nach der Geburt begannen die Vorbereitungen für das opulente, letzte Familienfest, an dem Moses teilnehmen würde – die Taufe seines noch namenlosen sechsten Mädchens.

Frischer Fisch gegen Eheprobleme

Die ganze Nacht wurde vom siebten auf den achten und den folgenden Tag getanzt und gefeiert. Auch Rhoda tanzte auf dem Hof des Anwesens unter dem Affenbrotbaum, im Schein eines Feuers, brennender Fackeln und Petroleumlampen, das Neugeborene meistens mit einem großen Baumwolltuch um ihre Hüfte gebunden. Erstaunlich, wie viele Verwandte, Freunde und Bekannte Rhoda und Moses hatten. Sie schenkten ihr und dem Neugeborenen in einer *spraying* genannten Zeremonie viel Geld, das sie der tanzenden Rhoda an die Stirn klebten. Sich bedankend, steckte sie die Naira-Scheine nach und nach in eine Falte ihres Wrapper-Rockes, bis ihr Bauch wieder denselben Umfang wie vor der Geburt anzunehmen schien ...

Das Baby erhielt zwei Namen: einen christlichen, Nora, und einen afrikanischen, Oghenekome. In der Sprache des Isoko-Stammes meines Schwagers bedeutet das »Gottes Wille geschehe«.

Irgendwann während des Festes sagte John: »Ich habe mit dem *babalawo* auch über unsere Probleme gesprochen, Ilona. Er ist ein sehr weiser Mann. Er sagt, er kann uns helfen.«

Ich sah ihn mißtrauisch an. Wir saßen auf einer langen Holzbank am Rande der Tanzfläche. Rhoda tanzte in der Mitte ihrer Gäste. John wirkte ein wenig wie ein exotischer Stammesfürst. Im Licht der flackernden Fackeln schimmerte seine dunkle Haut warm. Er trug ein dreiviertellanges afrikanisches Hemd mit dazu passender Hose aus weißem, durchbrochenem Baumwollstoff, der mit seiner Haut wunderbar kontrastierte. Den gleichen Stoff hatte Moses für mich organisiert. Ich wirkte darin wie Johns zu blaß geratener Zwilling. Ich wette, daß wir beide nicht aussahen wie ein Paar, das – zumindest aus meiner Sicht – in Scheidung lebte.

John blickte unverwandt auf die nigerianische Schlager spielende Band am Ende der Tanzfläche, während er fortfuhr: »Der *babalawo* meinte, unsere Eheprobleme sind schuld, daß es mit dem Autoverkauf nicht klappt.«

»Ach ja? Und siehst du das auch so?«

»Er ist ein erfahrener Mann. Er sagt, die Mißverständnisse und Spannungen zwischen uns bewirken, daß unser gemeinsames Geschäft zu keinem guten Ergebnis kommt.«

»John, worauf willst du hinaus? Wenn du mit mir schlafen willst, dann sag es. Aber die Antwort kennst du.« Eigentlich hatte ich sagen wollen, daß die Autos keine Angelegenheit von John und mir waren, sondern von meinem Vater und John. Und die beiden waren nachweislich *nicht* miteinander verheiratet. Folglich konnte die Theorie des Medizinmannes nicht ganz stimmen …

Als Deutsche bin ich vielleicht etwas zu erdverbunden. Ein afrikanischer Mann wie John sieht Schulden ganz anders. Er läßt sich nicht von der Vergangenheit niederdrücken, sondern freut sich an der Gegenwart. So nutzte er das Tauffest zur Anbahnung neuer Geschäfte. Windige Geschäftsideen wie ich fand: Tipp-Ex-Verdünner, Toilettenpapiermaschinen, sogar Quecksilber zum Gelddrucken und für schwarze Magie wollten seine Bekannten über uns importieren. Auch Vorschläge, die mir ein paar Nummern zu groß vorkamen, wurden gemacht, wie der Import von Fotoentwicklungsmaschinen, Kupferkabeln oder ganzen Bäckereieinrichtungen. In ausgelassener Stimmung wollten manche Besucher gleich Anzahlungen leisten. Am Ende saß ich mit einem Stapel von Visitenkarten da; die meisten wirkten selbstgemacht und wiesen den Überbringer als *president* von irgendeiner Firma aus. Aber John sprach von enormen Profiten – als hätte er die schon eingesackt.

»Ich habe mit Moses gesprochen. Er will uns begleiten«, meinte er spät in der Nacht.

»Zu dem Medizinmann, von dem ihr beiden gerade kommt? Was soll das bringen? Moses geht es doch nicht besser. Sieh ihn dir an!«

»Wir werden einen anderen *babalawo* aufsuchen. Er ist ein richtiger Weiser vom Stamm der Yoruba. Er wird uns helfen«, orakelte er.

Das Wort Yoruba machte mich neugierig. Von diesem Volk und seinen religiösen Riten hatte ich schon mystische Geschichten gehört. Ich drehte meinen *juju*-Reif und signalisierte schweigend mein Einverständnis.

Moses' alter, kleiner Lastwagen stand für die Reise zum *babalawo* nicht zur Verfügung, die Angestellten brauchten ihn für den Gartenbau. Die Alternative hieß gelbes Mitsubishi-Sammeltaxi. Während John mit dem Fahrer über den Preis feilschte, hockte der kranke Moses krampfgepeinigt auf dem Boden. In diesem Moment kam ein Auto vorbeigefahren, dessen Fahrer mir freundlich zuwinkte. Der Mann saß in einem Mercedes, der mir bekannt vorkam – es war einer von Vaters zwei Benzen. Der Fahrer war niemand anderes als Master Tomorrow, der es sich hinter hochgekurbelten Scheiben und bei eingeschalteter Klimaanlage gutgehen ließ. Auf dem Beifahrersitz thronte die junge Dame, deren sorgfältiger Nägelmaniküre ich vor einigen Tagen zugesehen hatte. Nichts mit höherer Gerechtigkeit und einem armen Arbeiter, dem sie mein üppiges Bestechungsgeld zusteckte. Statt dessen der Hohn real existierender Ungerechtigkeiten.

Die vierstündige Fahrt mit laut plärrender Musik, die die

Mitreisenden durch Konversation zu übertönen versuchten, war kurzweilig. Bislang hatte ich nur das Straßengewirr von Lagos zu sehen bekommen, ein landschaftfressendes Chaos. Zum ersten Mal sah ich jetzt die einmalige, üppige Natur Afrikas: riesige Regenwälder mit ungekannten Baumriesen, traumhafte Palmenhaine, durch die der Expressway schnurgerade hindurchführte. Irgendwo auf dem Highway, kurz nach Abeokuta auf dem Weg weiter nach Ibadan, ließ Moses, der neben dem Fahrer eingequetscht saß, den Minibus anhalten. Urwald links, Urwald rechts. Jetzt war laufen angesagt, um das Dorf im Wald zu erreichen.

Ich bin Städterin, und zwar durch und durch. Als Kind lebte ich mit meinen Eltern eine Zeitlang in einem Vorort von München. Das war für mich schon Landleben. Zur Schule mußte ich eine Dreiviertelstunde lang über Felder und Wiesen laufen oder später mit dem Fahrrad fahren. Ich haßte diesen Schulweg. Vor allem im kalten Winter. Natur war mir damals zuwider.

Ausgerechnet der Handel mit den Autos hatte mich jetzt in die afrikanische Natur und Wildnis verschlagen. Die mir vertraute Welt der Zivilisation war so weit weg wie der Mond von der Erde. Ich empfand meine Umgebung in diesem Augenblick zwar als recht malerisch, fühlte mich aber gleichzeitig deplaziert. Es war Trockenzeit und weit über 35 Grad warm. Die Sonne brannte von einem strahlendblauen Himmel. Ich zog mir meinen Strohhut tief ins Gesicht und stolperte in Sandalen über unbefestigten Lehmboden einen kleinen Trampelpfad entlang. In Lagos hatte ich meine weiße langärmelige Baumwollbluse und eine ebenso weiße Leinenhose angezogen. Sie blieben nicht lange weiß. Die Hose war bald staubbraun, die Bluse schweißdurchweicht. Meine Sandalen mußte ich wechseln, als der Weg an kniehohem Gras vorbeiführte. John meinte, es könnte hier Schlangen geben ... Wie aufmerksam! Zum Glück hatte ich ein Paar Leinenturnschuhe in meiner Umhängetasche. Allerdings garantiert auch nicht das perfekte Schuhwerk, um gegen Schlangenbisse immun zu sein ...

Die vom Highway aus dicht anmutende Regenwald-Vegetation öffnete sich auf einer Anhöhe zu einem lichteren Hochwald. Von hier erstreckte sich die Feuchtsavanne bis zum siebzig Kilometer entfernten Ibadan. Wir kamen an einigen Brandrodungen vorbei. Gekrümmte Gestalten – darunter viele Kinder – beackerten den bestellten Boden, um Yamswurzeln und Maniok zu ernten. Dazwischen Bäume mit Zitrusfrüchten, Colanüssen und Bananenstauden. Ziegenherden, bewacht von Hirtenjungen, fanden hier Nahrung.

Wir gingen und gingen, Moses mit nacktem Oberkörper tapfer voraus, eine Metallschüssel mit den Getränkeflaschen auf dem Kopf, bedrohlich schwankend. John, europäisch mit Hemd und Bügelfaltenhose, schleppte drei Säcke, die mit Lebensmitteln gefüllt waren – Gaben für den Buschdoktor. Verständlich, daß der nach Naturalien verlangte, die es in der Abgeschiedenheit nicht gab: Gordon's Dry Gin und Jim Beam, 7up und Cola, Reis und getrocknete Bohnen. Am liebsten hätte ich mich über Johns Cola hergemacht, aber in der Äquatorhitze stand sie kurz vorm Siedepunkt.

Endlich ein Verkaufsstand im Irgendwo mit gerösteten Maiskolben – und frischem Wasser, das mit der großen Schöpfkelle aus einem Eimer zum Trinken dargeboten wurde. Rast! *»Oyìbó, òyìbó!«* erklang es sofort. Eine rundliche Frau schleppte mit ihrem kleinen Sohn zwei etwa dreißig Zentimeter große, runde Dinger heran. Bei näherem Hinsehen entpuppten sie sich als Schnecken. Urwaldmonster, von denen ein französischer Gourmetkoch Alpträume bekommen hätte. Wunderbar, gekauft! Der Buschdoktor wird seine helle Freude an uns haben. Riesenschnecken, gut und schön, aber wo waren die »typisch« afrikanischen Tiere, die Antilopen, Gazellen oder was auch immer der Stolz eines deutschen Zoos gewesen wäre?

»Aufgegessen«, meinte John. Nicht von Löwen, sondern von den viel zu zahlreichen Menschen zwischen Lagos und Ibadan, den beiden rasend schnell wachsenden Ballungszentren im Südwesten Nigerias, von denen Ibadan das größere ist. 1980 lebten in Lagos vier Millionen Menschen, 1990 bereits sieben Millionen! Noch atemberaubender ist die Entwicklung von Ibadan, das 1990 geschätzte zehn Millionen Einwohner zählte. Beide Städte liegen nur knapp 150 Kilometer voneinander entfernt. Da ist kein Platz mehr für Wildtiere.

Während ich meine geschwollenen Stadtfüße massierte, stimmte John mich auf das Kommende ein. Wir befanden uns im Land der Yoruba, einem von insgesamt 250 Stämmen und Volksgruppen, die erst Mitte der sechziger Jahre zum Staat Nigeria in seiner heutigen Form zusammengeschweißt worden waren. Von allen Stämmen sind die Yoruba wohl der bekannteste. Die Sklavenhändler hatten ihre Angehörigen bis nach Amerika und Haiti verschleppt, wo aus ihren ursprünglichen Riten im Laufe von Jahrhunderten ein weltbekannter Kult wurde – Voodoo. Von diesen Riten hatte ich bislang in Form der *jujus* an Gardinen und Schlössern nur die Spitze des Eisbergs gesehen.

John war kein Yoruba, sprach ihre Sprache aber, als wäre er einer von ihnen. Mein umtriebiger Exmann war bereits als kleiner Junge nach Lagos zu Moses gekommen und dort unter den Yorubas aufgewachsen.

Um Unterstützung von einem echten Yoruba-Medizinmann zu erhalten, war ich bereit, meilenweit zu laufen. Allerdings nicht wegen Autos oder Ehe, sondern aus Neugier.

»Ilona, was du sehen wirst, wird dir vielleicht, hm, seltsam vorkommen. Der heilige Mann, zu dem wir gehen, opfert seinen Göttern, er ruft unsere Ahnen an, um sie milde zu stimmen.« Er schien zu überlegen, wie er seine *òyìbó*-Frau richtig einstimmen konnte. »Als Weiße wärst du noch vor ein paar Jahren gar nicht erst zu ihm gelassen worden.«

»Vor ein paar Jahren hätte ich auch nicht im Traum daran gedacht, zu einem Medizinmann in den Busch zu gehen, John.«

John sah mich ernst an. »Die Weißen meinen, ein *babalawo* ist ein Medizinmann. Das stimmt nur zum Teil, denn er macht auch Medizin. Aber das Wichtige ist, daß er ein Priester der Ifa-Religion ist. Du mußt ihm also deinen Respekt erweisen. Zur Begrüßung mußt du niederknien. Männer müssen in seiner Anwesenheit sogar flach auf dem Boden liegen. Bis der heilige Mann uns erlaubt, aufzustehen und uns auf einen vorbestimmten Platz zu setzen.«

Bald darauf fanden wir uns im dichten Regenwald wieder. Hin und wieder begegneten uns Schwarze auf dem schmalen Pfad. Einmal sah ich in einiger Entfernung im Busch zwei völlig nackte schwarze Frauen, die von Kopf bis Fuß weiß bestäubt waren, die Haare mit bunten Federn geschmückt. »Sieh nicht hin. Sie sind verrückt«, sagte John.

Auf einem alten Fahrrad rumpelte ein junger Mann dahin, der auf dem Gepäckträger eine Frau und eine zweite auf der Lenkstange transportierte. Ein Knall, alle drei fielen hin. Und lachten. Dann schoben sie das Rad weiter, dessen Vorderreifen geplatzt war.

Und dann waren wir am Ziel. Eine Lichtung, runde rötliche Lehmhütten mit Palmwedeldächern, zwei wellblechgedeckte Häuser aus Ziegel: das Dorf des Buschdoktors. Nackte Kinder empfingen uns mit *«òyìbó, òyìbó!«*, lachten uns mit offenen Mündern an und sangen den beliebten Reim: *»Oyìbó, òyìbó, if ya eaten peppa mo an mo, ya grow yella mo* *an mo.*« (Weiße, Weiße, wenn du noch mehr Pfeffer ißt, wirst du immer gelber.)

Eine ältere Frau trat auf John zu, und wir folgten ihr zu einer Hütte, die von einem Zaun aus geflochtenen Zweigen umgeben war. Dahinter lag ein ziemlich großer Platz, ordentlich gefegt, auf dem Boden verstreut Zweige eines heiligen Baumes. Zwei große Opferschalen aus Ton, mit Blut verkrustet, Behälter, an denen mit Ketten und Lederriemen Tierschädel und Vorhängeschlösser oder Medizinfläschchen befestigt waren. Daneben verdreckte Ginflaschen und kleinere Trommeln. Die Frau des Medizinmannes ließ sich unsere herbeigeschleppten Waren geben, Stapel von Naira-Scheinen wechselten den Besitzer.

Wir wurden hereingebeten. Draußen blendete die Sonne, im Inneren der Hütte empfing uns Dunkelheit, nur durch einen schmalen Schacht im Dach drang etwas Licht. In der Luft hing der beißende Geruch von erloschener Glut. John und Moses legten sich bäuchlings mit dem Gesicht nach unten im Staub auf den Boden. Auch ich sank nieder. Vorsichtig hob ich meinen Kopf, um unseren in Tierfelle gekleideten Gastgeber anzusehen. Der Mann war jünger, als ich erwartet hatte, vielleicht Ende Vierzig, und recht groß. Sein Gesicht mit dem scharf geschnittenen Mund und den durchdringenden Augen war von Narben gezeichnet.

Er sagte etwas auf yoruba, woraufhin John und Moses sich erhoben.

»Du kannst aufstehen«, murmelte John. Wir durften uns ans hintere Ende der bunten Bastmatten setzen. John und der Priester sprachen, Moses und ich hörten zu. Ich verstand kein Wort. Aber auch so war klar, daß es um mich ging. Inzwischen hatten sich meine Augen an die Dämmrigkeit gewöhnt, und ich konnte erkennen, daß die Hütte wesentlich größer war, als ich angenommen hatte, nur lagen die vier übrigen

Räume im Dunkeln. Von den herumstehenden rituellen Gegenständen wurde der profanste zuerst benutzt – eine Flasche Gin. Dreimal goß der *babalawo* den Schnaps auf den Boden. Für die Ahnen, wie mir John flüsternd erklärte. Dann wurde ein Feuer in einer Metallschale mit Räucherwerk entzündet, dessen Rauch nur widerwillig gen Dachöffnung abzog. Ich hustete in der stickig-heißen Luft.

John hatte der Frau draußen schon viele Naira-Scheine gegeben, aber der *babalawo* wollte trotzdem, daß wir ihm noch einige Kobo-Münzen überließen, die wir mit dem Mund zu berühren hatten. Kniend waren die Kobos auf den Boden zu *babalawos* Füßen abzulegen. Er plazierte seinen Wahrsagestab darauf, einen cremefarbenen Kuhschwanzwedel. Dem Kleingeld kam somit die mystische Bedeutung zu, während die Scheine, die die Alte uns abgenommen hatte, für den Alltag bestimmt waren. John hatte diesem *babalawo* – angeblich – nicht den Grund für unser Kommen gesagt. Als der *babalawo* Gesänge anstimmte, wisperte John mir zu, er rufe verschiedene Götter, seine *orisha*s, an.

Was folgte, war die Wahrheitsfindung: Der *babalawo* befragte das Orakel. Vor sich hatte er eine kreisrunde, mit einem umlaufenden Band aus Schnitzerei verzierte, dunkle Holzscheibe stehen, das Orakelbrett *opon,* dessen Boden mit hellem Kaolin bedeckt war. In einer langen Prozedur warf er runde Palmnüsse von einer Hand in die andere. Mit einem geschnitzten, kurzen Stab malte er Striche in das Kaolin. Ich brauchte lange, bis ich das System durchblickte: Beim Wechsel von einer Hand in die andere fielen immer ein paar Nüsse zu Boden. Aber nur, wenn ihm eine oder zwei Nüsse entglitten, »galt« der Wurf. Paradoxerweise wurden für eine Nuß zwei Striche, für zwei aber nur ein Strich gemacht. Irgendwie kam der kluge Mann dabei zu einem Ergebnis, das er John auf yoruba mitteilte, während er immer wieder auf mich blickte. Mir schwante nichts Gutes, als John nach einem längeren *babalawo*-Wortschwall endlich auf englisch zu übersetzen begann:

»Er sagt, daß uns unser Weg ins Verderben führt. Wir hatten ein gemeinsames Ziel, es aber aus den Augen verloren. Wir sollen unseren Weg korrigieren, damit wir das Glück wiederfinden. Wir sind Mann und Frau, doch wir stehen uns wie Gegner gegenüber. Ändern wir nicht unser Verhalten, kann unser gemeinsames Vorhaben keinen Erfolg bringen.«

Ich muß gestehen, ich war im ersten Augenblick ziemlich sauer. Der *babalawo* sprach mit der Übersetzerstimme Johns. Von dem ich geschieden werden wollte! Was hieß hier gemeinsames Ziel? Die Autos waren das Ziel von John und meinem Vater. Doch meine Verstimmung legte sich. Ich kam ins Grübeln. Vielleicht lag der Priester nicht mal daneben – ich hatte begonnen, mich mit dem Autoverkauf zu identifizieren, meinen Vater heimgeschickt und versucht, die Sache selbst in den Griff zu bekommen. Und sie somit zu meiner eigenen gemacht.

Unsere Geschäfte würden nur laufen, fuhr der Medizinmann fort, wenn die Götter und Ahnen zuvor durch eine Versöhnungsfeier von John und mir milde gestimmt würden. Wir müßten ein Opferfest vorbereiten. Ich hatte mein Fehlverhalten in großer Runde zu bereuen. Fehlverhalten? Ich war John nicht untreu geworden, er dagegen hatte mich x-mal betrogen. Aber was zählen schon solche Kleinigkeiten bei einem afrikanischen Mann, der in Polygamie leben durfte? Mein Fehler war allenfalls, daß ich mich eingemischt hatte.

Die Ursache unseres Geschäftsunfalls war also entdeckt. Die Reparatur des Schadens würde teuer werden, tat der *babalawo* via John kund. Wir müßten ein Opfer bringen, um die *orishas* zu bitten, unsere Geschicke günstig zu beeinflussen. Fürs Opferfest würden entsprechende Gaben gebraucht. Und zwar keine von Mr. Gordon, Mr. Jim Beam oder Mr. Coca-Cola. Nein, Fisch, frischer Fisch löse unsere Eheprobleme. Damit wären wir dann auch unsere Geschäftssorgen los.

»Frischer Fisch, John? Hier im Busch?«

»In der Nähe fließt Ogun – der heilige Fluß. Die Yoruba nennen ihn Mutterfluß. Wir müssen zu einem Fischerdorf gehen und dort die heiligen Fische holen. Wir müssen sofort los, es wird bald dunkel.« Er kannte in einem nahe gelegenen Fischerdorf einen Trommler. Moses, der zu geschwächt war für weitere Strapazen, blieb im Dorf des Medizinmannes.

Zwei Männer des Dorfes und einige Kinder liefen voraus. Sie bahnten mit langen Messern, *cutlass*, den Weg durch den Regenwald zu einem wirklich malerisch gelegenen, winzigen Dorf aus runden Lehmhütten. Es war schon Nacht, als wir eine Mahlzeit aus gestampften Yamswurzeln, Trockenfisch und sämig-schleimiger Okrasauce bekamen.

Der freundliche Trommler stellte uns eine seiner insgesamt drei Hütten zur Verfügung. Auf dem breiten, quietschenden Metallbett rollten John und ich automatisch zueinander. Es quakten Frösche und zirpten Grillen. Meine Scheidung war weit weg. Sehr weit. Ich war mir plötzlich ganz sicher, daß ich alles tun wollte, um meine Ehe zu retten. Die blöden Autos würden verkauft werden, Papa wäre seine Schulden los, John glücklich, die Kinder bekämen vielleicht ihren Vater zurück, ich müßte mich nicht mehr allein mit ihnen durchs Leben schlagen...

Wir lagen irgendwo in der afrikanischen Nacht in einer Hütte aus Lehm, und Johns Stimme erzählte von seinen Träumen – dem schwungvollen Handel zwischen Afrika und Europa. Er war wieder der mächtige Sohn eines friedlichen Stammes in einer mir unbekannten Welt voller Geheimnisse, die es noch für mich zu erforschen galt. Er konnte so schön erzählen.

Der Morgen begann mit lautem Hähnekrähen. Die Träume der Nacht waren unzähligen Moskitostichen gewichen. Der Trommler führte uns stolz zu zwei wassergefüllten Metallschüsseln. Vier dreißig bis achtzig Zentimeter lange, fast schwarze Fische mit langen Barthaaren blickten mich hilfesuchend und zuckend an. Wir mußten ein Vermögen dafür zahlen. Aber man kann eben nicht alles nach dem Geldwert messen! Diese schwarzen Fische ließen sich, so der Trommler, nur mit sehr viel Glück fangen. Die armen Dinger sollten also meine Ehe kitten – unter Einsatz ihres Lebens.

Wo lebender Fisch ist, ist auch Wasser. Oh, wie sehnte ich mich nach einem Bad! Im Mutterfluß planschten vergnügt Kinder, Frauen wuschen Wäsche. Konnte ich hier in die Fluten tauchen? John fand die Idee nicht so gut. Waschweiber und Kinder störten ihn weniger. Aber die männlichen Dorfbewohner, die überall herumsaßen, Kolanüsse aßen oder auf ihrem Pakoholz kauten, um damit die kolagefärbten Zähne zu bearbeiten. John wollte ihnen wohl nicht das Gratisspektakel seiner badenden *òyìbó*-Frau bieten. Lieber schleppte er eimerweise Wasser hinter einen Busch und übergoß mich mit dem Wasser aus einer kleinen Schüssel, die er immer wieder in den Eimer tauchte. Zuerst hatte er mich jedoch, unter meinem lauten Protest, mit einer schwarzen, schleimigen, aber den Juckreiz der Moskitobisse stillenden Seife eingerieben.

Auf dem Rückweg hatten wir nicht nur die Ehe-Fische mitzuschleppen, sondern auch frischen Palmwein, Kolanüsse – und ein ausgeweidetes totes Tier mit grauem struppigem Fell. Ich bin mir bis heute nicht sicher, ob diese Delikatesse fürs Festessen nicht sogar eine Buschratte war. John sprach beschönigend von *bushmeat.* Nach dem langen Marsch durch die Hitze zurück zum Haus des *babalawo* schwammen die kostbaren schwarzen Fische allerdings nicht mehr so lebendig in den mit frischem Flußwasser gefüllten Schüsseln herum. Ob sie noch fit genug waren, ein passables Ehe-Orakel abzugeben?

Das erste Paar Fische sollte sein Leben für Johns und meine Ehe opfern, die durch die afrikanische Nacht einen gewissen Auftrieb erhalten hatte. Der Medizinmann warf die beiden, bespuckt mit zwei Schluck Palmwein, schwungvoll auf eine dafür speziell hergerichtete Betonplatte im Hof des Anwesens. Sie wanden sich minutenlang im Todeskampf. Der *babalawo* betrachtete die Bescherung. Die Fische lagen nebeneinander, leicht versetzt, der eine den Kopf zum anderen gebogen, der zweite blickte toten Auges ganz woandershin. Auweh! Das war gewiß nicht gut.

»Die Götter verzeihen dir, die Ahnen nicht«, übersetzte John die mir unverständlichen Yoruba-Worte.

Das nächste Paar Fische mußte in den Staub, diesmal für die rostenden Autos im Hafen. Am Ende lag es leicht gekrümmt da, im Tode einander keines Blickes würdigend. Der *babalawo* schien auch recht unzufrieden über den Ausgang, jedenfalls nach Johns Worten zu urteilen: »Wir müssen die Ahnen um Beistand bitten.« Die waren über mein Versagen als Ehefrau offensichtlich so erzürnt, daß sie mir nicht beim Autohandel beistehen wollten. Eine afrikanische Nacht mit Ehesex auf quietschendem Bett zu Froschgequake und Grillengezirpe half da wohl nicht mehr. Hier mußten stärkere Mittel ran: ein Opferfest. Die Opferfische wurden von den Frauen geschuppt und zu Essen verarbeitet.

In dieser Nacht wurde gefeiert. Übrigens ohne Moses, den ich erst tags darauf wiedersehen sollte. Der *babalawo* schien zu der Einsicht gelangt zu sein, daß Moses seine Frau – die Hexe Efe – zu wenig bestraft hatte, um weiterleben zu können. Kein Medizinmann dürfe im Namen der Götter und Ahnen weitere Heilungsversuche unternehmen, ohne daß Efe für ihre Hexentaten genügend gebüßt habe.

Zu Beginn des Opferfestes bekam John vom *babalawo* ein schwarzes, handgenähtes, mit Medizin gefülltes Amulett an einem Lederband um den Hals gehängt. Zusätzlich überreichte er ihm eine Metalldose mit schwarzer Creme. Für die Autos? Für die Ehe? John knöpfte sein Hemd über dem Amulett zu und schwieg, als ich ihn danach fragte. Das ganze Dorf war jetzt anwesend, die Frauen stimmten einen monotonen Singsang an, der Trommler tat mit ein paar Kollegen sein Bestes.

Der Priester gab mir eine bittere Flüssigkeit zu trinken, Frauen begannen langsam im Schein des Feuers zu tanzen, der Rhythmus der Trommeln wurde unmerklich schneller, sie zogen mich in den Kreis der Tanzenden. Mir wurde schwindlig, ich mußte mich setzen. Der Medizinmann verspritzte das Blut eines Huhns über einem Tongefäß und auf den Boden.

Nein, Ilona, hier wird nicht schlappgemacht! Tanze! Man schreit mich an, unverständliche Worte. Tanze! Ich werde auf die Beine gestellt, man zerrt an mir. Ich tanze. Die Trommelwirbel rasen in meinem Kopf. Das ganze Dorf dreht sich um mich. Ich sehe nur noch das Weiße im Auge des *babalawo*. Ein Strahl Flüssigkeit trifft mich im Gesicht. Ich wische ihn nicht mal ab. Bereue, Ilona, schreit John auf deutsch. Meine Bluse ist rot gefleckt, meine nackten Füße stampfen mehr, als daß sie tanzen, über den Boden.

Bereue, Ilona, bereue!

Ich sehe meine kleine Janet, wie sie vielleicht zweijährig um meine Beine krabbelt, die krausen Haare zu irrwitzigen Zöpfchen mit roten Schleifchen hochgebunden, als stünde sie unter Starkstrom. Da ist Bobby unter einem Busch, er macht sein Geschäft, es stinkt. Ich tanze.

Bereue, Ilona, bereue!

Mit vorwurfsvollen Augen blickt mich mein Vater an. Er hat das von der Hitze zusammengeschrumpfte Filzhütchen auf dem Kopf. Er tut mir leid. Er wirkt so hilflos. Janet ruft: Mama, ich hab' Aua, mein Finger! Es ist nicht Janets Finger, der blutet. Es ist mein eigener.

Tanze, Ilona, tanze. Bereue, Ilona, bereue.

Aber Bobby hockt doch immer noch unter dem Busch. Ich muß ihm den Hintern abwischen. Er wird ja ganz dreckig im Matsch. Mein Geld, Ilona, bring mir mein Geld zurück. Denk doch an Mama. Sollen wir denn das Haus verkaufen? Ilona, Mann und Frau gehören zusammen! Du hast die Ahnen erzürnt.

Bereue, Ilona, bereue!

Ich liebe meine Familie! Janet, Bobby! Ich habe Janet auf dem Arm, ich tanze mit ihr um das Feuer. Da ist ja Bobby. Mein Gott, er kann trommeln. Natürlich, ich habe ihm doch in London eine Trommel gekauft. Gott, warum habe ich so wenig Zeit für die Kinder! Nein, es ist nicht Bobby. Er krabbelt ja aufs Feuer zu. Nimm ihn doch mal einer weg da. Mama!!!

Tanze, Ilona! Bereue, Ilona!

Ja! Verdammt! Ja!! Ich bereue!!

Du mußt sagen: Ich bin Teil meiner Familie! Ich verspreche, meiner Familie zu gehören! Versprich es, Ilona.

Ein Strahl Flüssigkeit trifft mich. Noch einer. Das Weiße im Auge des *babalawo*. Die Federn des Huhns sind rotgetränkt. Überall ist Blut. Ich sinke zu Boden.

Ja! Ich bereue! Ich verspreche, meiner Familie zu gehören. Janet schreit »Mama!« Bobby hebt den schlaffen Kopf des toten Huhns. Das Huhn schlägt mit den Flügeln.

Mir wird schwarz vor Augen.

Mein Kopf schmerzte. Mein Rücken tat weh. Ich lag auf einer Matte am Boden. Eine Hütte. John war neben mir. »Gib mir bitte Wasser«, sagte ich. Ich schleppte mich hinaus in einen neuen Morgen. Schwarz lag die Asche des Feuers zwischen den Steinen, auf denen sich das vergossene Blut schwarzrot gefärbt hat. Die Kopfschmerzen waren weg, aber ich spürte meine Beine kaum, lief wie auf Watte. Ich sah entsetzlich aus, wie das Schlachtfeld der vergangenen Nacht. Was hatten sie mit mir gemacht? Keine Reinigung der Welt würde meine Bluse wieder sauberkriegen. Ich schlurfte in die Lehmhütte zurück. John schlief, ich rüttelte ihn. »Hilf mir bitte, mich zu waschen. Und dann laß uns gehen, bitte.«

John schüttete eimerweise Wasser über mich. Der Mutterfluß hätte an diesem Morgen nicht genug Wasser geführt, um all den Speichel, den Schnaps, das Blut von mir runterzuwaschen. John gab mir ein langes afrikanisches Kleid, das ich überzog.

Wir verabschiedeten uns vom *babalawo*. Seine tiefbraunen Augen sahen mich durchdringend an. Mit tiefer Stimme sagte er: »Du wirst etwas Besonderes. Aber du mußt deine Balance finden.« Er sprach reines, glasklares Englisch. Er hatte mich ganz schön an der Nase herumgeführt.

»Der *babalawo* ist ein weiser Mann«, hatte John gesagt. Er spuckte vielleicht ein bißchen viel durch die Gegend, dieser Weise. Und auch sonst waren seine Methoden recht eigenwillig. Aber angeblich haben kluge Leute nun mal gewisse Eigenarten.

Das Dorf der Wahnsinnigen

Also suchte ich meine Balance. Das war nicht einfach, mit meinen wackeligen Knien. Und dann diese feuchte Hitze! John lief viel zu schnell voraus. Moses hatte noch wesentlich größere Mühe als ich, ihm zu folgen. Schließlich sackte er in sich zusammen, lautlos, wie unter einer zu großen Last. Er war schweißüberströmt. Gemeinsam versuchten wir, ihn hochzubekommen, hakten ihn unter und schleiften ihn mehr, als daß er selbst lief. Wir verließen das schattenspendende Dach der Regenwald-Vegetation, waren der Hitze der Savanne ausgesetzt. Das Grün des noch nahen Waldes verschwamm wie in einem Zerrspiegel. Der nasse, ausgemergelte Körper von Moses lastete schwer an meiner Seite. Ein Loch, eine Unebenheit oder einfach meine Schwäche? Ein messerscharfer Stich im Knöchel – ich war umgeknickt. John war zu überrascht, um uns drei halten zu können. Die beiden Männer fielen auf mich drauf, ich knallte mit der Schläfe gegen irgend etwas. Sendepause.

Ich habe es schon immer gehaßt, wenn man mir die Wangen tätschelt. Aber John tätschelte nicht nur, er klopfte dagegen, als wohnte ein böser afrikanischer Geist in mir. Über mir Johns besorgtes, schweißglänzendes Gesicht vor einem erbarmungslos blauen Himmel. Er zerrte mich in eine halbwegs sitzende Position. Schwager Moses lag als Häufchen Elend im gelben Gras, mein rechter Knöchel schwoll bereits dick an. Vorsichtig tastete ich nach meiner Schläfe, in der das Blut pochte.

»John, ich kann nicht mehr.«

»Okay, okay. Ich werde Hilfe holen.«

Die Hilfe kam von selbst, lautlos aus dem nahen Wald. Erst zwei, dann vier, schließlich standen fünf fast völlig nackte schwarze Frauen um uns herum. Sie wirkten unwirklich, Traumgestalten gleich. Sie hoben mich hoch, dann Moses, John trabte hinterdrein. Sie schafften mich in eine schlichte, dunkle Lehmhütte und legten mich auf eine Matte am Boden, jemand gab mir aus einer Kelle leicht modrig schmeckendes Wasser zu trinken. Draußen hörte ich John mit ihnen reden. Er sprach Yoruba, und ich verstand kein Wort. Endlich kam er rein. Er wirkte sehr besorgt, gab sich aber alle Mühe, es sich nicht anmerken zu lassen.

»Ilona, ich muß dich und Moses hierlassen«, begann er, »ich werde allein nach Lagos zurückkehren.«

»Das kannst du nicht machen, John!«

»Morgen bin ich zurück. Morgen früh. Ich verspreche es dir. Ich muß ein Auto holen.«

»Wo willst du ein Auto herkriegen?«

»Ich kriege eins. Versprochen. Sie werden dir nichts tun. Sei unbesorgt. Sie sind zwar ...« Er machte eine etwas zu lange Pause. »Sie sind etwas anders hier. Aber hier wohnen nur Frauen. Sie werden sich um dich kümmern.«

Vorsichtig befühlte ich den geschwollenen Knöchel. Die leichteste Berührung schmerzte höllisch. Ich ließ mich auf die Matte am Boden zurückfallen. Meine Güte, was hatte ich der Welt getan, daß ich so büßen mußte! Manövrierunfähig lag ich in einer kahlen Hütte irgendwo im afrikanischen Regenwald.

Mir schoß der Satz des *babalawo* durch den Kopf: Du mußt deine Balance finden. Ja, natürlich! Es war so einfach! Ich befand mich nicht im Gleichgewicht! In dem Augenblick, als ich umknickte, war das doch ganz deutlich. Der sterbenskranke Moses hing regelrecht auf mir drauf. Aber war das nicht auch irgendwie ein Symbol für meinen inneren Zustand? Von allen Seiten wurde Druck auf mich ausgeübt. Ich mußte alles gleichzeitig sein: Mutter zweier Kinder, Ernährerin dieser Kinder und deshalb gleichzeitig Managerin in einem schwedischen Konzern, der von mir erwartete, daß ich – während ich hier im Urwald darniederlag – seine Maschinen zur Holzverarbeitung verkaufte.

Damit nicht genug: Ich hatte Vater versprochen, Autos zu verscherbeln. Eine Angelegenheit, die wiederum John sich ausgedacht hatte. Und wo blieb ich? Der *babalawo* hatte recht: Ich hatte mein inneres Gleichgewicht verloren. In diesem Zustand, und wo John mich obendrein wieder in seine Ehefrau zurückverwandeln wollte, konnte ich unmöglich irgend etwas auf die Beine stellen. Nicht einmal mich selbst.

Ich erwachte, als jemand meinen Kopf vorsichtig hochhob und eine Kelle Wasser an meine Lippen schob. Gierig trank ich. Durch den Eingang der Hütte sah ich, daß es draußen dunkel geworden war. Ich mußte stundenlang geschlafen haben. In der Hütte brannten blakend zwei Fackeln. Aber trotz dieses warmen Lichts kam es mir vor, als ob die Frau, die mir zu trinken gab, keine Schwarze war. Sie war braun, bräunlich eher, hatte sehr helle blaue Augen, die mich ruhig musterten.

»Besser?« fragte sie mich auf deutsch, und ihr schmaler Mund lächelte etwas unsicher, wobei sie eine große Zahnlükke freigab.

»Ja, danke«, sagte ich mechanisch, ohne darüber nachzudenken, wie eine deutsch sprechende Frau in den Busch kam.

»Ich habe Ihren Knöchel bandagiert, während Sie geschlafen haben. Er sah nicht gut aus«, sagte sie mit einer weichen, dunklen Stimme und lächelte wieder unsicher. »Haben Sie Hunger?«

»Ich glaube schon«, murmelte ich und richtete mich zum Sitzen auf. Mein rechter Unterschenkel war bis zu den Zehen mit grünen Blättern umwickelt. Er fühlte sich angenehm kühl an.

»Eine große Auswahl an Essen haben wir nicht. Aber das *dodo* mit *yams* schmeckt gut. Möchten Sie probieren?«

»Wahnsinnig gern«, sagte ich etwas überschwenglich, ohne meine Wortwahl zu bedenken.

»Ich hole das Essen«, sagte meine braune Retterin und lächelte scheu. Sie machte jedoch keine Anstalten, ihren Worten Taten folgen zu lassen. Sie sah mich nur an, lächelnd.

Irgend etwas stimmte hier nicht...

»Essen wäre wirklich prima«, versuchte ich sie an ihre Worte zu erinnern.

»Ja«, sagte sie lächelnd. Jetzt stand sie vorsichtig auf und ging langsam hinaus. Allmählich kam meine Denkmaschine auf Touren, lieferte aber keine Erklärung für das Auftauchen einer Frau, die weder weiß noch schwarz, sondern braun war. Und mit mir in fehlerfreiem Deutsch sprach.

Die Frau kam nach einer Ewigkeit zurück, stellte eine Holzschale mit gebratenen Bananen, *dodo* genannt, und gestampften Yamswurzeln in einiger Entfernung von mir auf den Boden. Sie verneigte sich, legte die Hände flach auf den Boden und murmelte unverständliche Worte, bevor sie erneut nach dem Essen griff und es mir mit diesem scheuen Lächeln überreichte. »Guten Appetit.«

Während ich den Teller in Windeseile leerte, sah sie mir zu. Sie lächelte immer noch. Mir wurde irgendwie ganz anders. Natürlich, ich erwartete von einem braungefärbten Engel im Busch kein perfektes europäisches Benehmen. Jemand, der hier lebte, mußte durch und durch Individualist sein.

»Sie wundern sich wahrscheinlich, mich hier zu treffen«, sagte die braune Weiße mit ihrem scheuen Lächeln.

»Ehrlich gesagt: ja. Man muß doch gewiß auf einiges verzichten ...«

»Verzichten? O nein, ich habe alles, was ich brauche.« Sie lächelte wieder. »Aber ich brauche nicht viel. Einen Platz zum Schlafen und etwas zum Essen.«

»Als ich heute Mittag gekommen bin, waren da noch andere Frauen. Sie waren nackt, mit ... ich weiß nicht ... sie sahen aus, als wären sie gepudert. Mit Federn in den Haaren.« Ich bemühte mich um einen unangestrengten Plauderton. Auch mein Gegenüber war unbekleidet, der braune Staub auf ihrem Körper ließ sie allerdings nicht nackt erscheinen.

Sie hatte meinen Blick natürlich bemerkt. »Die Erde ist meine Kleidung«, sagte sie.

Die Frage brannte mir auf der Zunge: »Warum leben Sie so?«

Sie lächelte wieder scheu, aber nicht beleidigt. Es wirkte eher nachsichtig. »Ich könnte nicht anders leben. Bevor ich hierher gekommen bin, war ich sehr krank. Jetzt ist es besser. Mehr kann ich nicht verlangen.« Sie machte eine Pause. »Sie waren beim *babalawo*, nicht wahr? Konnte er Ihnen helfen?«

Ich kombinierte, daß sie wohl eine Patientin des Medizinmanns sein mußte, sonst hätte die Frage keinen Sinn gemacht. Also hielt ich meine Meinung zurück. »Er hat mich auf alle Fälle sehr verwirrt. Ich glaube, ich hätte besser vorbereitet sein sollen. Ich bin mehr aus Neugier mitgegangen. John wollte es.«

»Er will, daß Sie es sich anders überlegen. Das ist verständlich. Der *babalawo* hat Sie nachdenklich gemacht, ob Sie das Richtige tun. Aber er kann es Ihnen nicht sagen. Die Antwort müssen Sie selbst finden. Sie ist in Ihnen.« Während sie sprach, hatte sie meine Hände genommen, die Innenflächen nach oben gedreht und sie vom flackernden Licht der Fackeln bescheinen lassen. »Sie haben kleine Hände. Und wie weich sie sind. Sie arbeiten mit dem Kopf, das merkt man sofort.« Sie blickte mir ins Gesicht. Mir schien es, als berührten ihre Augen meine Haut. »Sie machen sich Sorgen. Man will zuviel von Ihnen. Aber Sie haben nie gelernt, nein zu sagen. Das ist gefährlich, es reibt Sie auf.«

Ich mußte lachen, es machte mich verlegen, daß diese nackte braune Weiße so offen zu mir sprach. Ich beschloß, den Spieß umzudrehen. So einfach wollte ich mein Innerstes vor der Fremden nicht offenbaren. Auch wenn sie recht hatte. »Bitte, erzählen Sie doch etwas über sich. Es würde mich interessieren, warum Sie hier leben. An was haben Sie gelitten, bevor Sie zum *babalawo* gegangen sind und beschlossen haben, hierzubleiben«, fragte ich.

Sie sah mich immer noch an, doch ihr Blick schien durch mich hindurchzugehen. Endlich sprach sie, ohne Lächeln: »Sagt Ihnen der Name Gabersee etwas? Ich war dort fast fünf Jahre lang.« Mir lief es kalt den Rücken hinunter. Gabersee ist der Name einer psychiatrischen Klinik in der Nähe von Wasserburg bei München. Das erklärte alles. Ich saß mit einer Irren im Busch! »Eine sehr anstrengende Zeit. Nur Medikamente. Kaum Zeit für Therapie. So kann man Menschen nicht helfen. Ich wurde richtig krank. Dafür hatte ich diesen Beruf nicht ergriffen.«

»Wie? Welchen Beruf? Ich dachte ...«

»Sie dachten, ich wäre verrückt. Ich weiß. Vielleicht bin ich das ja auch. Ja, wahrscheinlich sogar. Wer rennt schon nackt im Urwald herum?«

Sie erhob sich, um langsam in eine dunkle Ecke der Hütte zu gehen. Ich hörte das Rascheln von Papieren, und wenig später hielt ich einen deutschen Reisepaß in der Hand, ausgestellt vom Kreisverwaltungsreferat München. Er lautete auf Dr. Julia Schäfer. Auf dem Paßfoto war eine Frau abgebildet, die mit meinem Gegenüber nur entfernt Ähnlichkeit hatte.

»Das war ich mal«, sagte sie. »Ich habe Ihnen das nicht gezeigt, damit Sie mich nicht für verrückt halten. Es soll Ihnen nur den Weg verdeutlichen, von wo ich gekommen bin.«

»Ich halte Sie nicht für verrückt, Julia.«

»Nicht Julia. Hier heiße ich Oluwafemi. Das sind Worte aus der Sprache der Yoruba. Sie bedeuten ›Gott liebt mich‹. Denn das ist es, was ich lernen mußte: mich selbst zu lieben. Damit Gott mich lieben kann.«

»Sie sind Ärztin?« Ich dachte an mein Bein und griff instinktiv an den grünen Verband. Der Knöchel tat nicht mehr weh.

»Wegen der Blätter an Ihrem Bein? Ach, das kann jeder, der sich mit Naturmedizin auskennt. Da ist auch kein Zauber dabei.« Sie wickelte behutsam mein weißes Bein aus. »Versuchen Sie aufzustehen. Wenn es kein Bruch ist, was ich eigentlich annehme, müßte der Knöchel wieder in Ordnung sein.«

Vorsichtig erhob ich mich.

»Treten Sie auf«, ermunterte sie mich.

Die Schmerzen waren tatsächlich verschwunden. »Das ist wundervoll. Ich muß nämlich dringend mal wohin«, sagte ich.

»Ja, natürlich.« Sie machte keine Anstalten, mir den Weg zu weisen.

»Ähm, wo ... wo kann ich ...?«

»Ich zeige es Ihnen.« Sie nahm eine der Fackeln und ging voraus zur »Toilette«, einem hinter hohen Farn versteckten Loch im Boden. Irgendwo in den Büschen raschelte es. Ich beeilte mich zurückzukommen zu dem kleinen Platz in der Mitte der vier, fünf Hütten. Drei oder vier Dorfbewohnerinnen saßen um ein offenes Feuer herum, unterhielten sich und lachten. Ihr Alter war aufgrund der Lichtverhältnisse schwer zu schätzen. Oluwafemi bot mir einen Platz neben sich an. Neben ihr lag eine Schachtel Marlboro-Zigaretten; sie rauchte.

»Ihr Mann hat sie mir geschenkt«, erklärte sie. John rauchte eigentlich selten. Ich wußte nicht mal, daß er überhaupt Marlboros dabeigehabt hatte.

Kaum hatte ich mich gesetzt, da spürte ich, daß sich hinter mir etwas bewegte. Ich drehte mich um und sah eine der weißgepuderten Frauen, die vielleicht noch drei Schritte von mir entfernt war. Sie bewegte sich mit ausgestreckten Armen auf mich zu. Ich sprang erschrocken auf.

»Bitte, setzen Sie sich. Funke tut Ihnen nichts. Sie ist harmlos.«

»Touch hair, ma'am«, sagte die weiße Schwarze, die Funke hieß.

Dieses Spiel kannte ich schon von den Kindern in Moses' Haus. Sie wollten mein weiches, rotblondes Haar berühren. Aber Funke war kein Kind mehr, sondern eine dicke, nackte Frau. Die allerdings im Gesicht den unschuldigen Blick einer Dreijährigen hatte. Behutsam griff sie nach meinen Haaren, unablässig murmelnd: *»How go de go?«*, was soviel wie *»How are you?«*, also: »Wie geht's?« bedeutete.

Mochte ich in bezug auf Julia-Oluwafemi vielleicht etwas vorschnell geglaubt haben, es mit einer Irren zu tun zu haben, so war ich mir bei Funke sicher. Warum lebten diese Frauen hier im Urwald? Waren sie verstoßen worden? Oder hatte sich Julia-Oluwafemi zu ihrer Therapeutin gemacht?

Sie begann zu erzählen. »Ich war Psychologin. Na, jedenfalls, ich dachte, ich wäre es. Aber ich war nur ein Werkzeug. Alles in mir wehrte sich gegen dieses Leben. Ich war damals verheiratet. Mein Mann bekam das Angebot, als Leiter des Goethe-Instituts nach Lagos zu wechseln. Das hat mir das Leben gerettet. Denn ich war drauf und dran, selbst verrückt zu werden. Ich konnte ganz deutlich meine eigenen

Symptome erkennen. Aber das Schlimmste war: Ich hatte das Gefühl, versagt zu haben. Ich wollte helfen, ich wollte Menschen heilen. Aber das war nicht das, was man von mir erwartete.«

Julia-Oluwafemi, die Wanderin zwischen den Kulturen, die dem anbrechenden High-Tech-Zeitalter entflohen war, um unter Nackten zu leben, blickte sinnend ins Feuer. »Nehmen Sie Funke. Sie sehen den Körper einer Frau von Ende Fünfzig. Aber in ihren Augen entdecken Sie ein dreijähriges Kind. Bringen Sie Funke in eine deutsche Psychiatrie. Die Diagnose ist schnell gestellt: Schizophrenie. Ich sage: Sie sieht nur aus wie jemand anderes, eben wie eine alternde Frau. Aber sie ist ein Kind. Ich kenne Funkes Krankengeschichte nicht. Niemand konnte sie mir erzählen. Sie wurde als Wahnsinnige aus ihrem Dorf vertrieben. Aber was macht es schon, daß ich ihre Geschichte nie erfahren werde? Ich nehme sie einfach an, wie sie ist – ein Kind, das gerade verständlich sprechen kann. Und Funke ist glücklich. Ohne Psychopharmaka habe ich also einen Menschen therapiert.«

»Sie haben ein Kind therapiert. Ein Kind in dem alternden Körper einer Frau.«

»Richtig. Jetzt haben Sie es verstanden. Sie sieht nur aus wie jemand, der sie nicht ist.«

Sie stand auf, warf die Zigarette ins Feuer und begann ein paar leichte Schritte ums Feuer zu machen, wobei die hellen Flammen ihren Schatten verzerrt auf den Boden warfen. Nach und nach erhoben sich die anderen Frauen, und selbst Funke hatte meine Haare genug befummelt, um sich den anderen anzuschließen. Ohne, daß irgendeine Trommel geschlagen wurde, tanzten die nackten Frauen, sich an den Händen haltend, ums Feuer. Als hörten sie ihre eigene Melodie und ihren Rhythmus.

Ich sah ihnen zu. Sechs Schatten vor einem Feuer. Sechs

schwarze Schatten. Es war nicht mehr ohne weiteres auszumachen, welcher davon Dr. Julia Schäfer aus München war. »Sie sieht nur aus wie jemand, der sie nicht ist«, hatte sie gesagt. Mit Sicherheit galt das auch für sie selbst. Vielleicht darum die braune Erde auf ihrem Körper. Ich habe mich nicht getraut, sie das zu fragen. Die Balance des Lebens halten – ein schmaler Grat zwischen Wahn und Wirklichkeit.

Nach einer Weile öffnete sich die Kette der Tänzerinnen, und sie faßten mich an den Händen. Ich war eine von ihnen. In einem Kreis von verrückten Frauen im Busch.

»Es war kein Zufall, daß mein Mann nach Lagos versetzt wurde. Und es war auch kein Zufall, daß du dir deinen Knöchel hier in der Nähe unseres Dorfes verstaucht hast«, sagte Julia-Oluwafemi, als wir später wieder in ihrer kargen Hütte saßen. »Wir straucheln durchs Leben, meistens unbewußt, aber irgendwann kommen wir wieder auf die Beine. Ich sehe den Afrikanerinnen gern zu, wenn sie ihre schweren Körbe auf dem Kopf tragen. Sie verlieren nie das Gleichgewicht. Sie bleiben immer in der Balance. Das ist es, was ich hier gelernt habe: meine innere Balance zu finden.«

»Was wurde aus deiner Ehe?« Ich dachte, daß ihr Mann als Leiter des Goethe-Instituts, dem Aushängeschild der deutschen Kultur im Ausland, unmöglich mit einer nackten Frau im Urwald in Verbindung gebracht werden wollte. Aber Oluwafemi blieb mir die Antwort schuldig. Als ich ein Jahr später zu einem Empfang in der deutschen Botschaft auf Victoria Island in Lagos war, hieß es, Dr. Schäfer sei seit einem Jahr im Ruhestand. Man fragte mich, ob ich ihn kenne. Ich sagte, ich hätte seine Frau kennengelernt. Man erwiderte überrascht, daß man gar nicht gewußt habe, daß Doktor Schäfer verheiratet gewesen sei.

In dieser Nacht schlief ich schlecht, träumte wirres Zeug. Am nächsten Morgen fragte mich Julia-Oluwafemi beim

Abschiedsfrühstück am Feuer: »Du hast geträumt, daß dein Vater schwer krank ist, Ilona, erinnerst du dich?«

»Woher weißt du das?«

»Du hast geredet. Beinahe pausenlos. Das war bei mir am Anfang übrigens auch so.«

Ja, langsam kam die Erinnerung wieder, ich hatte tatsächlich von Papa geträumt. Ein entsetzlicher Traum, wohl unter Einwirkung der vielen Erlebnisse. Papa war in diesem Traum, so wie ich etwa zehn Tage zuvor in der Realität, über die Jauchegräben nahe von Moses' Haus balanciert. Er hatte sich noch ungeschickter angestellt und war kopfüber hineingefallen. Man hatte ihn mit dem Krankenwagen abgeholt, weil er keine Luft mehr bekam. Aber ich hatte kein Auto und konnte der Ambulanz nicht folgen. Ich rannte hinterher und verstauchte mir den Fuß. Da kamen John und eine bunt angemalte, dickliche Schwarze in einem Geländewagen angefahren. Sie hielten und ließen mich hinten einsteigen. Aber statt zum Krankenhaus brachten sie mich zum Friedhof. John sagte: »Moses ist gestorben.«

Als ich meinen Traum erzählt hatte, sagte Oluwafemi schlicht: »Du solltest in Deutschland anrufen, Ilona.«

Funke mit dem kindlichen Gesicht stürzte außer Atem ans Feuer, ruderte mit den Armen und krächzte: *»Käkeh! Käkeh!«*

»Sie sagt, daß ein Auto kommt«, übersetzte Oluwafemi. Sie erhob sich und ging zu ihrer nahen Hütte. Als sie wieder herauskam, hatte sie sich zu meiner Verwunderung einen Wrapper übergestreift. Sie lächelte scheu, als sie sagte: »Wenn dein Traum wahr ist, kommt gerade dein Mann, und er befindet sich in Begleitung einer angemalten, dicken Frau.«

So lernte ich Mary im Busch bei den verrückten Frauen kennen. Ich schätzte sie auf Mitte Zwanzig. Vielleicht war sie älter oder gar jünger. Sie war jedenfalls sehr ... na ja, eben rund. Typ afrikanische Mammi. Es gibt Frauen, die mag ich von Anfang an. Sie gehörte nicht dazu. Irgendwas war faul an ihr. Sie grinste dauernd von einem Ohr zum andern; ihre Finger waren mit goldenem Schmuck so beladen wie ihr breiter Hals. In Nigeria zeigen die Leute es gern, wenn sie Geld haben. Diese Mary mußte demnach eine Menge Geld haben. Und ich war bleich, staubig und pleite. Ich fühlte mich minderwertig. Während John seinen Bruder aus einer der Hütten trug – laufen konnte Moses nicht mehr –, verabschiedete ich mich mit einer langen Umarmung von Oluwafemi.

»Auf deinen Schultern liegen zu viele Lasten, Ilona«, sagte sie zum Abschied. »Wirf sie ab. Dann findest du deine Balance wieder.« Sie sah mir in die Augen. »Und verrate niemandem mein Geheimnis.« Als ich sieben Monate später mit meiner Schwester Monika auf der Reise zu einer Kultstätte der Yoruba einen Besuch bei Oluwafemi machen wollte, fand ich sie nicht wieder. Das Dorf der verrückten Frauen war verschwunden, als wäre es nur ein Traum von mir gewesen.

John hatte den hohen Nissan Patrol tatsächlich irgendwie durch die Savanne bis nahe an das Dorf der Verrückten herangefahren. Bei eingeschalteter Klimaanlage rumpelten wir zum Expressway zurück und dann nach Lagos. John und die dicke Mary saßen vorn, ich mit Schwager Moses hinten. Eine Frage rumorte in meinem Kopf: Woher kamen diese Frau und dieses Auto so plötzlich? Die ganze Zeit über hatten wir uns mit Taxis durchgeschlagen. Und nun ließ John einfach so diese Frau aufkreuzen!

»Mary war sofort bereit, mir zu helfen«, erwiderte er.

Mir. Die Gelobte drehte sich zu mir um und strahlte mich mit ihren schneeweißen Beißerchen an; zwischen den Schneidezähnen klaffte eine breite Lücke. Solch eine Lücke gilt bei nigerianischen Frauen als Zeichen besonderer Schönheit. Himmel, irgendwie kam mir diese Frau bekannt vor...

Mittag war gerade vorbei, als wir Moses' Haus in Agege erreichten. John schickte gleich die Jungen los, um einen anglikanischen Priester zu holen. Nun, nachdem alle John bekannten *babalawo*s versagt hatten, mußte also die Kirche der Weißen ran. Ich fand es immer wieder faszinierend, wie man in Nigeria Slalom zwischen den Religionen fährt.

John nahm mich zur Seite: »Ich muß Moses nach Hause bringen.«

»Das kannst du ihm nicht antun!« rief ich. »In diesem Zustand kann er doch nirgendwo hin!«

»Er hat mich darum gebeten«, sagte John, »er will im Dorf unserer Ahnen sterben. Er ist der älteste Mann in unserer Familie und muß in unserem Elternhaus begraben werden. Unser Glaube will es so.«

Und ich sollte warten, bis John irgendwann wieder auftauchte? Ich beschloß mitzufahren. Auch um John eine ständige Mahnung zu sein, daß es neben dem Jenseits ein Diesseits gab. Mit verrostenden Autos und einer Frau, die nach Deutschland zurückmußte. Wir nahmen den Pick-up, dieses multiple Gartenbauvehikel. In Decken und Tücher eingewickelt, klemmte der sterbende Moses auf seiner letzten irdischen Reise zwischen dem fahrenden John und mir.

Ich hatte keine Ahnung, auf was ich mich eingelassen hatte! Das erste Stück führte über die Autobahn nach Osten in Richtung Benin City. Ohne Vorwarnung lag ein Minibus quer zur doppelspurigen Fahrbahn; er war einem umgekippten Lastwagen ausgewichen und selbst umgefallen. John konnte den Pick-up, der über altersschwache Bremsen verfügte, nicht rechtzeitig stoppen und rumpelte über den unbefestigten Seitenstreifen. Es knallte, der Pick-up trudelte, wir knallten gegeneinander. Wehklagen brach los: Die Menschen aus dem Bus dachten, Moses wäre durch den Unfall dem Tode so nah. Durch Johns Ausweichmanöver war ein Reifen geplatzt, der geflickt werden mußte.

Ein Weiterfahren auf unserer Seite des Motorways war nicht möglich. »Der Wagen muß auf die andere Autobahnseite«, konstatierte John.

Auf der Autobahn war wenig Verkehr. Trotzdem – eine Geisterfahrt? Mit einem Sterbenden an Bord? Ein gutes Omen war das nicht gerade ... Der Pick-up wurde auf die entgegengesetzte Spur geschafft. Und weiter ging es. Niemand störte sich an uns. Nur ein einziges Mal hupte uns Geisterfahrer ein anderes Auto an. Da saß bestimmt ein Deutscher drin ...

In Benin City holte John seine älteste Schwester, die rundliche Elisabeth ab, die sich mit Bergen von Taschen auf der Ladefläche einrichtete. Wir fuhren noch eine Weile Autobahn und bogen dann auf holprige, zunehmend schmaler werdende Straßen ab, die nur teilweise asphaltiert waren und sich durch hügelige Landschaft mit dichtem Regenwald schlängelten. Das war die Schatzkammer dieses von Natur aus reichen Landes: Öl und Holz werden hier gewonnen. Nur selten bot sich ein Ausblick aufs weite Land mit seinen Tausenden von Grüntönen. Inmitten der überbordenen Kraft der Natur stachen die dünnen Kamine der Ölförderstellen in die Luft, aus denen meterhohe Flammen schlugen, mit denen das überschüssige Gas abgefackelt wurde.

Lastwagen, schwer beladen mit Baumstämmen, bretterten rücksichtslos an uns vorbei und zwangen John immer wieder zum Ausweichen. Es galt das Recht des Stärkeren. Immer wieder befanden sich kleine Dörfer mit winzigen Verkaufsständen und schiefen Hütten in erbarmungswürdigem Zustand am Straßenrand. Die Landkarte hatte ich schon bald zusammengefaltet; die Orte, alle namenlos, waren sowieso nicht eingezeichnet.

Es war später Nachmittag, als wir eine Stadt namens Ughelli erreichten. Der letzte größere Ort, bevor wir endgültig im Hinterland verschwinden würden. Dicht drängten sich die flachen Lehmhäuser mit ihren rostigbraunen Blechdächern, die weit überstanden, damit der Regen die Mauern nicht aufweichte. Die Infrastruktur der Städte hielt dem Wachstum schon damals nicht stand. Es gab zu wenige und zu enge Straßen, die mit Menschen, Autos, Rädern und Tieren vollgestopft waren. Die Straße war gleichzeitig Markt und Autowerkstatt, Kinderhort und Ziegenweideplatz.

John fuhr hektisch. Plötzlich stand vor uns ein vollbesetzter Bus. John zog den Pick-up zur Seite, rammte den Bus aber trotzdem. Geschrei, Palaver, ein Mann mit einem blutenden Kopf deutete auf unseren Pick-up. John wollte trotzdem wegfahren, aber die Leute schlugen auf den Pick-up ein, rissen die Tür auf, zogen John aus dem Wagen. Ein Polizist in matschbrauner Uniform schrie auf John ein.

»Ilona, laß mir Geld da. Und fahr weiter! Ich komme nach!« rief John mir zu. »Elisabeth kennt den Weg!«

Dann wurde er in dem Gewühle fortgezogen. Ich fand mich hinter einem riesigen schwarzen Lenkradkranz wieder, einen Halbtoten gegen mich gelehnt, daneben eine Frau, die ich kaum verstand, und draußen grölten die Kinder ihr *»òyìbó, òyìbó!«*

Krachend ratschten die Gänge, nur mit enormem Kraftaufwand ließ sich das mühlradgroße Lenkrad bewegen. Stotternd und hüpfend holperte der Pick-up durch die verstopften Straßen. Ich fuhr natürlich wesentlich langsamer als John, doch für Elisabeths Auffassungsvermögen immer noch zu schnell. Sie schrie immer erst »Stop-stop-stop!«, wenn die fällige Kreuzung schon hinter uns lag. Enge Wege, rechts und links Gräben. Ich schwitzte und wendete das schwerfällige Gefährt. Moses hing längst wie eine leblose Puppe in seinen

Kleidern, seine Schwester murmelte unaufhörlich vor sich hin, als betete sie.

Und dann knallte es wieder. Ich kannte das Geräusch, wie ein Schuß. Wieder ein Reifen. Diesmal hinten. Wir hatten zwar einen Ersatzreifen, aber das war der kaputte von der Autobahn. Der Pick-up hatte Hinterradantrieb, es war unmöglich, den Wagen zu bewegen. Ich sah auf die Uhr – zwei Stunden bis zur Dunkelheit. Verzweifelt versuchte ich, Elisabeth zu entlocken, wie weit es noch war. Sie sagte viel, lamentierend, weinend, und ich verstand nichts. Ich nahm immer neue Anläufe, um sie zu fragen, ob wir laufen könnten.

Als uns eine Gruppe von Frauen, die wir eine halbe Stunde zuvor überholt hatten, erreichte, fand ich ein Mädchen, das mein Englisch verstand. Ja, sie seien unterwegs nach Ivori-Irri, sagte es. Das war Johns und Moses' Heimatdorf! Gemeinsam bastelten wir eine Trage aus Tüchern, in die wir den bewußtlosen Moses legten.

Diese seltsame Prozession erreichte Ivori-Irri kurz nach Einbruch der Dunkelheit. Mir tat jeder Muskel und jeder Knochen im Leib weh. Die Menschen im Dorf umringten uns, beklagten Moses, schwatzten mit Elisabeth. Kinder befühlten meine Kleider und Haare. Ich trottete mit zu einem Haus, in dessen einzigem Raum wir Moses auf den Boden legten. Einige Kerosinlampen ließen die Schatten der Anwesenden zucken.

Und plötzlich ein heiseres, quietschendes, schroffes Wehklagen – Moses hatte seinen letzten Atemzug getan. Ich stand zwischen all diesen Menschen, sah auf Moses hinab, der mit halbgeöffneten Augen ins Leere blickte. Der Mann hat seine Ruhe – das war mein einziger Gedanke. Für mich, die ich eine Odyssee hinter mir hatte, interessierte sich niemand. Ich setzte mich irgendwo in einer Ecke auf den Boden, hungrig und durstig. Ich war fix und fertig. Und dann war ich weg. Einfach so.

Als ich wieder zu mir kam, fielen die ersten Strahlen der Morgensonne durch die einen Spaltbreit offenstehenden Fensterläden. Ich brauchte ein paar Minuten, um die Orientierung wiederzufinden. Verschwommen sah ich eine Gestalt eine Spitzhacke schwingen, mit der sie auf den harten Lehmboden der Hütte einhieb. Ich rieb mir den Sand aus den Augen und erkannte, daß es eine hochschwangere Frau war. Drei kleine Mädchen versuchten ungelenk, die herausgelöste Erde mit Schaufeln auf die Seite zu schippen. Abseits davon, als ginge sie die Schwerstarbeit der kahlgeschorenen Schwangeren nichts an, saßen die anderen Frauen, wehklagend.

Ich erhob mich langsam, als befände ich mich im Zwischenreich von Traum und Wirklichkeit. Eine Schwangere mit drei Mädchen. Sollte das etwa...? Ja, es war Efe. Die Hexe, die ihren untreuen Mann Moses vergiftet hatte. Und so sah ihre Strafe aus: Schwanger und kahlgeschoren grub sie in der Hütte ihres Mannes dessen Grab. Der Leichnam von Moses, in einen spitzenbesetzten weißen Kaftan, eine *agbada,* gehüllt, lag in einer Ecke des Hauses zwischen den weinenden Weibern.

Ich weiß nicht, ob Efe ihren Mann wirklich vergiftet hat. Später, als ich mich mit Medizin zu beschäftigen begann, habe ich herausgefunden, daß Moses wahrscheinlich an einem Darmverschluß gestorben ist. Ein entsetzlicher Tod, der Darm platzt, vergiftet den Körper. Ob das nun Hexenwerk war? Efe jedenfalls wurde wie eine Hexe behandelt. Als sie am Abend ein Loch geschaufelt hatte, das so groß war, daß sie selbst darin nicht mehr zu sehen war, holten die Frauen sie aus dem Haus und ritzten ihr mit dem Messer Narben in den Leib. In die offenen Wunden rieben sie Cayenne-Pfeffer. Die angebliche Hexe schrie, ihre Töchter hingen, verzweifelt weinend, an der Mutter. Dann jagten sie Efe mit lautem Geschrei in den nahen Wald davon.

John war inzwischen ins Dorf nachgekommen. Ich schrie ihn an, er könne doch nicht zulassen, daß seine Schwägerin in den Wald geschickt werde. Aber ich habe nur eine Stimme, das Dorf Hunderte. Und diese Stimmen waren lauter als meine. John hinderte mich daran, Efe zu folgen: »Wenn du ihr jetzt nachgehst, dann glauben alle, daß du selbst eine Hexe bist.«

Ich wollte zurück nach Lagos. Es war mir egal, wessen Gefühle ich damit verletzte. Hier konnte ich sowieso nur alles falsch machen. Selbst wenn Efe an Moses' Schicksal die Schuld trug – was konnte das Ungeborene dafür?

Moses' Leichnam wurde in dieser Nacht im Boden des Hauses vergraben. Die eigentliche Trauerfeier sollte erst stattfinden, wenn John mich in Lagos abgeliefert hatte und mit viel Geld zurück in Ivori-Irri wäre.

Zum Abschied nahm mich Johns Mutter in die Arme und schenkte mir ein paar silbrig schimmernde Reifen aus altem afrikanischem Gold. Als Dank, weil ich ihren ältesten Sohn heimgebracht hatte. Nach meinem eigenen Wertesystem verdiente ich den Schmuck nicht. Indem ich geholfen hatte, Moses in sein Dorf zu bringen, so dachte ich, war ich indirekt auch an Efes Peinigung schuld.

John gab meinem Drängen nach. Er hatte es irgendwie geschafft, den Pick-up wieder fahrbereit zu machen. Im Morgengrauen verließen wir Ivori-Irri. Nach einigen Meilen sahen wir ein Bündel Mensch am Wegrand. Ich erkannte den Stoff des Kleides wieder. Efe! John wollte einfach weiterfahren, doch ich zog die Handbremse und sprang aus dem Wagen. Efe krümmte sich mit irrem Blick, jammernd und sabbernd, im Staub. Ihr Gesicht und ihr Mund waren blutverschmiert. In den Armen hielt sie einen nackten Säugling, noch in weißer Käseschmiere und voller dunkelrotem Blut. Ein langes Stück Nabelschnur hing von ihm herab – Efe hatte sie in ihrer Not durchbeißen müssen. Ich nahm ihr den Kleinen ab und wickelte ihn in ein sauberes T-Shirt von mir. John sah mich fassungslos an.

»Wir bringen sie jetzt in ein Krankenhaus!« schrie ich ihn an. »Sie verblutet sonst. Das kannst du nicht zulassen!«

Schweigend hievten John und ich Efe auf die Ladefläche des Pick-ups. Ich setzte mich zu ihr und legte ihr den Säugling in die Arme. In einem kleinen Krankenhaus nahe Ughelli lieferten wir Efe ab. Die Umstände seiner Geburt hatten Efes Sohn schwer geschädigt. Noch während unserer Anwesenheit bekam er einen Krampfanfall. John holte den Jungen einige Monate später nach Lagos und ließ ihn von Rhoda aufziehen. Als Zweijähriger starb er an einem seiner Krämpfe.

Ich hatte mit Efe kein Wort gesprochen. Aber eine Stimme in mir sagte mir, daß wir uns nicht zum letzten Mal begegnet waren.

Zum Feuerlöschen an die Tankstelle

Als wir nachts in Lagos bei Moses' Haus ankamen, fand ich dort die runde Mary wieder vor. Sie unterhielt sich mit den vielen Frauen an der Kochstelle. Alle schienen sie gut zu kennen. John entfaltete ungekannte Betriebsamkeit: Er begann, seine und meine Sachen in Taschen zu packen. Nebenbei erklärte er mir, daß wir in das Haus von Mary ziehen würden. Denn Mary hatte gemeinsam mit ihrem Bruder eine Autowerkstatt an der Agege-Motor-Road, der ständig verstopften Verbindung zwischen Flughafen und City.

John, plötzlich der coole Pragmatiker, sagte: »Die Autos müssen repariert werden. Sollen wir das hier machen?« Mir kam das alles mehr als komisch vor. War Mary etwa ... Aber erst ein paar Tage zuvor hatten wir unsere Ehe mit erheblichem Aufwand gekittet! John wies jede intimere Verbindung mit Mary weit von sich. Sie sei eine Kusine ...

»Du hast ihr doch nicht etwa ein Auto dafür versprochen?«

»Einen 504«, sagte er und packte ungerührt weiter.

Damit blieben noch ganze sechs von zehn Autos übrig, um Vaters Schulden zu tilgen. Meine eigenen rechnete ich lieber gar nicht mit.

John machte sich daran, sämtliches Geld im Haus zusammenzukratzen. Rhoda mochte zetern, soviel sie wollte: Ihr bei der Taufe des Babys gesammeltes Geld mußte sie abliefern – für die Autos. Wir fuhren zu Marys Werkstatt, einer Baracke, an deren Straßenseite jemand mit blauer, krakeliger Schrift *car repair* gemalt hatte. Auf dem Hof ein Schuppen, aufgebockt auf Steinen ein Peugeot, darunter ein paar Männerbeine. Sie gehörten Nathan, dem 18jährigen Bruder von Kusine Mary.

Im Schatten der Baracke saßen drei Männer. Sie warteten auf uns. Und – o Wunder! – sie hatten Geld dabei. Die Anzahlung für jene Autos, die wir am nächsten Tag aus dem Zoll holen wollten. Mary, und nicht etwa John, nahm es ihnen mit wieselflinken Fingern ab und ließ es in ihrem Wrapper verschwinden. Sprachlos sah ich zu.

Ich hatte ausgesprochen Mühe, meine Sprache an diesem Tag wiederzufinden. Es gab in der *car-repair*-Baracke genau ein Schlafzimmer. Mit einem Bett. John und ich bekamen das Bett, Mary rollte ihre Matte am Boden aus und legte sich ganz selbstverständlich davor. Als gehörte sie dazu.

Während ich vergeblich versuchte einzuschlafen, wußte ich plötzlich, woher ich diese Mary kannte. Das heißt, ich kannte nicht sie. Ich kannte Marys wie sie. Sie waren plötzlich da, wenn ich John mal ein paar Wochen allein in London gelassen hatte, um nach München zu fahren. Dann trugen diese Marys meinen Morgenrock, putzten sich mit meiner Zahnbürste die Zähne und schliefen mit meinem Mann. Himmel, war ich dumm! Es hatte sich nichts geändert. Wozu der ganze Aufwand mit Ahnen- und Götterbeschwörung? Hielten die Geister hier denn alle nur zum Mann? Sollte ich immer die Schuldige sein? Ich wollte bloß noch Vaters Geld und weg. Mit John an meiner Seite konnte das nie etwas werden mit Balance und so.

Der Hafen war wieder geöffnet worden und unterstand jetzt direkt dem Staat. John blätterte Naira-Schein um Naira-Schein auf den Tresen des neuen Zollbeamten. Endlich klopfte der unzählige Stempel auf die Papiere. Wir waren zu viert – John, ich, Mary und Nathan. Drei Wagen mußten also vorerst im Hafen zurückbleiben. Ein Junge aus der Werkstatt namens Jojo hatte uns im Patrol zum Hafen begleitet.

Wir füllten aus Kanistern Benzin in die Tanks der Wagen. Keines der Autos sprang an. Während Mary loszog, um eine neue Batterie zu kaufen, begannen John, Nathan und Jojo, die Reifen zu wechseln. Da es sich bei der Mehrzahl der Autos um Peugeots des gleichen Typs handelte, ergänzten wir nach dem Baukastenprinzip. Schließlich standen die verbliebenen drei praktisch radlos da.

Der einzige, dem die Sache richtig Spaß zu machen schien, war Nathan. Der Junge schwitzte in der Hitze zwar genauso wie John, aber er sang pausenlos vor sich hin. Als Mary endlich wieder auftauchte, gab der zuerst wieder zum Leben erweckte Wagen dem nächsten Starthilfe, dem verbliebenen Benz. Irgend jemand hatte den Auspuff des Mercedes dringend gebraucht. In eine blaue Abgaswolke gehüllt, laut wie ein Hubschrauber im Tiefflug, brachte ich den Wagen zum Rollen. Auch die beiden anderen Wagen schoben und schleppten wir schließlich los.

Die ganze Aktion dauerte bis in den Nachmittag. Die Rush-hour hatte bereits eingesetzt, als wir endlich aus dem Hafen rauskamen. Vor uns lag eine Fahrt quer durch Lagos. Im Stau. John fuhr voraus, dann ich, Nathan und Jojo. Nathan blinkte wie wild mit der Lichthupe. Irgendwas stimmte nicht. Reifen geplatzt. Wir wechselten mitten im Stau. Im Schneckentempo ging es weiter. Ich blickte auf den Temperaturmesser des Wasserkühlers. Alarm! Endlich freie Fahrt, die Anzeige beruhigte sich. Vor lauter Streß war es mir nicht aufgefallen, aber als wir ungehindert rollten, bemerkte ich, daß Johns Peugeot Flüssigkeit verlor. Wenig später stieg aus dem Wagen vor mir schwarzer Rauch auf. Rechts vorn eine Tankstelle, John setzte den Blinker. Praktisch keiner der Wagen hatte mehr Sprit im Tank.

John fuhr den rauchenden Wagen direkt vor die Zapfsäule, wir drei anderen hinterher. Da rannten auch schon aufgeregt mit den Armen fuchtelnde Männer auf uns zu und schrien: »*Go away! Go away!*«

John hatte die Fahrertür geöffnet und die Motorhaube entriegelt und wollte gerade aussteigen. Mindestens zehn Männer stürzten auf ihn zu, einer drückte ihn in den Wagen zurück. Fluchend schoben sie ihn weg von der Tankstelle, hinüber zur Straße. In solchen Situationen ist überlegtes Handeln nicht meine Stärke: Ich erstarre vor Schreck. Ich sah, wie alles, was Beine hatte, in Bewegung war, Wasser schleppte. Nach wenigen Minuten befand sich dort, wo Johns Peugeot stand, eine dicke weiße Wolke, aus der ein verrußter John hervortrat. Als sich der Qualm verzogen hatte, blickten wir in die Ruine eines Motorraums.

So zog mein hubschrauberlauter Mercedes den lahmgelegten Peugeot durch den Stau zu Marys *car repair.* Wie gebannt blickte ich auf die Temperaturanzeige und fragte mich, wann meinem Gefährt das gleiche Schicksal wie Johns Auto blühen würde. Aber der Benz hielt durch.

Marys vier Kunden machten lange Gesichter. Sie versprach ihnen wohl, daß die Wagen in Bälde wieder topfit seien. Ich hatte am Vortag gut aufgepaßt und wußte, welcher der Männer den Benz kaufen wollte. Während Mary mit den anderen zu tun hatte, nahm ich den Mann beiseite. »Sie haben Glück«, sagte ich, »Ihr Auto ist das beste von allen. Ich habe es selbst hergebracht. Es braucht nur einen neuen Auspuff. Den bekommen Sie leicht.«

»Ja«, sagte der Mann, »aber er hat keine Scheinwerfer, und die Scheibenwischer fehlen. Und wo sind die Rückspiegel?«

»Das sind doch Kleinigkeiten. Das Auto fährt. Sie werden stolz darauf sein.«

»Und der Lack? Das ist Rost.«

»Der Lack ist neu. Sie müssen nur etwas polieren.«

»Ich zahle Ihnen 5 000 Naira.«

10 000 Mark? Wir hatten mindestens 100 000 Mark Schulden! Der Benz war mit 12 000 Naira kalkuliert, also gut 24 000 Mark.

»Ich wollte Ihnen ein Geschäft vorschlagen«, sagte ich kühl. »Wir werden den Wagen reparieren, dann kriegen wir 12 000 Naira. So war es vereinbart.« Ich wandte mich ab.

»Okay, okay.« Der Mann hatte mich eingeholt. »7 500 Naira.«

»Das kann ich nicht machen. Mindestens 11 000 Naira.«

Mary und John redeten immer noch auf die anderen drei Kunden ein, die bei den Peugeots standen. Mein Ehrgeiz wuchs. Ich wollte endlich selbst Geld in die Finger kriegen. Es war doch schließlich in erster Linie Vaters Geld. Ich mußte es schaffen! Ich streckte dem Mann meine bleiche weiße Hand hin. »10 500. Bar und sofort.«

Er schlug ein. Mir fielen fast die Augen aus dem Kopf! Er gab mir 10 000 Naira. 500 habe er Mary angezahlt.

John und Mary hatten mit ihren anderen Kunden weniger Glück. Sie behaupteten, nur jeweils 3 000 Naira bekommen zu haben. Die noch ausstehenden 4 000 würden sie brauchen, um die drei anderen Autos aus dem Hafen heraus und wieder flottzubekommen.

Damit hatte ich ganze 38 000 von erwarteten 100 000 Mark. Und die auch nur theoretisch. Und falls man mich mit diesem Geld am Flughafen schnappen würde, stünde mir eine höchst unerfreuliche Laufbahn bevor: die einer Gefängnisinsassin.

»Ich kenne jemanden, der Geld wechselt«, sagte John. Er kannte ja immer jemanden. Diesmal war es eine Händlerin in Victoria Island. Was eine erneute Fahrt quer durch Lagos bedeutete ... Dazwischen lag eine schlaflose Nacht neben John und Mary. Und ein bemerkenswerter Morgen. Mary übergab sich, wie schon am Morgen zuvor.

Man sagt mir nach, daß ich gut pokern kann. Als Mary von der sogenannten Toilette zurückkam, nahm ich sie schwesterlich in den Arm und fragte: »Na, Mary, wann ist es denn so weit?«

»Du weißt es?« Ihre dunklen Kulleraugen wurden noch runder.

»Natürlich. Du bist auch im richtigen Alter dafür.«

»Ich bin so glücklich, daß du es jetzt auch weißt!«

Ich rechnete schnell. »Du bist im zweiten Monat?«

»Ich hoffe so, daß es ein Junge wird, Mitfrau Ilona«, strahlte sie mich mit ihrer Zahnlücke an. Ich lächelte verkrampft zurück.

Es war Zeit, ein paar Dinge klarzustellen.

»John, ich glaube, mir ist klar, warum die Ahnen uns bei unserem Autohandel nicht helfen wollen. Weil wir ein falsches Spiel spielen. Ich spreche von Mary. Sie bekommt ein Kind von dir. Und mit mir schläfst du zu Grillenzirpen im Urwald und erzählst beim *babalawo* was von afrikanischer Familie. Du bist ein Schwein, John. Ich habe mich noch nie in meinem Leben so verarscht gefühlt. In dieser Nacht im Urwald ... ich war wirklich bereit, mit dir neu anzufangen. Ehrlich ... Mit den Kindern ... sie sollten ihren Vater wiederhaben ... ach, vergiß es. Vergiß es für immer.«

Ich saß im klimatisierten Geländewagen meiner – was eigentlich? Nebenbuhlerin? Ach ja: »Mitfrau«. John starrte schweigend auf die Stoßstange des Vordermannes. »Du bist Anfang Januar aus Deutschland zurückgekommen, um deinem kranken Bruder Moses zu helfen. Du hattest dich um die Autos zu kümmern. Und dann hattest du auch noch Zeit, um mit dieser angemalten Mary rumzumachen? Bestimmt hast du ihr erzählt, du machst den großen Autohandel auf. Aber dann bin ich nachgekommen. Damit hattest du nicht gerechnet. Alles wäre gutgegangen, wenn Moses und ich nicht im

Urwald schlappgemacht hätten. Ich wäre zurückgeflogen, und du wärst fein raus gewesen. Dumm gelaufen, was?« Ich kochte. Trotz Klimaanlage.

»Du wolltest dich doch scheiden lassen«, sagte er endlich matt.

»Warum habt ihr im Busch Geister angerufen, wenn du es gar nicht ernst gemeint hast? Ich kenne mich mit der Magie der schwarzen Götter nicht aus, John, aber ich hätte nicht übel Lust, es zu lernen. Ich bin sicher, du hast etwas getan, was du nicht tun durftest. Du hast nicht nur mich belogen. Du hast auch den *babalawo* belogen.«

»Das Orakel kann man nicht belügen. Ich habe nichts Falsches getan. Jeder Mann in Afrika kann mehrere Frauen haben.«

Nun fehlte nur noch, daß er von dem damals berühmten nigerianischen Sänger Fela Kuti anfing – der hatte 26 Frauen. In meinem Kopf machte sich ein Gefühl der Leere breit. Als hätte ich etwas sehr Wichtiges zu tun. Und es vergessen. Natürlich ... Der Traum in Oluwafemis Hütte ... Mein Vater! Himmel, ich mußte ja dringend in München anrufen!

Rhoda empfing mich aufgeregt mit einem fünf Tage alten Telegramm aus Deutschland. Aufgegeben am Tag meines Traums. Es lautete: »Vater Herzinfarkt. Komm sofort. Mama.«

Alles lief an mir vorbei. Wie in einem Film. Der Markt von Lagos. Das Menschengewirr. John, der sich unglaublich zusammenriß, möglichst viele von meinen Nairas in Geld umzuwandeln, das ich ausführen durfte. Er schacherte, redete mit Händen und Füßen. Noch reichte die Summe nicht; wir hatten erst 3 000 Naira gewechselt.

Schließlich ein enges Zimmer, eine runde Frau. Sie handelte mit Tuch und Schmuck. John hatte ihr wohl erzählt, daß ich in Sorge um meinen Daddy sei. Ihre gutmütigen Augen blickten mich mütterlich an. Unter ihren vielen Wickelröcken hielt sie eine dicke Tasche mit Geld verborgen. Sie gab mir einen verhältnismäßig guten Kurs in verschiedenen Währungen. Aber mehr als 5 000 Naira wollte sie nicht tauschen. Da sie selbst öfter im Ausland Geschäfte machte, brauchte sie Devisen. Ich war ihr trotzdem dankbar. Sie hatte einen für die Haifisch-Stadt Lagos seltenen Charakter: jemand, der trotz des harten Kampfes ums tägliche Brot menschlich geblieben war.

Vom Telegrafenamt versuchte ich noch, nach Deutschland durchzukommen – aussichtslos. Wir fuhren direkt zum Airport. Ich hatte Glück: Ich bekam den letzten freien Platz nach München. Da Marys *car repair* nicht weit vom Flughafen entfernt lag, blieb sogar Zeit, um meine Koffer zu holen. Aber wohin mit dem vielen nigerianischen Geld, dessen Ausfuhr verboten war? Ich setzte alles auf eine Karte, das heißt: Ich packte 10 000 Naira in einen Koffer. Eine Summe, für die einer von Master Tomorrows Hafenarbeitern sein ganzes Leben lang Säcke schleppen mußte.

Wir hasteten zum Airport zurück. Das Herz schlug mir bis zum Hals. Wenn sie das Geld entdeckten, war alles umsonst. Ich umfaßte den Armreif aus Elefantenhaar, lächelte sanft, wünschte dem Zöllner einen guten Tag und sagte in mich hinein: Ilona, denk an das innere Gleichgewicht.

Ich schwöre: Ich war die einzige, deren Koffer nicht durchsucht wurde. Irgendwann mußte ja mal was klappen.

Meine verrückteste Entscheidung

Die Geschäftsbilanz des Autohandels las sich schlecht. Für vierzig Prozent des Einsatzes hatte ich gerade mal 25 Prozent des eingesetzten Geldes rausbekommen: An der Uni hätte ich für dieses Resultat eine glatte Sechs kassiert ... Die Stewardeß reichte mir gerade einen Tomatensaft, als mein Blick auf die Papiere auf dem Schoß meines Sitznachbarn fiel. Er rechnete, strich durch, begann von neuem.

»Sie haben den Verlustvortrag nicht berücksichtigt«, hörte ich mich sagen. Der Mann – ich hatte ihn als Person übrigens noch gar nicht wahrgenommen, sondern mich nur für seine Zahlenkolonnen interessiert – beugte sich unkompliziert zu mir herüber. Wir rechneten gemeinsam und kamen zu der Überzeugung, daß sich seine Investition durchaus rentieren würde.

»Um was geht's denn überhaupt?« fragte ich im Plauderton.

»Bremsen«, antwortete er, »wir haben über die Errichtung einer Anlage in Lagos verhandelt.«

»Also, ich habe von Autos die Nase voll.« Ich lachte.

»Machen Sie Export?« wollte er wissen.

»Mit mäßigem Erfolg«, gab ich zu. »Ich habe ein paar afrikanische Eigenarten nicht mit einkalkuliert.« Und dann sagte ich so ganz nebenbei – ich weiß wirklich nicht, warum – einen Satz, der in die Augen meines blassen blonden Sitznachbarn mit dem sandfarbenen Anzug ein Strahlen zauberte: »Ich bin mit einem Nigerianer verheiratet.«

Da reichte mir der Mann seine leicht feuchte Hand und

stellte sich als Michael Bernhard vor, Finanzvorstand der Strengfurt AG. »Haben Sie nicht Lust, bei uns im Management in Lagos mitzuarbeiten? Wir brauchen dringend einen neuen Controller. Am besten jemanden, der mit einem Nigerianer verheiratet ist, wegen der Ausländerquote. Noch besser eine Frau, die sich einmischt. Wie wär's?«

Ich verschluckte mich fast an meinem Tomatensaft.

»Wir machen Ihnen ein Angebot, das Sie nicht ausschlagen können«, sagte Bernhard in 10000 Metern Höhe. »Haus, Auto, Chauffeur, Personal, Inlands- und Auslandsgehalt...«

Ich dachte an Jauchegräben, Lehmhütten mit Plumpsklos, korrupte Master Tomorrows, brütende Hitze, Tote auf den Straßen, schwarze Magie und schwarze Machos, die sich x-fach vermählten...

»Wissen Sie was, Frau Wowo, Sie kommen nächste Woche einfach nach Köln! Meine Sekretärin wird Sie morgen früh anrufen und für Sie das Flugticket am Flughafen hinterlegen lassen«, sagte Bernhard ohne Umschweife. »Nach einem ausführlichen Gespräch können Sie immer noch nein sagen.«

Mir fielen meine Kinder ein, Janet und Bobby, meine Mutter, mein Vater. Bernhard lachte. »Ihr Haus im weißen Viertel ist riesig. Da könnten Sie sogar Ihre Eltern mitnehmen. Und es gibt eine sehr gute deutsche Schule. Das zahlen natürlich alles wir.«

Ich seufzte. »Ich muß es mir überlegen.«

In diesen Stunden bekam ich eine Ahnung davon, wie unkompliziert das Leben sein konnte. Es war möglich, neben jemandem im Flugzeug zu sitzen, der einem den Superjob zu Füßen legte. Ich brauchte dem Geld endlich mal nicht hinterherzurennen: Es kam zu mir. Der Elefantenreif, die »innere Balance« oder schlicht die längst überfällige Portion Glück, die jedem zusteht?

Mit diesem Hochgefühl stieg ich in München aus dem

Flugzeug. Um am Gepäckband brutal hart auf den Boden der Wirklichkeit zurückgestoßen zu werden – der Koffer war nicht angekommen. Mein, vielmehr Papas, ganzes Geld! Ich rotierte. Sollte ich in der Verlustanzeige unter »Wertangabe« 20 000 Mark in Nairas reinschreiben? Was hätte das genützt? Sie hafteten nur bis 1 000 Mark. »Die meisten Gepäckstücke tauchen noch auf, Frau Wowo. Bei den Flügen aus Afrika haben wir öfter Probleme.«

Zu Hause fraßen mich Janet und Bobby fast auf. »Mama, was hast du uns mitgebracht?« Liebe, kleine deutsche Welt, so aufgeräumt, so sauber. Und doch unter der heilen Oberfläche ein Riß: die Schulden, die Mahnschreiben der Bank, mein Vater unter der Last zusammengebrochen. Leichenblaß lag er im Bett, an Schläuche angeschlossen. Er war wirklich krank! Das sagte auch der Chefarzt. Er habe sich viel zuviel zugemutet. Außerdem hatte er in Afrika seine Tabletten gegen zu hohen Blutzuckerspiegel und Blutdruck unregelmäßig genommen. Eigentlich, sagte der Doktor, müßte mein Vater sofort in Rente gehen.

Du lieber Himmel, die ganzen Schulden! Und Vater arbeitsunfähig! Es würde alles an mir hängenbleiben. Ich telefonierte Freunde und Bekannte durch, ob sie einen Job für mich wußten. Flehte bei meinem alten Arbeitgeber vergebens um Gnade. Kramte einen Headhunter, einen professionellen Jobvermittler für Manager, aus meinem Telefonbuch hervor. Was denn? Gutbezahlter Job in München, und zwar sofort? Wo sollte er den herzaubern?

Zuerst galt es jedoch, alle naheliegenden Katastrophen zu beseitigen: Im Flughafen marschierte ich geradewegs mitsamt wiedergefundenem Koffer und klopfendem Herzen zum Damenklo, durchwühlte meine BH's und Blusen. Ei, wie fein, 10 000 bunte Nairas!

Es folgte ein Banken-Marathon. Nigerianische Nairas?

Nein, tut uns leid! Die nehmen wir nicht. Ich mußte bis in die Schweiz, um aus Nairas schließlich Mark zu machen. Aber: ich hatte insgesamt fast 30 000 Mark. Die Mahnungen der Spedition waren ernst zu nehmen. Ich feilschte und pokerte wie auf dem Markt in Lagos, um die Forderungen zu drücken. Nach einer halben Stunde reduzierte der Spediteur unsere Schulden um ein Viertel. Ich lieferte fast mein ganzes schönes Bargeld ab – eine schmerzhafte Trennung! Was hatte ich für dieses Geld geschwitzt, gezittert und gebetet. Um es dann in einer langweiligen Stahlkassette verschwinden zu sehen ...

Das Entgegenkommen des Spediteurs klärte sich in den nächsten fünf Minuten auf, als seine Sekretärin mit einer Flasche Sekt hereinkam. Der Spediteur entkorkte sie, füllte die Gläser, stieß mit mir an und sagte: »Na, dann, Frau Wowo, auf weiterhin gute Zusammenarbeit!« Ich stutzte nur einen kleinen Moment, hielt das für eine normale Redewendung nach einem abgeschlossenen Geschäft.

»Na ja, man weiß ja nie«, erwiderte ich und dachte: Nie wieder lasse ich mich auf ein solches Abenteuer ein!

Das Lächeln des Spediteurs gefror: »Wie meinen Sie?«

»Der Autohandel ist eine ziemlich aufreibende Sache«, antwortete ich vage.

»Ihr Vater schien mit Ihrer Arbeit ganz zufrieden zu sein. Wie sagte er – ach ja: Das erste Mal sei nur ein Versuchsballon gewesen. Sie alle hätten aus den Fehlern gelernt«, sagte der Spediteur.

»Das hat mein Vater gesagt?« Mein Magen verstand als erster die Signale: Vater hatte wieder was angestellt!

»Ja, diesmal verschiffen wir die Autos gleich in Containern auf Deck. Dann kann beim Entladen nichts kaputtgehen.«

»Um wie viele Autos handelt es sich denn diesmal?« fragte ich so ruhig wie möglich.

»Zwölf.«

Diesen Unsinn machte ich nicht noch mal mit!

»Es ist zu spät, Frau Wowo. Die Autos sind schon in Bremen und werden in einigen Tagen verladen«, sagte der Spediteur kalt. »Uns liegt bereits ein Telegramm von John Wowo vor. Das ist doch Ihr Mann, nicht wahr? Darin bestätigt er, daß er die Autos angefordert hat und fristgerecht übernehmen kann.«

Wütend fuhr ich mit meinem Golf ins Krankenhaus.

»Ilona, ich habe einen Autohändler gefunden, der den Autohandel mitfinanziert. Er stundet uns alle Rechnungen bis zum Verkauf der Autos«, sagte Papa, als ich ihn ganz sanft im Krankenhaus auf die Autos ansprach. »Und außerdem, Ilona ...« Er sah mich mit ganz lieben Papa-Augen an. »Wir müssen von unseren Schulden wieder runter. Ich wußte keinen besseren Weg. Du etwa?«

Am nächsten Tag versuchte ich in Köln bei der Strengfurt AG, eine Antwort darauf zu finden. Mein Verhandlungsspielraum war denkbar gering. Bernhard machte es mir wirklich schwer abzulehnen. Die Kinder könnte ich nach Ablauf der Probezeit nachkommen lassen. Das schrieben sie sogar mit Freuden in den Vertrag hinein. Weshalb, wurde mir erst später klar: Die Wahrscheinlichkeit, daß ich den Vertrag verlängerte, war dadurch viel größer.

Während wir uns über alle Details ausführlich unterhielten, trat all das in den Hintergrund, was mich an Nigeria genervt hatte. Plötzlich erinnerte ich mich an jene Häuser, die Schwager Moses als Gärtner betreut hatte. In so einer Villa würde ich mit Janet und Bobby residieren! Freundliches Personal würde uns umsorgen. Wir würden reisen. Ich könnte den Kindern zeigen, wo ihre Wurzeln waren. Und so traf ich die verrückteste Entscheidung meines Lebens – zurück nach Afrika.

Als ich am Abend wieder nach München flog, hatte ich den

unterschriebenen Vertrag in der Tasche. Nur einen Haken hatte die Sache: Ich mußte in Kürze in Köln ein zweimonatiges, firmeninternes Training durchlaufen, um mich mit Organisation und Interna der Firma vertraut zu machen. Noch von Köln aus hatte ich die Spedition angerufen. Ich bat um ein paar Wochen Aufschub für die Autoverladung. Ich hatte ja dazugelernt: Diesmal würden die Ersatzteile gleich beigepackt werden, um die Autos sofort reparieren lassen zu können.

»Mutti«, sagte ich zu Hause, »ich werde wieder nach Afrika reisen.«

»Ich denke, es hat dir nicht gefallen?«

»Diesmal wird es anders werden, Mutti.« Ich erklärte ihr alles.

»Wenn du meinst, Ilona«, sagte Mutter zum Abschluß, »du hast dir das ja sicher gut überlegt.« Wenigstens die Kinder wußte ich bei ihr in guten Händen. Gedankenverloren drehte ich meinen Elefantenhaarreif.

»Das ist hübsch«, sagte Mutti, »was ist das?«

»Ein Glücksbringer.«

»Dann paß gut drauf auf. Wir werden in nächster Zeit eine Menge Glück brauchen.« Dann nahmen wir uns in die Arme und hielten uns ganz fest.

Ich wurde Freizeit-Mutter. Alle 14 Tage zahlte die Strengfurt AG mir während meiner zweimonatigen Einarbeitungszeit in Köln einen Heimflug nach München. Ich brachte Geschenke für die Kinder mit, widmete meine Zeit vor allem Gesprächen mit meinen Eltern. In der Regel ging es ums Geld: Vater war im Begriff, das Haus zu verkaufen, um ein anderes, weit entfernt von München im niederbayerischen Bäderdreieck, zu mieten. Seine Pläne täuschten nur unzulänglich darüber hinweg, daß er völlig pleite war. Die übrigen Geschäfte hatte er mit Hypotheken aufs Haus finanziert, das nun bis zum Dachfirst überschuldet war. Vater ging es zwar wieder gut, aber es war klar, daß er nicht mehr arbeiten konnte. Meine Schwester Monika hatte gerade Abitur gemacht, wollte studieren. Der Ernährer meiner Großfamilie war plötzlich ich.

Die Personalabteilung meines neuen Arbeitgebers hatte mir Prospekte von der deutschen Schule in Lagos besorgt. Stolz legte ich sie meinen Eltern vor.

»Janet und Bobby werden bei uns leben«, sagte Vater schroff, stand auf und ging hinaus.

»Was hat er denn, Mutti?«

»Er glaubt, daß die Kinder es in Deutschland besser haben. Vater war von Afrika nicht so begeistert.«

»Wir wohnen im weißen Viertel, in einer Villa«, sagte ich.

»Vater hat ein schönes Haus in Niederbayern ausgesucht. Es hat einen großen Garten«, antwortete Mutti.

Vier Wochen später fuhren meine Eltern und meine Kinder mit mir nach Bad Griesbach. Stolz zeigten sie mir das schöne, großzügige Haus, für das ich die Miete zahlte.

Der Umzug fand an einem Wochenende statt, das ich in London verbrachte, wo ich an einer internationalen Schulung teilnahm. Ich schenkte mir das abendliche Sightseeing und blieb in unserem feudalen Hotel, wartete an der Restaurantbar auf einen freien Tisch. Ich mochte die etwas biedere, aber gemütliche Atmosphäre mit dem dunklen Teak an den Wänden und den schön polierten Messingleuchtern. Ein Mädchen in Janets Alter kippte sich seinen roten Saft über die weiße Bluse. Wahrscheinlich Johannisbeere. Der K.o. für jedes mir bekannte Waschmittel. Angesichts der hilflosen Versuche der verzweifelten Mutter, das Desaster wieder zu entfernen, mußte ich lächeln.

»Es kann ganz schön hart sein, erwachsen zu werden«,

sagte eine männliche Stimme neben mir in einem leicht singenden, amüsierten Tonfall. Ich hatte ihn nicht bemerkt. Ein hochgewachsener, sehr eleganter Mann mit kurzen schwarzgelockten Haaren, dunklem Teint in einem schwarzen Zweireiher lächelte mich aus wachen, etwas spöttischen Augen an.

»O ja«, sagte ich leidenschaftlich, »mein Vater hätte mir bei so einer Gelegenheit eine geschmiert.«

»Ich hätte den Fleck zu Hause auswaschen müssen. Da paßt man beim nächsten Mal verteufelt gut auf«, sagte der junge Mann gut gelaunt.

»Ihr Vater muß ein guter Pädagoge sein«, meinte ich anerkennend.

»Mein Vater?!« Er lachte wie über einen guten Witz. »Um Kindererziehung hat er sich nie gekümmert. Er ist Afrikaner. Waren Sie schon mal in Afrika?«

Ich nickte stumm.

»Scheint Ihnen nicht gefallen zu haben?«

»Es ist anders.« Höflich fügte ich hinzu: »Es kommt natürlich sehr darauf an, wie man Afrika erlebt.« Ich taxierte ihn vorsichtig. »Sie kommen wahrscheinlich aus Nordafrika?«

»Ganz verkehrt.« Er lachte ungezwungen. »Ich stamme aus London.« Er machte eine Pause. »Und Nigeria.«

»Wirklich? Da war ich noch vor sechs Wochen!«

»Lassen Sie mich raten: Sie machen Geschäfte. Zwischen Europa und Afrika? Welche Branche?« Seine direkte, unkomplizierte Art, Informationen zu sammeln, beeindruckte mich. Geschickt spielte er auf der Klaviatur von Flirt, Business und Weltläufigkeit, nutzte die Zeit des Wartens an der Bar für einen Kontakt – welcher Art auch immer. Ich beschloß, auf der Hut zu sein.

Das Eingreifen des Obers verwandelte unser Gespräch zu einem Candlelight-Dinner. Zu einem höchst kurzweiligen, bei dem es überhaupt nicht mehr um Autos ging, sondern um Afrika und Europa. Um die Unterschiede zwischen den Kulturen. Ein Thema, mit dem ich mich seit der Ehe mit John herumschlug. Das Victor – so hieß meine Bar-Bekanntschaft – allerdings lebte. Sein Vater war ein Chief. Keiner von der Sorte wie Johns Vetter Bola, der mit Feuerlöschern handelte. Sondern ein echter Stammesfürst aus dem ölreichen Südosten Nigerias.

Seine Mutter hatte ihre Wurzeln in einer sehr angesehenen Familie in London. Erst Monate später fand ich heraus, daß sie dem britischen Adel angehörte. Victor selbst hatte praktisch nie in Nigeria gelebt. Er war in England und der Schweiz auf Internate geschickt worden, hatte in den USA Ingenieurwesen und Marktwirtschaft studiert. Und fühlte sich als Brite. Er kannte von Lagos weder die Gegend, in der sich das Haus von Moses befand, noch jene, in die ich nach meiner Schulung in Deutschland ziehen würde.

»Aber ich würde Sie gern dort besuchen, wenn Sie erlauben«, sagte er zum Abschied. Die Sache hatte nur einen Haken: Ich kannte meine neue Adresse selbst noch nicht.

»Ich habe Sie hier in London gefunden. Ich werde Sie auch in Lagos wiederfinden, Ilona«, sagte er und küßte mich sanft auf die Wange.

Wow! Ein Kuß vom Sohn des Stammesfürsten und die Aussicht auf ein Rendezvous. Wo und wann auch immer ... Trotzdem, keine schlechte Bilanz für einen Abend, an dem ich eigentlich meine Ruhe wollte.

Die Strengfurt AG war mit meinen Lernfortschritten zufrieden. Nach acht Wochen schickte sie mich zurück nach Afrika. In Niederbayern gab es einen tränenreichen Abschied von den Kindern. Mutti versprach, an Weihnachten mit ihnen zu kommen, um sie bei mir zu lassen. Vorausgesetzt, ich bestünde die Probezeit. Vater ermahnte mich, ich solle mich um die Autos kümmern. Wenn ich jetzt für länger in Lagos wäre, könnte er doch öfter Autos verschiffen.

»Ich fühle mich wieder richtig fit, Ilona. Ich bin doch viel zu jung fürs Rentnerleben.« Oje!

Ich nahm meine beiden Katzen mit. Sie kamen in zwei spezielle Transportboxen, die mit ins Flugzeug durften. Von einem Spediteur ließ ich zwei fast schrankgroße Stahlcontainer nebst vier riesigen Koffern abholen. Ich wollte in meiner neuen Heimat soviel Zuhause wie möglich um mich haben.

II

Eine neue Liebe

»Wenn das Feuer dein Haus verbrennt,
mußt du zuerst die Flammen an deinen Kleidern löschen.«
(Nigerianisches Sprichwort)

Sexbesessener Esel, verfluchter Master

Femi, mein freundlicher Fahrer, hielt den Wagen vor einem hellbeleuchteten Bungalow, der von einer weißen, mannshohen Mauer umgeben war. Ich atmete auf. Diese Gegend hatte keine Ähnlichkeit mit jener Armseligkeit, in der ich als weiße Frau eines armen Schwarzen hatte leben müssen. Femi drückte auf die Hupe, als der Wagen vor einem hohen schmiedeeisernen Tor stoppte. Zu beiden Seiten eilten jenseits des Tores blitzschnell gebückt zwei Männer hervor, zogen das Tor auf, wir fuhren auf das Grundstück, das Tor wurde ebenso schnell wieder geschlossen. Die Torwächter verzogen sich in ihre kleinen Holzhütten zu beiden Seiten der Einfahrt. Diensteifrig öffnete Femi meine Tür. Ich ließ die beiden mitgebrachten Katzen erst mal im Wagen, stieg aus, meinen Aktenkoffer in der Hand, und ging auf das noch etwa fünfzig Meter entfernte, hellerleuchtete Hausportal zu. Femi verzog sich sofort wieder in den Peugeot.

Die Haustür öffnete sich. Im Eingang lehnte ein schlampig gekleideter Weißer – offenes, aus der Hose hängendes Hemd, wirre Haare, ein Whiskyglas in der linken Hand. Während ich auf meinen hohen Absätzen mühsam über die schlecht verlegten Platten balancierte, hörte ich hinter mir den Hufschlag eines Pferdes, bezog ihn aber natürlich nicht auf meine Anwesenheit. Das Hufeklappern näherte sich rasend schnell.

Der Mann mit dem Whisky musterte mich grinsend, machte aber keine Anstalten, mich zu warnen. Sekundenbruchteile später spürte ich in meinem Nacken den heißen Atem des Pferdes, dann einen Biß in meine Schulter, und schließlich bekam ich einen Huf auf die andere Schulter geknallt. Ich schrie auf, drehte mich um, holte mit der Aktentasche in meiner Hand mächtig Schwung und schlug dem Angreifer, der sich hinter mir hoch aufrichtete, das schwere Ding in die Flanke.

Zwischen seinen Hinterbeinen hatte das Viech einen wohl dreißig Zentimeter langen Stock hängen. Trotz meiner Panik stutzte ich: kein Stock! Das war sein voll ausgefahrener Penis! Das Mistvieh wollte mich besteigen. Ich rannte zum Haus, auf den Mann in der Tür zu, der wollte sich fast ausschütten vor Lachen.

»Tun Sie doch was!« schrie ich ihn an.

»Eddie, piss off!« sagte der Trunkenbold ungerührt.

Tatsächlich, das Vieh trabte ab, brüllte dabei zweimal heiser »Iah«. Also kein Pferd, sondern ein Esel. Ein *sexbesessener* Esel. Ich blickte ihm kurz hinterher, fassungslos. Bei der rasanten Abwehrdrehung hatte ich mir den Absatz meiner neuen Lederpumps abgebrochen. Meine linke Schulter brannte von dem Biß, die rechte schmerzte vom Schlag des Hufs. Angeschlagen humpelte ich ins Haus, das Bild einer erfolgreichen Controllerin aus München nur mangelhaft aufrechterhaltend. Meine Güte noch mal, mußte denn mein zweiter Anfang in Afrika noch schlimmer ausfallen als der erste?

Der grinsende Mann goß mir an der Bar ein Glas Whisky ein. »Willkommen in Afrika. Ich bin Klaus Nickel. Sie sind Frau Wowo?«

Das sollte mein Chef sein? Nickel war Ende Vierzig, etwa eins achtzig groß, hatte dunkles, sich lichtendes Haar. Nicht häßlich, aber schwammig. Immer mit Alkohol in Reichweite. In einem Reflex nahm ich ihm das Glas aus der Hand, stellte es aber sogleich angewidert irgendwo hin. »Wo ist das Bad?«

Statt einer Antwort trat eine große, dunkelblonde Frau von

vielleicht Mitte Vierzig, die ähnlich derangiert wirkte wie Nickel, auf mich zu. Sie trug einen hellroten, tief ausgeschnittenen Hänger, der ihre schlaffen Brüste bei jeder Bewegung freigab. »Ich bin Gerda Nickel. Ich zeige Ihnen das Bad, Sie sind ja völlig erschossen, meine Liebe.«

Sie führte mich durch die wohl vierzig Quadratmeter große Wohnhalle, wobei sie unübersehbar Schlagseite hatte. Ich faßte es nicht! Dieses Ehepaar repräsentierte einen multinational operierenden deutschen Konzern! Übte ich eine magische Anziehungskraft auf Irre aus?!

Gerda Nickel hatte wenigstens einen Vorteil – die gleiche Schuhgröße wie ich, so daß ich den Rest des Abends nicht barfuß oder humpelnd herumtappen mußte. Nachdem ich mich eine Ewigkeit lang im Bad frischgemacht und meine angeknabberte Schulter ausgiebig vor dem Spiegel untersucht hatte, wagte ich mich wieder hinaus.

Bei meinem Eintritt in dieses seltsame Haus hatte ich es wohl nicht bemerkt, aber die Bude war bei meiner Rückkehr voll mit Menschen. Hier war keiner nüchtern, jeder schwitzte seinen Whisky ins nasse Hemd. Schüchtern blickte ich mich um. Ich fühlte mich wie ein Fremdkörper. Eine Weiße unter Weißen – und doch nicht dazugehörend.

Ein Mann von Anfang Dreißig trat auf mich zu. Mittelgroß, eigentlich ganz passabel aussehend. Er fuhr sich durchs blonde Haar, lächelte gewinnend, Frischfleisch witternd. »Neu in Afrika, was?« eröffnete er.

»Wie man's nimmt...«

Er musterte mich neugierig. »Warum sind Sie hier?« Er gab mir keine Chance zu einer Antwort, sondern fuhr fort: »Es gibt nur drei Gründe, warum Weiße nach Afrika kommen: Sex, Abenteuerlust oder Geld.« Er lachte zynisch: »Aber in Afrika ist das alles ja eigentlich ein Grund. Du kommst aus Abenteuerlust, suchst Sex und verlierst Geld.«

Bernd Waltersdorf, ein Ingenieur, war einer der nettesten bei der Strengfurt AG in Lagos. In meiner Einschätzung in Sachen »Frischfleisch« hatte ich mich glücklicherweise in ihm getäuscht. Bernds ständige Begleiterin war eine baumlange, extrem schlanke Schwarze von fotomodellhafter Schönheit. Sie zog ihm jeden Dollar, jeden Naira, jede Mark aus der Tasche, doch das war ihm egal. Das gehörte zu seiner männlichen Sicht der Welt.

»Dafür ist sie mir treu. Es gibt zu viele Krankheiten, die man sich hier holen kann. Außerdem kann man den Afrikanern nicht trauen. Die versuchen ständig, Informationen aus einem rauszuholen.« Bernd trank einen Schluck Whisky und dozierte: »So überlebt man hier: Stell Fragen, hör zu, beantworte nichts. Lügen ist eine Form der Konversation. Lügen ist okay, es schützt Informationen. So sieht der Afrikaner das.«

Klaus Nickel hatte mich wieder entdeckt; pro forma schleppte er mich von einem Gast zum anderen. Namen, Gesichter, ein vorbeilaufender Film. Dann standen wir in seinem Arbeitszimmer. Ich hielt noch immer den Aktenkoffer in der Hand, meine erprobte Verteidigungswaffe.

»Sie haben Post aus Deutschland mitgebracht?«

Er wies mir einen Stuhl vor seinem Schreibtisch zu, nahm seinerseits, in dem nach wie vor unordentlichen Zustand, in dem er sich schon anfangs befunden hatte, Platz. Ich suchte die Umschläge – an die dreißig Stück im DIN-A4-Format – heraus, gab sie ihm. Er fand schnell, was er suchte. Es waren die beiden dicksten Umschläge. Er drehte sich nicht einmal weg, sondern riß die beiden Umschläge ungeniert vor meinen Augen auf und legte den Inhalt auf den Schreibtisch. Wenn man mich damit gefilzt hätte! Vor meinen Augen lagen mindestens 200 000 Dollar. Ich brachte keinen Ton raus.

Nickel bemerkte mein Erstaunen und ließ die Scheine sofort in seinem Schreibtisch verschwinden. »*Money makes the world go round«*, sagte er mit dem Lächeln des ertappten Schuljungen. Wenn man einem Controller Schmiergelder ins Flugzeug mitgibt, was kann man da vom Rest der Firma erwarten? Ich brauchte ein paar Wochen, um herauszubekommen, daß das Geld der Strengfurt AG keinesfalls wie vorgesehen nur in die Taschen von irgendwelchen Burschen vom Typ Master Tomorrow floß. Nein, die gute Mark kam von Weißen und blieb oft in weißer Hand. Zum Beispiel in Nikkels. Er leitete nur einen kleinen Teil weiter, um die Geschäfte seiner Arbeitgeber am Laufen zu halten. Und ich lernte, daß das niemanden interessierte.

Als ich Nickels Bungalow verließ, hörte ich wieder ein lautes »Iah«. Schnell stöckelte ich auf den wartenden Wagen zu. Femi stieg aus und riß mir die Tür auf. Da kam der blöde Sex-Esel auch schon angetrabt...

Femi fuhr mich ein kurzes Stück weiter zu dem mir zugedachten Haus, das vielleicht halb so groß war wie das von Nickel. Statt einer hohen weißen, mit Scherben versehenen Mauer hatte man um mein künftiges Domizil einen scheußlichen, einen Meter fünfzig hohen Stacheldrahtzaun gezogen, hinter dem sich ein prächtig blühender Garten erstreckte.

Ken, mein »Hausboy«, empfing mich in blütenweißem Hemd und schwarzer Hose, neben sich zwei kleine Männer mit dicken Stammesnarben im Gesicht, gekleidet in graue, weite tunikagleiche Gewänder und ausgestattet mit Pfeil und Bogen. Diese beiden waren meine *night watches,* die bei Nacht mein Haus behüten sollten. Sie sprachen kaum Pidgin-Englisch, sondern nur einen der vielen Dialekte der Nordnigerianer. Ken stammte aus dem Osten, dem ehemaligen Biafra. Nicht mal er hätte sich mit den beiden unterhalten können. Die *day watches,* die ich am nächsten Morgen kennenlernen sollte, sprachen wenigstens Pidgin, jenes Englisch, für das es ein eigenes Lexikon gibt.

Ken übernahm es, mir mein Haus zu zeigen. Ein Haus, dessen Fenster alle vergittert waren, und die Türen konnte Ken erst aufsperren, nachdem er die Gitter davor aufgeschlossen hatte. Wenigstens sorgte die Klimaanlage für angenehme Kühle. Der in den riesigen Räumen verlegte graue Marmorboden verlieh dem spärlich und zweckmäßig möblierten Haus allerdings den Charme eines Kühlfachs.

Das zweistöckige Gebäude bestand aus zwei voneinander getrennten, mit einer Außentreppe verbundenen Bereichen. Im Erdgeschoß, neben der zwei Autos Platz bietenden Garage, befand sich ein überdimensionierter »Salon«, den ich nur benutzte, wenn Gäste kamen. Im Obergeschoß, einen *living-room* einrahmend, gab es vier Schlafzimmer mit Doppelbetten, drei Bäder und eine Küche, die mit drei großen Gefriertruhen und zwei deckenhohen Kühlschränken protzte. Zu den Stirnseiten auf Hausbreite lag je eine Terrasse, voll verglast.

Ken schärfte mir ein, mich immer gut einzusperren. Wozu dann die Wächter, Tag und Nacht? Wozu an allen Türen zusätzliche Scherengitter? Dieses riesige Luxushaus bewohnte ich nur mit meinen beiden Katzen. Mein Vater hatte mir noch abgeraten, die Tiere mitzunehmen. Jetzt war ich froh, daß wenigstens diese beiden meinen einsamen Luxus mit mir teilten. Ich ließ Sternchen, meine schwarze, verschmuste Perserdame mit den gelben Augen, und Frosty, die bildschöne Siamkatze mit dem unvergleichlichen Silberblick, aus ihren Plastikboxen.

Ein schüchternes »*Sorry, Madam*« erklang. An der Gittertür von der Küche zum *living-room* stand scheu und schief Ron, der Steward. Ken hatte wohl vergessen, ihn mir vorzustellen. Ich ging auf ihn zu, doch er wich einen Schritt zurück. Ängstlich sah er mich an. Ich hielt meine reisekranke Frosty im Arm. Tat ich einen Schritt auf Ron zu, machte der einen rückwärts in die Küche. Als meine gelbäugige Sternchen ebenfalls Bekanntschaft mit Ron machen wollte, war es aus: Er huschte hinter das sichere Türgitter und starrte von der anderen Seite zu uns rein. Irgendwie glich der Moment einer Begegnung im Zoo. Nur – wer war drin, wer war draußen?

»Haben Sie Angst vor Katzen?« fragte ich überflüssigerweise.

»Ob Ron Angst hat?« Bernd Waltersdorf bog sich am nächsten Tag vor Lachen. »Wenn du ihm eine Eule vor die Nase gehalten hättest, wäre seine Reaktion die gleiche gewesen! Katzen gehören wie Eulen und Fledermäuse zu Hexen. Er erzählt bestimmt allen, daß du eine Hexe bist!« Ich hielt das damals für einen Witz. Wenn ich geahnt hätte ...

Mein Haus lag in der *Government Residential Area*, einem Ghetto für die Weißen, in dem die Häuser in Gruppen zusammenstanden. Hinter jedem Haus befanden sich die *boy's quarters* – abgetrennt durch eine wohl zwei Meter hohe Mauer. Auf der rückwärtigen Seite meines Hauses wohnten dort in einem schäbigen, länglichen Flachbau mit vier Türen Steward Ron mit seinen zwei Frauen und drei seiner vielen Kinder, Hausboy Ken (mit ständig wechselnden Freundinnen), Hausmädchen Simi und die vier Wächter, die ohne Anhang in Lagos lebten, was angesichts der Platzverhältnisse auch nicht anders möglich gewesen wäre. Diesen 13 Menschen stand nicht mal halb soviel Platz zur Verfügung wie mir mit meinen zwei Katzen, drei Bädern und drei Tiefkühltruhen ...

Das Büro der Strengfurt AG lag direkt neben dem Haus von Chef Nickel und seinem Esel, den man immer wieder »Iah« stöhnen hören konnte. Zum Mittagessen besuchten wir uns reihum in unseren Häusern. Meistens fuhren wir (jedoch immer ohne Nickel) allerdings zu mir, denn Ron konnte wirklich gut kochen. Sehr europäisch, sogar viele deutsche Gerichte. »Das hat er von der Frau Ihres Vorgängers gelernt«, erklärte Bernd.

»Sie haben mir noch nichts von diesem Hartmann erzählt, Bernd. Warum ist er Hals über Kopf abgehauen?«

»Hartmann war ein junger Kerl, vielleicht achtundzwanzig. Er war mit seiner Frau Iris nach Lagos gekommen, einer sehr jungen Blonden. Bildschön. Es war für beide der erste Auslandsjob. Sie hatten keine Kinder. Hartmann hängte sich voll in seine Arbeit, seine Iris saß zu Hause und langweilte sich. Dinnerparties und Kaffeekränzchen sind nichts für eine Frau von schätzungsweise vierundzwanzig, oder? Gleich da drüben wohnte damals ein englisches Ehepaar, die Shiltons. Iris hatte sich mit der fast gleichaltrigen Frau Shilton angefreundet. Zu zweit waren sie nicht mehr so einsam, wenn die Männer arbeiten gingen.

Die Shiltons waren schon zwei Jahre in Nigeria und hatten sich viele Feinde gemacht. Denn beide konnten Schwarze nicht so recht leiden. Frau Shiltons spezieller Feind war ihr Hausboy. Sie hatte ihn mehrmals beim Klauen erwischt und ihn deshalb ziemlich ausgeschimpft. Dabei war sie sehr ungeschickt vorgegangen: Sie hatte das in Gegenwart seiner Frau und seiner Kinder vorm *boy's quarter* getan. Zwei Nächte später, die Shiltons hatten sich schon schlafen gelegt, fuhren mehrere Pick-ups vor dem Haus vor. Die Nachtwächter hatten nichts Eiligeres zu tun, als sich unter den geparkten Autos zu verkriechen. Der Hausboy muß dann wohl die Gittertüren aufgesperrt haben, und die Eindringlinge stürmten ins Schlafzimmer der Shiltons. Shilton selbst wurde ans Bett gefesselt und verprügelt, seine Frau vor seinen Augen stundenlang vergewaltigt. Dann räumten die Kerle das Haus aus und verschwanden. Frau Shilton wurde am nächsten Tag völlig durchgedreht nach England ausgeflogen. Ihr Mann versuchte, die Polizei davon zu überzeugen, daß nur der Hausboy hinter allem stecken konnte. Doch die Polizei tat nichts. Shilton reiste Hals über Kopf ab. Iris hörte natürlich von der Sache und wollte keinen Tag länger in diesem Land bleiben. Hartmann ging selbstverständlich mit.«

Ich wollte wieder zum Markt, dem bunten Sinnbild Afrikas, das Rhoda mir gezeigt hatte. Dieser Besuch, zu dem mich Femi begleitete, fiel jedoch ganz anders aus. Jemand rempelte mich an, da ich diesmal keine afrikanische Wrapper-Maskerade trug, und meine Handtasche mit Führerschein und Geld war weg. Ich schrie dem davoneilenden Dieb nach, jemand nahm die Verfolgung auf und stellte ihn. Ich bekam meine Tasche zurück. Hätte ich nur den Mund gehalten! Dem Dieb wurde ein Autoreifen übergeworfen, er wurde geschlagen, bis er blutete. Sogar die Bettler traten auf den Mann ein. Die Menge johlte und klatschte, und ihre Blicke erwarteten mein Lob. Ich schämte mich. Endlich kamen zwei Polizisten und führten den Unglücklichen unter weiteren Stockschlägen ab.

Ein paar Tage später hielt ich es mit rasenden Kopfschmerzen nicht mehr im Büro aus. Zu Fuß machte ich mich auf den zehnminütigen Heimweg, um mich zu Hause hinzulegen. Zwar war es mir aus Sicherheitsgründen verboten heimzugehen, aber Femi war mit Aufträgen in der Stadt unterwegs. Es war früher Nachmittag. Immer wieder begegneten mir Frauen, die auf dem Kopf gefüllte Wasserkanister oder Eimer balancierten, zwischen zehn und zwanzig Liter jeweils. Je näher ich meinem Haus kam, desto mehr Frauen kamen mir entgegen. Und vor meinem Haus standen sie Schlange. Warteten darauf, daß mein Meisterkoch Ron aus einem Hahn am Haus ihre Kanister und Eimer auffüllte. Mit Wasser, das ich am Vortag für 400 Mark in den 1 000 Liter fassenden Frischwasser-Container auf dem Dach hatte einfüllen lassen.

Ron machte ein mehr als überraschtes Gesicht, als er mich

sah. Die wartenden Damen in der Schlange fertigte er allerdings noch ab. Am Abend bat ich Ron um eine Abrechnung des Haushaltsgeldes. Er kam mit einer ellenlangen Liste für Lebensmittel. Sie strotzte vor Fehlern. Ich wies ihn sanft darauf hin. Ron lächelte mich freundlich an: Schließlich habe er zwei Ehefrauen und drei Kinder, und in seiner Heimat warteten Frau Nummer drei und sechs weitere Kinder. Und sein Gehalt sei so knapp bemessen. Hätte ich ihm von meinen beiden Kindern, zehn Schrottautos und 100 000 Mark Schulden erzählen sollen? Er hätte den Zusammenhang wohl nicht verstanden. Ich war weiß und reich. Er schwarz und arm. Dazwischen liegt ein großer Graben, gefüllt mit Mißverständnissen.

Mißverständnisse, die auch mal tödlich ausgehen können. Hätte mir ein Weißer die Geschichte vom geschrumpften Chef erzählt, ich hätte sie wahrscheinlich nicht geglaubt. Aber Femi, der Einblick in beide Kulturen hatte, war eine verläßliche Quelle.

»Hier in der *community* wohnte vor einem Jahr ein Weißer mit seiner Frau. Er kam aus Ihrem Land, *Germany*. Seine *company* hatte ihn geschickt, um die Firma neu zu organisieren. Ein fleißiger Mann, immer arbeitete er. Aber er verstand nichts von Afrika. Einen der Vorarbeiter mochte der neue Master überhaupt nicht. Immer schimpfte er ihn. Dann schmiß er ihn raus. Am Tag, als der Vorarbeiter gehen sollte, kam er ins Büro des Masters: Master, lassen Sie mich bleiben. Ich habe Familie. Doch der deutsche Mann blieb hart: Geh, du bist gefeuert.

Da sagte der Vorarbeiter: Wenn Sie mich feuern, wird es Ihnen schlecht ergehen. Er verfluchte den Master und verschwand. Der Deutsche lachte ihn aus.

Eine Woche später hatte der deutsche Master immer Kopfschmerzen, er litt ständig unter Durst. Alles tat ihm weh.

Aber er arbeitete weiter. Er war ein fleißiger Mann. Eine Woche später waren dem deutschen Mann seine Anzüge zu groß, die Hemden schlotterten am Kragen, die Schuhe waren zu weit. Der Mann flog mit hohem Fieber nach Hause, aber seine Frau blieb hier. In Deutschland entdeckten die Ärzte zwar, daß seine Werte, die sie kurz vor seiner Abreise nach Afrika abgenommen hatten, nicht mehr stimmten. Außerdem war der Mann kleiner geworden; statt ein Meter sechsundachtzig nur noch ein Meter dreiundachtzig. Seine Füße waren eine Schuhnummer kleiner. Aber eine Krankheit konnten sie nicht feststellen. Doch der Mann wollte zurück zu seiner Frau nach Lagos. Seine Arbeit war ihm auch sehr wichtig.

Er kam zurück, arbeitete noch eine Woche. Eines Morgens holte ihn sein Fahrer wieder ab. Seine Frau brachte den Deutschen zu seinem Auto, er stieg hinten ein, der Fahrer wollte losfahren, fragte wie jeden Morgen: Ins Büro, Sir? Doch sein Master antwortete nicht. Der Fahrer drehte sich um, als der Master gerade langsam zur Seite kippte. Der Fahrer stieg aus, schrie um Hilfe, alle kamen angerannt, auch die Frau des Masters. Zu spät. Der weiße Master war tot.«

»Waren Sie sein Fahrer?« fragte ich Femi.

»*Yes, Madam.*«

Ich hielt es nie lange in meinem großen, leeren Haus aus, deshalb die vielen Ausflüge mit Femi. Um so weniger verstand ich eine Frau wie Gerda Nickel, die ihr Haus selten verließ, obwohl sie darin nichts zu tun hatte. Jeder Handgriff wurde ihr abgenommen. Gerda schien sich auch für nichts zu interessieren. Sie lebte eigentlich von einer Party zur nächsten. Nicht mal in den Garten ging sie, denn der sexbesessene Esel stellte auch ihr nach. Es wäre für Nickel ein leichtes gewesen, daß Vieh zum Teufel zu jagen. Da er es nicht tat, lag der Verdacht nahe, daß er den Esel geradezu abgerichtet hatte. Damit traf er nicht nur Besucherinnen wie mich, sondern vor allem seine Frau.

Die Isolation in ihrem Haus bekam Gerda Nickels geistiger Gesundheit schlecht. Sie trank Unmengen Alkohol. Im Suff ließ sie sich von ihrem Fahrer in die Supermärkte kutschieren. Mal kaufte sie den gesamten Bestand eines Ladens an Zahnbürsten auf, ein anderes Mal ließ sie vom Markt hundert Hühner ankarren. Die mußten die *boys* schlachten und rupfen, und der Steward durfte die Hühner einfrieren. Die Kühltruhen boten ja reichlich Platz. Leider fiel kurz danach der Strom aus. Alle Hühner tauten auf, vor den Gefriertruhen bildeten sich riesige, stinkende rote Lachen auf dem weißen Boden. Am Morgen kam Gerda in ihre Küche, sah die entsetzliche Bescherung und begann zu schreien. Niemand konnte sie davon überzeugen, daß in den Tiefkühltruhen kein Toter lag. Spätestens jetzt hätte Klaus Nickel seiner Frau helfen müssen. Tat er aber nicht. Also nahm das Unglück seinen Fortgang.

Gerda, die selbst keinen Nachwuchs hatte, haßte Kinder. Vor allem die sieben oder acht ihres Stewards. Ständig ermahnte sie ihn, daß er seine Kinder nicht ins Haus seines Chefs lassen dürfe. Der Steward hielt sich auch meistens daran. Aber seine Jüngste, eine knapp Zweijährige mit Puppengesicht, verstand die Anweisungen ihres Vaters natürlich nicht. Der Steward hatte gerade abgewaschen, als seine Kleinste in der Küche spielte. Er mußte kurz aus der Küche, um Müll nach draußen zu bringen. Als er zurückkam, fand er seine *Madam* am Spülbecken. Mit wutverzerrtem Gesicht drückte sie gerade die Kleine ins Abspülwasser. Zur Strafe, weil sie doch ins Haus gekommen war. Mit einem Fausthieb trennte der entsetzte Vater seine Chefin von dem gepeinigten Kind.

Wäre der Steward nur eine Minute später gekommen, sein kleines Mädchen wäre tot gewesen. So blieb das hübsche

Kind für den Rest seines Lebens behindert. Ein Pflegefall. Klaus Nickel setzte seine Frau ins Flugzeug nach Deutschland. In der *community* wurde erzählt, daß sie nie wieder aus der Nervenheilanstalt herausgekommen sei. Nickel gab dem Steward eine Menge Geld, damit er seinen Mund hielt und mitsamt seinem behinderten Kind für immer verschwand. Nickel selbst war danach ein freier Mann. Er hatte jede Menge Freundinnen. Plötzlich war auch der sexbesessene Esel weg. Der vierbeinige jedenfalls.

Nickel hatte begonnen, ein Netz aus Geschäftsverbindungen zu Nigerianern zu knüpfen. Das Gesetz schrieb eine 51prozentige Beteiligung von Nigerianern an einer neuen Firma vor. Eine hervorragende Konstruktion, um Geld umzuleiten. Nickels wichtigster Erfüllungsgehilfe war sein Chefbuchhalter Lion Okoro. Und ich, die Controllerin, war die natürliche Gegnerin dieser Verbindungen. Mein Job war es schließlich, Kosten einzusparen. Anfangs hatte Okoro, der in Deutschland Betriebswirtschaft studiert und deshalb auf meinen Posten spekuliert hatte, brav alle Unterlagen zu mir gebracht. An so manchem einsamen Wochenende tobte ich meinen detektivischen Spürsinn an Okoros Akten aus. Es fehlten stattliche Beträge, die auf irgendwelche Konten umgeleitet worden waren.

Irgendwann verplapperte sich einer der Buchhalter, sagte, daß Okoro ein Haus baue. Na, welch ein Zufall! Da baut der Chefbuchhalter ein Haus, während die Firma eine Produktionsstätte hochzieht. Im Neudeutsch der Banken sind so was natürlich nur Peanuts, die einen Milliardenkonzern nicht arm machen. Doch wozu war ich in Lagos? Ein Gespräch mit Nickel blieb ohne Ergebnis. Das hatte ich allerdings nicht anders erwarten können. Daß Nickel zu Okoro hielt, machte Sinn: So hatte er den Buchhalter in der Hand, der Nickels eigene, wesentlich lukrativere Geschäfte deckte. Ein einziger

Sumpf. Als ich Okoro eine Reihe von Unterschlagungen nachweisen konnte, informierte ich Produktionsleiter Jürgen Weiß, dem ich vertrauen konnte.

Dann lud Okoro Nickel und mich an einem Samstag zu einer großen Feier ein. Ich dachte mir nichts dabei, als Nickel mich bat, die Firma zu vertreten. Er selbst habe andere Verpflichtungen. Femi hatte an dem Wochenende Dienst und sollte mich fahren. Am Freitag abend eröffnete mir Nickel überraschend, daß er Femi brauche – was noch nie vorgekommen war. Femi sollte am Samstag abend Firmengäste vom Flughafen abholen.

Dann sagte Nickel ganz großzügig: »Wissen Sie was, ich erlaube Ihnen, selbst zu fahren. Es ist ja gewissermaßen ein dienstlicher Anlaß, Frau Wowo.«

Also fuhr ich am Samstag mittag allein mit dem Firmenwagen quer durch Lagos zu Okoro. Es galt die Einweihung seines Hauses zu feiern. Ein riesiges Fest mit Hunderten von Gästen und verschiedenen Bands. Okoro kümmerte sich sogar recht nett um mich. Die Zeit verflog. Es war Abend, als ich aufbrach. Ich kam etwa drei Kilometer weit, als der Peugeot tuckerte. Auf einer einsamen Straße war Schluß – kein Benzin mehr im Tank. Ich hätte schwören können, daß der Tank bei meiner Ankunft noch halb voll gewesen war. Femi hätte mir nie einen fast leeren Tank hinterlassen.

Ich war in die Falle getappt! Völlig allein stand ich im stockdunklen Irgendwo auf einer kleinen Straße in Lagos. Und es war schon recht spät. Was sollte ich tun? Türknöpfe runter und im Wagen warten? Bis *wer* käme? Die Polizei? Oder zuerst Gangster, die die Autoscheiben einschlügen?

Ich beschloß, auszusteigen und loszumarschieren. Kein Mensch weit und breit. Erst recht nicht die Polizei, die doch sonst dauernd mit ihren Kontrollen nervte. Nur ein paar Hunde bellten.

Das Motorrad hörte ich früh. Es fuhr schnell. Ich dachte schon, die würden nicht wegen mir kommen, weil sie an mir vorbeizurasen schienen. Plötzlich durchzuckte mich ein Hieb wie ein starker Stromschlag. Ich drehte mich um meine eigene Achse und fiel in den Staub. Während ich noch überlegte, ob ich vielleicht erschossen worden war, hörte ich das Knattern des Motorrades zurückkommen. Sie stoppten, griffen sich meine Handtasche, die ein paar Meter weiter weg lag, und rasten wortlos davon. Mein Geld, mein neuer nigerianischer Führerschein, meine Haustürschlüssel! Immerhin, wenn mich der Verlust weltlicher Dinge noch aufregen konnte, schien ich ja noch zu leben.

Mit wackligen Knien wankte ich die Straße entlang. Hinter mir schließlich ein Motorengeräusch. Polizei! Die sind in jenen Breiten nicht jedermanns Freund und Helfer, das war mir klar. Doch ich hatte Glück. Sie verfrachteten mich auf ihre Wache, in der eine apokalyptische Versammlung von armlosen Bettlern, blutig geprügelten Dieben, besoffenen Huren und jammernden Weißen, die wie ich den Verlust von Hab und Gut beklagten, durcheinanderschrien. Nachdem ich einem Polizeibeamten mein Unglück erzählt hatte, brachte mich ein Taxi nach Hause. Ich mußte Steward Ron aus den *boy's quarters* holen. Ohne Schlüssel konnte ich ja nicht ins Haus. Im Gegensatz zu den Räubern, die meine Schlüssel besaßen und damit jederzeit einbrechen konnten. Ich telefonierte sofort mit Köln und berichtete von meinem Pech. Bis das Paket mit neuen Sicherheitsschlössern eine Woche später eintraf, schoben Wachen mit Gewehren Dienst.

Femi holte den Peugeot, den er pfleglich in Ehren hielt, selbst ab. Ein Schock für den Armen: Räder, Rückspiegel, Lichter und andere nützliche Ersatzteile waren abmontiert worden. Ganz so, wie ich es vom Hafen kannte. Wenigstens hatte diesmal nicht ich die Zeche zu zahlen. In der Werkstatt untersuchte Femi selbst die Ursache. Die Benzinleitung war perforiert worden. Damit ich weit genug kam, bis ich in einer abgelegenen Gegend Schiffbruch erlitt.

»Ich kann's einfach nicht glauben, Ilona«, empörte sich Bernd. »Das sind Mafia-Methoden!«

»Die Mafia hätte mich erschossen«, gab ich trocken zurück. Aber mir war klar: Wenn ich Nickel weiterhin in die Suppe spucken würde, käme ich nicht mehr so glimpflich davon. Okoro auszumanövrieren reichte also nicht. Ich mußte diesem hinterhältigen Nickel das Handwerk legen. Oder die Finger von der Sache lassen. Ich betrachtete im Spiegel den roten Striemen, den mir die Peitsche der Räuber über Schulter und Rücken gezogen hatte. Auf der anderen Schulter war immer noch die Bißnarbe von Nickels Esel erkennbar. Ich war regelrecht gezeichnet! Als wäre ich eine böse Hexe. Dabei war ich nur eine ordentliche Controllerin. Für Nickel schien das dasselbe zu sein.

Auch mein altes Problem meldete sich wieder – die Autos von John und meinem Vater. Doch diesmal sollte John mich nicht übers Ohr hauen, obwohl ich bei der ganzen Aktion nicht in Erscheinung treten wollte. Gemeinsam mit Femi war ich einige Male an Marys Autowerkstatt vorbeigefahren. Schließlich schickte ich Femi allein vor, um herauszufinden, wie viele Autos inzwischen verkauft waren. Praktisch alle! Ich rief Vater in Deutschland an und sagte ihm, welche Anweisungen er John zu geben habe.

Ein paar Tage später saß ich in der Wohnung eines Freundes. Mein Herz raste. Nebenan hörte ich Johns Stimme. Er lieferte brav die erste Rate für den Autodeal ab. Als er gegangen war, zählte ich die bunten Naira-Scheine, die er dagelassen hatte. Ich gab sie fast alle Mike, einem Amerikaner, der nach langen Nigeria-Jahren seine Jacht an den Strengfurt-Produktionsleiter Jürgen Weiß verkaufen wollte. Damit hatte Mike den Kaufpreis für seine Jacht. Als Heimkehrer war es ihm gestattet, die Nairas legal in Dollar zu wechseln und in seine Heimat zu überweisen. Jürgen Weiß wiederum mußte nun den Gegenwert in D-Mark von seiner deutschen Bank auf Vaters Schuldenkonten überweisen.

Die Sache funktionierte! Der zweite Autohandel deckte tatsächlich auch noch einen Teil der Schulden aus dem ersten Autogeschäft. Trotzdem blieben mir noch 50 000 Mark Miese. Aber immerhin – Vater war sehr zufrieden mit mir. Ich übrigens auch. Trotzdem hatte John bei der Sache offensichtlich den besseren Schnitt gemacht: Er hatte sich ein Grundstück gekauft und mit dem Bau eines großen Hauses begonnen. Auf dem Weg vom Büro nach Hause fuhr Femi jeden Tag daran vorbei und informierte mich über die Baufortschritte. Es sah ganz danach aus, als ob John beim Hausbau wesentlich engagierter war als beim Autohandel. Erst als Vater eine dritte Autofuhre nach Lagos in Aussicht stellte, erzählte ich ihm von Johns Haus. Endlich sah Vater ein, daß bei Geschäften mit John nur einer gewinnen konnte – John.

Yemi und die Tradition der Beschneidung

Meine beiden Katzen empfanden das Leben in unserem kühlen, fast keimfrei sauberen Haus als etwas zu fade. Vor allem Sternchen, meine langhaarige Perserdame, vertrieb sich die Zeit mit der Jagd. In Ermangelung von Mäusen pirschte sie sich an die bunten Eidechsen heran, die sich stundenlang an den Mauern sonnten. Niemand hatte mich gewarnt, den Katzen das zu verbieten. Natürlich. Denn Ron und Ken haßten meine beiden Stubentiger.

An einem Samstag abend übergab Sternchen sich pausenlos. Krämpfe beutelten das schöne Tier. Ergebnislos durchwühlte ich meine riesige Hausapotheke. Von Ron und Ken war keine Hilfe zu erwarten. Also schickte ich nach Femi, der eigentlich dienstfrei hatte. Die ganze Nacht verging. Erst am Sonntag mittag kam er und in seiner Begleitung ein europäisch-elegant gekleideter Schwarzer. Femi hatte dem Tierarzt, den er mit Mühe ausfindig gemacht hatte, bereits gesagt, daß ich aus Deutschland kam. So begrüßte Abiola mich auf deutsch. Sternchen – dem Katzenhimmel nahe – verabreichte er mehrere Spritzen und gab mir Medikamente, mit denen ich die Mieze in den nächsten Tagen wieder gesundpäppelte. Die Perserdame jagte fortan nie wieder Eidechsen.

Es tut mir wirklich leid, daß meine süße Sternchen so leiden mußte, damit ich Abiola kennenlernen konnte. Schon einige Tage später lud er mich zu sich und seiner Frau Yemi nach Hause ein. Die beiden führten eine für nigerianische Verhältnisse ungewöhnliche Ehe der Gleichberechtigung. Gemeinsam waren sie vor 15 Jahren nach Berlin gegangen. Die älteste Tochter war bei der Großmutter geblieben, im Heimatdorf im Busch des Yoruba-Landes. Abiola hatte in Berlin Tiermedizin studiert, Yemi sich zur Krankenschwester und Hebamme ausbilden lassen. Erst ein Jahr zuvor waren sie gemeinsam mit den Kindern nach Nigeria zurückgekehrt, nach der Geburt von Yemis viertem Mädchen. Abiola baute seine neue Praxis vor allem mit den Geldern der Weißen auf, die ihre Haustiere vertrauensvoll von einem Arzt behandeln ließen, der ihre Sprache beherrschte.

Abiola und Yemi steckten voller großer Pläne. Yemi verwirklichte gerade ihren Lebenstraum – den Aufbau eines Geburtshauses. Sie sammelte dafür Geld von wohlhabenden Menschen und bildete Nigerianerinnen aus, die sie einstellen wollte. Sie war ständig in Bewegung, redete, lachte. Nach der Arbeit ließ ich mich oft zu den beiden fahren.

Aber das neu gegründete Geburtshaus lernte ich erst kennen, als mein Hausmädchen Simi nicht mehr zur Arbeit erschien und Ken nicht mit der Sprache rausrücken wollte. Ich fand Simi im *boy's quarter* in ihrem Zimmer. Abgemagert und bewegungslos lag sie auf der Matte am Fußboden. Der kleine Raum war von einem unangenehmen Geruch nach Blut und Urin erfüllt. Von mir wollte Simi sich nicht helfen lassen. Also schickte ich nach Yemi, die Simi im Geburtshaus aufnahm.

Für Yemi gehörte Simis Krankheitsgeschichte zur traurigen Routine: Als Simi elf Jahre alt war, wurde sie in ihrem Heimatdorf mit einem viel älteren Mann verheiratet und sofort schwanger. Ihr zarter Körper war von der Schwangerschaft überfordert, ärztlichen Beistand bekam sie nicht. Ihre Wehen dauerten Tage und blieben dennoch wirkungslos: Das Baby starb in Simis Leib. Eine Hebamme entband Simi schließlich durch einen groben Dammschnitt, der Blase und After verletzte. Und wahrscheinlich setzte sie obendrein nicht-sterile

Instrumente ein, die die Wunde eitern ließen; es bildeten sich Fisteln. Durch die mißlungene Operation wurde Simi inkontinent, konnte weder Urin noch Stuhl halten. Das erklärte, warum Simi stets aufdringlich nach billigem Parfüm gerochen hatte und sich ständig umzog.

Sie arbeitete bei mir, um Geld für eine richtige Operation zu sparen, die ihr ein menschenwürdiges Leben als junge Frau ermöglichen würde. Denn ihr Mann hatte sie verstoßen. Nachdem Yemi Simi geholfen hatte, konnte sie ihre Arbeit in meinem Haus trotzdem nicht fortsetzen: Ihr geschwächter Körper hatte eine Tuberkulose entwickelt. Ich kam mit Yemi überein, Simi in ihr Heimatdorf zurückbringen zu lassen, damit sie dort gesund werden konnte. Sie heiratete bald nach ihrer Heimkehr wieder und bekam zwei gesunde Kinder.

Simis Nachfolgerin Grace lernte ich im Geburtshaus kennen. Sie war bereits Mitte Dreißig, eine starke Frau, der die Geburt ihres fünften Babys über den Verlust ihres vierten Kindes einigermaßen hinweghalf. Sie war überzeugt, daß die kleine Mercedes die Wiedergeburt ihrer Tochter Bintu war. Bintu war gerade anderthalb Jahre alt, als sie verschwand. Zu der Zeit lebte Grace mit ihrem Mann in Ajegunle; er arbeitete als Kloakenträger, sie hatte einen Stand an der Straße, wo sie Zigaretten, Dosenmilch und Tomatendosen verkaufte. Die Familie hauste in einer erbärmlichen Hütte.

Dann wurde Grace' Mann krank – Tbc. Grace wußte nicht mehr ein noch aus. Da hörte sie von einer Organbank, die Nieren kaufte. Doch sie selbst kam – ebenso wie ihr Mann – wegen ihrer eigenen angeschlagenen Gesundheit als Spenderin nicht in Frage. Dem ältesten Sohn, damals 15 Jahre alt, verbot der Vater die Nierenspende. Von einem Freund hörte Grace' Mann, daß eine andere Organbank Säuglinge und Kleinkinder suche. Ihre süße Bintu, die so schön zu plappern begonnen hatte, wollte Grace nicht hergeben.

In dieser Zeit erhielten sie auch noch die Hiobsbotschaft, daß die Wellblechsiedlung abgerissen werden sollte. Grace sah sich hektisch nach einer neuen Bleibe um. Als sie heimkehrte, waren ihr Mann und die kleine Bintu verschwunden. Später kehrte er mit einem großen Stapel Naira-Scheine zurück. Er hatte Bintu nicht nur eine Niere spenden lassen, sondern das ganze Kind verkauft. Für eine neue Hütte im Armenviertel. Grace blieb trotzdem bei ihm.

Sie zog nicht in Simis Zimmer, sondern fuhr jeden Abend nach Hause. Ihre kleine Mercedes allerdings ließ sie nicht mehr allein bei ihrem Mann, sondern nahm sie zur Arbeit mit. Vorsichtshalber.

Ich hatte damals noch nicht viel von Beschneidungen in Nigeria gehört, glaubte, daß dieses Thema der Vergangenheit angehörte. Welch ein Irrtum! Yemi berichtete von Patientinnen, die ihre Babys unter schrecklichen Qualen zur Welt brachten. Und dann erhielt Yemi die Nachricht, daß ihre Nichte, die zwölfjährige Selia, im Heimatdorf schwer erkrankt sei. Ich schwatzte Femi den Dienstwagen ab und fuhr mit Yemi hin.

Die einfachen Verhältnisse in dem Dorf nahe von Ilaro, rund 100 Kilometer westlich von Lagos an der Grenze zu Benin gelegen, schockierten mich nach den Reisen mit John nicht mehr so sehr. Wir schliefen auf dem Boden des Hauses von Yemis Mutter, einem Lehmbau, dessen Fassade abblätterte. Das Haus hatte zwar weder Klo noch Küche, aber einen Altarraum voller Masken und Kerzen. Als wir zu Selia kamen, lag das Mädchen hoch fiebernd, von Fliegen bedeckt, am Boden. Ich half, ihr Antibiotika einzuflößen.

In der Nacht erzählte mir Yemi vom Leiden ihrer Nichte: Vor einigen Wochen hatte Selia das erste Mal ihre Tage bekommen. Deshalb sollte sie gemeinsam mit anderen Mädchen beschnitten werden, um dann zur Familie ihres jungen

Gatten gebracht zu werden, dem sie schon als Kind versprochen worden war. Das Beschneidungsfest wurde groß gefeiert mit gutem Essen, Getränken, Tanzen und Gesang zum Klang der Trommeln.

Selia wurde entkleidet, ihre Arme auf dem Rücken festgebunden und sie nackt in sitzender Position auf einem niedrigen Stuhl von drei Frauen festgehalten. Eine Frau griff fest um ihre Brust, die beiden anderen zogen ihre Schenkel auseinander, um ihre Vulva weit zu öffnen. Die Hebamme sprach ein Gebet, breitete ein Huhn, Eier und Reis als Opfer für die Götter aus. Mit einer Rasierklinge schnitt die alte Hebamme Selias Klitoris ab – ohne Betäubung und wahrscheinlich auch ohne Desinfektion. Selia wand sich unter höllischen Schmerzen, wehrte sich trotz der Fesselung so stark, daß die Alte abrutschte und die Wunde mehr als nötig vergrößerte. Selias Mutter wischte mit den bloßen Fingern das reichlich fließende Blut ab, die anderen Frauen tasteten, ob der Schnitt auch alles Notwendige entfernt hatte. Auf die offene Wunde strich die Hebamme eine Heilpaste aus Kräutern. Die ganze Prozedur dauerte etwa zwanzig Minuten.

Zur besseren Heilung wurden Selias Beine zusammengebunden. Die Bewußtlose legte man auf ein Lager im Frauenhaus. Eine der Operationsfolgen war eine Blasenentzündung: Weil das Urinieren ihr höllische Schmerzen bereitete, hatte Selia das Wasserlassen unterdrückt. Die Mutter holte Selia aus dem Frauenhaus, nachdem die Wunde nicht heilte und Selia ins Delirium gefallen war. In ihrer Not wandte sie sich an ihre Schwester Yemi. Ohne deren Hilfe wäre Selia gestorben, was dann als Gottes Wille ausgelegt worden wäre. Die Trauerfeier für ein Mädchen, das am gleichen Tag wie Selia beschnitten worden war, ging am Tag unserer Ankunft gerade zu Ende.

So entsetzlich mir Selias Leiden auch vorkam, Yemi wußte,

daß mir die Pharaonische Beschneidung noch barbarischer erscheinen mußte. Dabei werden die Schamlippen von unten nach oben entfernt und die Innenseite der äußeren Schamlippen ausgeschabt. Die Hebamme verbindet die Schamlippen anschließend mit drei oder vier Akaziendornen, Nähgarn hält alles zusammen. Ein Stroh- oder Schilfhalm wird in die verbleibende Öffnung im Narbengewebe gesteckt, um Urin und Menstruationsblut abfließen zu lassen. Yemi gab zu, daß fast alle beschnittenen Frauen ihr Leben lang medizinische Probleme hatten, die eigentlich ständige ärztliche Hilfe erforderten. Eigentlich …

Pharaonisch beschnittene Frauen erkannte Yemi schon am Gang: Sie können die Beine nicht richtig zum Gehen anheben, schlurfen. Geburten sind nach der Beschneidung meistens eine blutige Qual. Trotzdem lassen sich fast alle Frauen hinterher wieder zunähen, um für ihren Mann attraktiv zu sein.

Yemi erwartete nicht, daß ich ihre Sitten und Gebräuche verstand. Ich versuchte, sie von unserer europäischen sexuellen Selbstbestimmung zu überzeugen. »Ihr habt viele Vorurteile, Ilona«, erwiderte Yemi ruhig. »Ich kann mit meiner Beschneidung sehr gut leben.«

Platsch! Fettnäpfchen! Mir war nicht in den Sinn gekommen, daß Yemi selbst beschnitten sein könnte.

Yemi blieb ernst. »Ilona, man muß ein Volk doch aus seiner Tradition heraus sehen. Die Beschneidung ist bei meinem Stamm ein uraltes Ritual. Mädchen sind schon durch ihre Freundinnen sozialem Druck ausgesetzt. Kleine Mädchen verlangen danach. Sie glauben, daß die Beschneidung ihre Sexualorgane sauberhält, übelriechende Ausflüsse verhindert, Parasiten fernhält, ja sogar vor Vergewaltigung schützt, zur Empfängnis verhilft und die Niederkunft erleichtert. Und das sind nur die Ansichten der Frauen, Ilona. Die Männer nehmen in manchen Gegenden ohnehin nur eine Beschnittene zur Frau. Aber das weißt du sicherlich.«

Es war ein Teil von Yemis täglicher Arbeit im Geburtshaus, die Frauen davon zu überzeugen, daß ihre Töchter unbeschnitten später ein leichteres Leben haben würden. Aber sie saß zwischen den Stühlen, zwischen westlicher Aufklärung und afrikanischer Tradition. Ich stellte ihr die Gretchenfrage: »Und deine Töchter, Yemi? Wirst du die auch beschneiden lassen?«

»Meine Älteste ist bei ihrer Oma aufgewachsen. Meine Mutter hat mich gar nicht erst gefragt. Für sie war völlig klar, daß es gemacht wird.«

»Würdest du denn selber auch bei Mädchen eine Beschneidung vornehmen?« Ich ließ nicht locker.

Yemi nickte ganz selbstverständlich. »Im Busch schon. Wenn es zur Tradition der Eltern gehört. Bei mir könnten die Patientinnen wenigstens sicher sein, daß alles hygienisch zugeht. Aber hier in Lagos«, schränkte sie ein, »hat sich diese Tradition weitgehend überlebt.«

»Tradition ist also wichtiger als Selbstbestimmung?«

Yemi antwortete weise: »Ich habe in deinem Land gelernt, daß ihr nur den eigenen Weg für richtig haltet. Dinge, die man selbst nicht machen würde, dürfen andere Völker deshalb auch nicht tun.«

»Also: ja?«

»Ich bin für die Selbstbestimmung einer Kultur, Ilona. Traditionen muß man pflegen. Auch wenn Außenstehende das nicht verstehen. Mal eine Frage an dich: Findest du es richtig, daß Missionare durch die Welt ziehen und anderen Völkern ihren Glauben aufzwingen?«

Ich glaube heute, aus Yemis Worten sprach eine Art Pragmatismus. Sie wollte nicht verändern, sondern sich den Verhältnissen anpassen. Darum auch ihre Berufe, Krankenschwester und Hebamme. Helfen, um mit dem Leben zurechtzukommen. Nicht, um es zu ändern. Und so war es auch selbstverständlich, daß Selia bald nach ihrer Genesung heiraten und unter Höllenqualen ihre Kinder bekommen würde. Und wenn sie daran starb, so war das Gottes Wille. Yemi würde diesen Willen durch ihre Hilfe nur für kurze Zeit aufhalten können.

Yemi half anderen so viel, daß sie ihren eigenen Körper und ihre sensible Psyche zu wenig beachtete. Sie litt unter schwerem Asthma. Nachdem ich Yemi und Abiola drei Monate kannte, kam ich an einem Freitag zum Abendessen. Yemi hatte wieder einen ihrer sehr heftigen Asthmaanfälle gehabt und litt seitdem auch unter blutigem Ausfluß.

»Ich glaube, ich sollte zum Arzt. Ich bin nämlich wieder schwanger.« Sie lächelte tapfer. Bei uns wird in solchen Fällen ein Krankenwagen gerufen. Doch in Lagos war alles viel komplizierter. Abiola verfügte nicht über das Luxusgut Telefon. Wir mußten Femi bitten, der im Wagen auf mich wartete, zu Abiolas Vetter in einen weit entfernten Stadtteil zu fahren. Der Vetter besaß eine Privatklinik, in die wir Yemi bringen wollten. Nachdem Femi den Vetter verständigt und zu Abiola zurückgekehrt war, konnten wir Yemi erst mitten in der Nacht in die Klinik transportieren.

Es war ein sehr gepflegt wirkendes Krankenhaus, nach europäischem Standard. Der Vetter erwartete Yemi, untersuchte sie und brachte sie in einem Einzelzimmer unter. Ich versprach ihr, gemeinsam mit Abiola am nächsten Morgen zu Besuch zu kommen.

»Es ist sicher nichts Schlimmes. Mach dir keine Sorgen. Ich werde erst mal schlafen«, sagte Yemi zu Abiola. Aber Abiola machte sich Sorgen, große Sorgen.

»Lieb, daß du uns geholfen hast, Ilona. Ich hätte kein Auto fahren können«, sagte er zitternd.

Am nächsten Morgen stand ich mit Femi um halb acht vor Abiolas Haus. Die Kinder bettelten. Sie wollten zu ihrer Mutter. Ich schlug vor, sie mitzunehmen, damit sie sahen, daß mit Yemi alles in Ordnung war. Es war nicht mal acht, als wir die Privatklinik erreichten. Die Tür zu Yemis Zimmer war noch geschlossen. »Leise, Kinder, Mama schläft noch«, sagte Abiola und öffnete die Tür, in der Hand eine Thermoskanne mit dem von Yemi so geliebten Ostfriesentee. Die Kinder drängten nach: »Mama!«

Abiola prallte zurück, als liefe er gegen eine Wand. Die drei Mädchen erstarrten. Erst jetzt sah ich ins Zimmer. Blut. Überall Blut.

Yemi mußte in der Nacht versucht haben aufzustehen, Hilfe zu holen. Sie hatte nicht mehr die Kraft gehabt, die Tür zu erreichen, war auf den Boden gestürzt und verblutet. Abiola ließ die Thermoskanne fallen, drehte sich um, schrie, rannte auf den Gang. Die Sechsjährige weinte verzweifelt: »Mama!« Die beiden Kleinen, drei und ein Jahr alt, verstanden nichts. Und dann war alles voller Ärzte, Pfleger und Schwestern. Lieber Gott, wo waren die vorher nur gewesen?

Ich bat in der Firma um Urlaub und nahm die drei Mädchen zu mir in das große Haus. Endlich hatten meine vielen Angestellten zu tun. Die beiden Katzen, durch die ich diese Familie kennengelernt hatte, bekamen eine Aufgabe – die gebrochenen Herzen von drei kleinen Mädchen zu trösten. Ich behielt sie bis zu Yemis Begräbnis bei mir. Ein verwahrloster Friedhof, auf dem ausgeblichene Plastikblumen zwischen schmutzigweißen Steinen den vergeblichen Versuch machten, den Toten ein lebendiges Andenken zu versprechen. Yemis Grab sah kurze Zeit später nicht anders aus. Zu ihrem Todestag allerdings ließ Abiola Jahr für Jahr eine halbseitige Anzeige mit Yemis Foto veröffentlichen. Immer das gleiche Foto einer hübschen jungen Frau, die nie älter wurde.

»Traditionen muß man pflegen. Auch wenn Außenstehende das nicht verstehen«, hörte ich Yemi sagen, als ich einen Hibiskusbusch auf ihrem Grab pflanzte. Seine Blüten leuchteten kräftig rot und hoben so die Ruhestätte dieser besonderen Frau hervor.

Mit Yemi schien ich auch Abiola verloren zu haben. Der weltgewandte Tierarzt zog sich gramgebeugt von allen Menschen zurück. Ich erfuhr den Grund dafür erst später: Der zurückbleibende Ehepartner soll sich für drei Monate von der Außenwelt zurückziehen. Abiola arbeitete zwar weiter, mied aber rigoros alle privaten Kontakte. Nach den drei Monaten veranstaltete er in Yemis Dorf eine prächtige Trauerfeier, zu der ich als Fremde nicht eingeladen wurde. Abiolas Mädchen waren von einer Verwandten in das Dorf der Oma gebracht worden. Europäisch aufgewachsen, würden sie nun im Busch leben, den sie nicht kannten.

Immer wieder versuchte ich, zu Abiola vorzudringen. Indem er sich abschottete, konnte er seinen Mädchen am wenigsten helfen. Ich grübelte, wie ich dieser Familie beistehen konnte, die meine wichtigsten Freunde geworden waren. Meine Janet war jetzt im Alter von Abiolas Zweitältester. Vielleicht könnten sie Freundinnen werden. Aber Janet war nicht bei mir. Sondern weit weg. Und hatte bereits in der Schule erste Freundinnen gefunden...

Die Botschaft der Eule

Das Nachbarhaus verbarg sich hinter einer mannshohen weißen Mauer, auf der im Sonnenlicht bunte Glasscherben blinkten. Zum ersten Mal stand das doppelflügelige Tor offen. Drei Autos fuhren hinein: vorneweg ein neuer schwarzer Mercedes, in dem eine junge Schwarze saß, die einen goldenen Turban trug, eine *gele*, das kunstvoll gewickelte Kopftuch, das sie wie eine Königin aussehen ließ. Ihr Hals war mit breiten Goldreifen verziert. Neben ihr ein dicker Schwarzer. Dem Mercedes folgten zwei mit Koffern und Kisten beladene Pick-ups, auf den Ladeflächen je ein mit einem Gewehr bewaffneter Wächter.

»Bekomme ich etwa einen neuen Nachbarn, Femi?«

»Das *ist* Ihr Nachbar, Ma'am.«

»Seine Frau kommt wohl von einer Reise zurück«, vermutete ich.

»Nein, Ma'am. Ich schätze, er hat sich wieder eine neue Frau geholt.«

»Hat er denn mehrere?«

»Ja, Ma'am, soweit ich weiß, hat er eine ganze Menge.«

Es gab einen sehr einfachen Grund, weshalb meine angeborene Neugier noch nie das Nachbarhaus zum Ziel gehabt hatte: Es lag auf jener Seite, auf der lediglich im ersten Stock ein schmales, hoch angebrachtes, vergittertes Toilettenfenster einen Ausblick gewährte. Ich stürmte ins Haus, hinauf ins Klo, spähte aus dem Fensterchen hinüber in Nachbars Hof.

Drüben sah sich die geschmückte Schwarze gerade in

ihrem neuen Zuhause um. Ich glaubte nicht richtig zu sehen: Zu ihrer Begrüßung erschienen nach und nach immer mehr Frauen, alle in lange weiße Gewänder gekleidet. Ein ganzes Nest voller Frauen. Ich begann zu zählen. Unmöglich. Sie wuselten durcheinander. Bei 23 gab ich auf. Aber es mußten gewiß drei Dutzend sein. Auch immer mehr Kinder kamen dazu.

Schließlich verschwand die Menschenschar in den zahlreichen Türen der Häuser – der dicke Mann mittendrin. Fünf oder sechs noch dickere, kahlgeschorene Männer hatten inzwischen das Entladen der beiden Pick-ups abgeschlossen und den ganzen Plunder ins Haupthaus geschleppt. Ich lief hinunter zu Ken. Der würde gewiß wissen, was es mit dem Harem nebenan auf sich hatte.

Aber Ken gab sich einsilbig: »Ich kenne diesen Mann nicht, Ma'am.«

»Ken, Sie wohnen schon viel länger hier als ich. Nun sagen Sie schon, wer ist der Nachbar?«

Ken blickte auf den Boden, als er antwortete: »Man nennt ihn den schwarzen Jesus. Das ist es jedenfalls, was die Leute so sagen, Ma'am.«

»Und die Frauen, Ken? Warum hat er so viele Frauen?«

»Sie leben bei ihm wie im Kloster, Ma'am. Er schenkt ihnen Kinder, und sie arbeiten für ihn.«

»Wie viele Frauen hat er denn?«

»Heute ist Nummer 39 gekommen, Ma'am.«

Mein Nachbar hatte 39 Frauen, mehr als ein Monat Tage. Und in meinem Haus gab es nicht mal einen Mann fürs ganze Jahr ... Irgendwie ungerecht.

Ein christlicher Harem, was es nicht alles gab! Und dann hörte ich bei einem meiner Erkundungsspaziergänge im Garten die schöne deutsche Volksweise »Ein Männlein steht im Walde«. Ich blieb stehen und lauschte. Eine Frauenstimme sang hell und melodisch. Und dann versuchte sich eine Kinderstimme an dem Lied, machte aus dem Männlein ein Mannlein.

»Männlein«, verbesserte die Frauenstimme sanft.

Hier fand Deutschunterricht statt. Deutschunterricht im Harem.

»Hallo, Sie da drin, können Sie mich hören«, rief ich über die hohe Mauer zu dem offenstehenden Fenster im ersten Stock hinauf. Meine Annäherungsversuche hatten erst nach ein paar Tagen Erfolg: Ein Stein, umwickelt mit Papier, flog in meinen Garten. So lernte ich Lisa kennen, eine damals 48jährige Münchnerin. Eine Woche später trafen wir uns im Haus von Mila, einer Bekannten von Lisa. Zu dem Treffen im Stadtteil Suru Lere wurde Lisa von einem Leibwächter ihres Jesus gebracht. Mila nannte sich *consultant*, Beraterin. In welchen Angelegenheiten, sollte ich erst später erfahren.

Zunächst wunderte ich mich über Milas Haus, in dem ebenfalls eine Menge Frauen lebten, die Mila allesamt mit *sister* ansprach. Es waren vor allem blutjunge Mädchen, teilweise nicht mal im Teenager-Alter. Das Haus selbst, ohne jeden Luxus, war ein langgestrecktes, wellblechgedecktes Lehmhaus, mit jeweils acht Zimmern auf jeder Seite. Mila, eine korpulente Frau zwischen vierzig und sechzig Jahren, war mit goldenen Ketten und Armreifen geschmückt, keiner ihrer groben Finger, an dem nicht ein großer Ring prangte. Sie sprach bei den ersten Treffen kaum mit mir, schien mich aber aus der Entfernung im Auge zu behalten.

Mich interessierte natürlich, wie sich eine Deutsche einen Mann mit 38 Frauen teilen konnte. Wo ich schon Probleme mit *einer* Mitfrau hatte ... Lisa sah das ganz anders, natürlich. Sie war mit ihrem deutschen Mann nach Nigeria gekommen, der an einer Schule unterrichtete. Die damals 16jährige Tochter hatte sich entschieden, in Deutschland ein Internat zu besuchen. Lisa stand in Lagos ohne Aufgabe da. Sie war damals 42 und kam in die Wechseljahre – viel zu früh. Durch die Vermittlung von Mila, die ihr eine ihrer *sisters* als Dienstbotin gestellt hatte, kam sie in Kontakt mit Jesus. Und wurde Teil seiner *family*, wie er das nannte. Es erschien ihr völlig natürlich, auf Dauer in dieser Familie zu bleiben – sie wurde die 33. Frau von Jesus. Das war vor sechs Jahren.

Jede Frau, die nach ihr in die *family* eintrat, wurde ebenso wie Lisa zu ihrer Zeit von den anderen zuvor »begutachtet«. Wie kleinkariert Lisa meine Eifersucht auf Mary vorkommen mußte: In der *family* gehörte Jesus all seinen Frauen. Denn die spirituelle Beziehung zu ihm war wichtiger als die körperliche. Jede Frau hatte ihr eigenes Zimmer, ebenso wie Jesus selbst. Dort besuchten die Frauen ihn. Sie teilten sich ihn so wie die Hausarbeit und die Erziehung der Kinder – übrigens 57.

Eines davon war Irina, die damals fünfjährige Tochter von Lisa. Trotz angeblicher Menopause war sie wieder schwanger geworden. Lisa war Jesus dankbar: Er hatte ihr ihre Jugend zurückgegeben. Die kleine Irina, ein milchkaffeefarbenes, sehr hübsches Kind, machte einen ausgeglichenen Eindruck. Sie sprach deutsch wie eine Erwachsene, redete in einem lustigen Pidgin-Englisch mit den jungen Mädchen bei Mila und konnte laut Lisa auch einige Sätze auf yoruba und ibo sagen.

Bei einem meiner Besuche beobachtete ich Mila, wie sie ihren *sisters* die Zukunft voraussagte. Sie tat das ganz unkompliziert mit Kauri-Schnecken, die sie auf den Boden warf. Ich hielt das für ein Spiel zum Zeitvertreib und fragte spaßeshalber, ob sie es für mich auch tun könnte. Sie lehnte mit einem abfälligen, schnalzenden Laut ihrer Zunge ab.

Zu jener Zeit hatte ich öfter Schmerzen im linken Bein, die ich verdrängte, indem ich das Bein einfach weniger belastete, was zu einem leichten Hinken führte. Ich wollte erst bei meinem nächsten Deutschland-Besuch zu meinem Münchner Arzt, falls sich die Schmerzen bis dahin nicht gegeben hatten. Vor allem aber träumte ich schlecht.

In diesen Träumen, aus denen ich schweißgebadet erwachte, tauchte stets eine dicke Eule mit buschigen Ohren auf. Mit ihrem annähernd hühnergroßen Körper setzte die Eule sich auf meine Brust, breitete ihre großen Schwingen aus und begrub mich unter ihren Federn. In einem anderen Traum folgte ich ihr in Johns Dorf. Die Eule flog in das Haus, in dem die schwangere Efe das Grab für Moses schaufelte. Die Szene war so, wie ich sie erlebt hatte. In meinem Traum allerdings lachte Efe, und Moses stand bis zu den Schultern im Grab und winkte mir freundlich zu. Ich lief zu Moses, um ihm aus dem Grab zu helfen. Er griff nach meiner Hand und zog mich hinab. Zu spät erkannte ich, daß es nicht Moses war, der da auf mich gewartet hatte, sondern John. Als ich im Grab lag, schaufelte John es zu. Dann setzte er sich auf die festgestampfte Erde. »Sie war eine Hexe«, sagte er und aß aus einer Schüssel mit den Fingern *garri*-Brei, den er mir durch die Erde hindurch in den Mund stopfte, als sollte ich daran ersticken.

Als ich aufwachte, leckte Frosty mit ihrer rauhen Zunge den Schweiß von meiner nassen Nasenspitze. Mein unpersönliches, kaltes Haus begann mir angst zu machen. Jeden Abend fürchtete ich mich davor, schlafen zu gehen.

Ohne Umschweife sagte Mila bei meinem nächsten Besuch: »Erzähl mir, was du letzte Nacht geträumt hast.«

Als ich meinen Traum berichtet hatte, gab Mila wieder diesen unschönen Schnalzlaut von sich, mit dem Nigerianer ihr Mißfallen zum Ausdruck bringen. »Jemand ruft dich«, sagte sie schließlich, »die Eule ist ein Zeichen. Du kannst es aber nicht verstehen. Ich erkläre es dir.«

Daß Efe angeblich eine Hexe war, hatte ich ja schon von

John zu hören bekommen – und es mit einer gehörigen Portion weißer Skepsis ins Reich afrikanischer Mythen und Märchen verwiesen. Doch Mila sagte nichts anderes als das! »Wenn sie dich ruft, mußt du zu ihr. Sonst widerfährt dir Schlimmes.«

In ihren Kauri-Muscheln sah sie meinen baldigen Tod. Ich erschrak. Mila blickte mich nachsichtig an. »Das bedeutet doch nicht, daß du tatsächlich stirbst. Das Orakel sagt dir nur deinen Weg voraus. Wenn du diesen Weg kennst, dann kannst du ihn ändern. Das ist der Sinn des Orakels.«

Mila rief eine ihrer *sisters*, Rose, ein dünnes, vielleicht zehnjähriges Mädchen. Rose sollte mich in ein Dorf in der Nähe der Ortschaft Irun begleiten. Dort wohnten weise Frauen. Und dann gab sie mir ein paar Verhaltensregeln mit: Ich solle niemandem sagen, wie ich heiße, sondern mir einen anderen Namen zulegen. Meine Haare müsse ich zu Zöpfchen flechten, dürfe sie niemals kämmen. Meine Nägel solle ich auf keinen Fall schneiden, sondern müsse sie abbeißen und verschlucken, meine Exkremente vergraben. Fotos von mir oder meiner Familie dürfe ich nicht mitnehmen, und vor allem sei es absolut verboten zu fotografieren.

Dann machte sie an der Außenseite meines rechten Mittelfingers einen kleinen Einschnitt, in den sie ein schwarzes Pulver rieb. Die zwei Zentimeter lange Narbe habe ich heute noch. »Und jetzt lern zu grüßen«, sagte Mila. Bitte nicht mit rechts, sondern mit links. Zeige-, Mittel- und Ringfinger auf den Puls der anderen Frau legen, kleiner Finger und Daumen greifen zur Handwurzel.

Ich musterte die »Beraterin« und fragte amüsiert: »Mila, schickst du mich etwa in ein Dorf von Hexen?«

Sie schnalzte nur und hielt mir ihre geöffnete Handfläche hin. »Willst du mich und meine *sisters* nicht mit ein bißchen Geld unterstützen?«

Ich lieh mir Bernds Jeep plus Benzinkanister, ließ mir von meinem Stewart eine Kühlbox mit Lebensmitteln packen, bat eine *sister*, mir die Haare zu flechten, packte einen Berg Utensilien – von dicken Ballen weißen Stoffs und Sandalen bis zu diversen Getränken – in den Jeep und fuhr mit der kleinen Rose einen ganzen Tag lang bis in die Nähe von Irun, 400 Kilometer nordöstlich von Lagos. Die ersten 300 Kilometer führten über autobahnähnliche Straßen, die wegen ihres schlechten Zustands oft nur einspurig waren. Der Rest der Strecke war holprig, es galt Brücken zu überwinden, über die nur lose Holzbohlen gelegt waren.

In einem Dorf mußten wir den Jeep stehenlassen, Rose organisierte einige Mädchen, die uns tragen halfen. Und dann stand ein Fußmarsch an. Zurück brauchte ich für diesen Weg etwas mehr als eine Stunde. Doch hin schleppte ich mich vier Stunden lang. Mein Bein schmerzte derart, daß ich kaum noch laufen konnte. Als ich mich an einen kleinen See setzte, um das angeschwollene Bein zu kühlen, schrie Rose mich an, das nicht zu tun. Ich erfuhr erst später, warum: Die Erreger der Bilharziose, einer Wurmkrankheit, werden durch stehendes, warmes Wasser übertragen.

Wir kamen erst am Abend im Dorf der weisen Frauen an. Rose stellte mich unter dem Namen Maja vor, überreichte die Geschenke. Dazu legte das Mädchen sich flach in den Staub. Ihre Ehrerbietung galt einer runden Frau, Typ Mammi, die das Sagen hatte. Sie ließ mich in eine schlichte, palmwedelgedeckte Lehmhütte bringen, wo ich fix und fertig auf den Boden sank.

Ich muß gleich eingeschlafen sein. Wieder erschien mir im Traum die dicke Eule mit den großen Ohren. Diesmal saß sie jedoch zu meinen Füßen. Ich fuhr hoch. Es war keine Eule, sondern eine Frau, die ihre *gele* so gebunden hatte, daß zwei Zipfel an den Seiten leicht hochstanden. Sie saß neben einer dünnen, faltigen Frau, die im Schein einer Kerosinlampe mein geschwollenes Bein untersuchte. Die dünne Alte schmierte eine kühlende Flüssigkeit darauf, und die Frau mit der *gele* gab mir etwas Bitteres zu trinken, das ich nicht lange bei mir behielt. Unter entsetzlichen Krämpfen übergab ich mich, bis nur noch roter Schaum kam. Später bekam ich Wasser zu trinken, das stark nach Eisen schmeckte.

Irgendwann fiel ich in einen fiebrigen Schlaf, aus dem ich am Morgen mit Unterleibsschmerzen erwachte. Die Frau mit dem eulenartigen Kopftuch hatte neben mir gewacht. Sie legte Berge von Stoffetzen unter mich. Offenbar hatte die erlittene Tortur meine Regel in Gang gesetzt. Ich glaubte, verbluten zu müssen! Irgendwo zwischen Leben und Tod schwebend, dämmerte ich in der Hütte vor mich hin, unfähig zu registrieren, was um mich herum vor sich ging. Als die kräftezehrende Bluterei endlich nachließ, begann die Frau mit dem Kopfschmuck, mich in der Hütte auf und ab zu führen. Ich hatte endlich wieder die Kraft, meine Aufmerksamkeit jemand anderem als nur meinem schmerzenden Körper zu schenken.

»Efe!« sagte ich laut. »Efe, das sind ja Sie!«

Sie legte zwei ausgestreckte Finger auf meine Lippen, deutete auf sich. *»Me Nita«*, sagte sie in Pidgin-Englisch: Ich heiße Nita. Klar, und ich war Maja. Nenne nie deinen wahren Namen...

Schließlich durfte ich am Abend auf den kleinen Dorfplatz, auf dem sich vielleicht zwei Dutzend Frauen zusammendrängten. Eine von ihnen hatte vor dem Ritualhaus, einem größeren, aufwendigen Bau mit verzierten Holzpfeilern, die eine umlaufende Loggia bildeten, eine giftige grüne Schlange gefunden. Dies wurde als Zeichen gedeutet, daß die Ahnen den Tag für ein Ritual vorsahen. Um das flackernde Feuer tanzten barbusig, stampfend und singend die anderen Frauen, die um ihre Körper weiße Tücher gebunden hatten. Sie waren unterschiedlich geschmückt mit Armbändern oder mit glöckchenbesetzten Fußketten, einige hatten Blumen in die Haare geflochten oder den Kopf mit einer *gele* bedeckt.

Vom Feuer stieg der stechende Qualm auf, der die Sinne benebelte: Offenkundig wurden große Mengen Weihrauch verbrannt. Die Hitze des Feuers und der ausdauernde Tanz ließen die Leiber der Frauen schweißnaß glänzen. Ihre Ausdünstungen mischten sich mit dem Duft des Weihrauchs und des Tabaks, den einige Frauen rauchten oder kauten.

Mein Bein, dessen Umfang sich von seinem elefantösen Ausmaß auf fast wieder normale Verhältnisse zurückentwikkelt hatte, legte die dünne Alte auf einen Stapel Reisig. Der Rest von mir lag neben dem Feuer auf einer Matte. In dieser ungewöhnlichen Position wurde ich Zeuge des sich anschließenden Rituals. Jene Frau, die ich als »Mammi« bezeichnet habe, trug eine perückenartige Kopfbedeckung aus Glasperlen, die im Schein des Feuers fantastisch funkelte. Sie saß direkt neben dem Feuer auf einer Art Schemel.

Die spindeldürre Nita wurde entkleidet, sie kniete sich vor Mammi nieder, nahm eine kleine braune Puppe aus Ton und warf sie ins Feuer. Es dauerte eine Weile, bis die Puppe durch die Hitze in Tonscherben zerbarst, was die Frauen mit Gemurmel quittierten. Eine der Frauen brachte ein lebendes, zappelndes Huhn, das Mammi über Nitas Kopf hielt, um es anschließend kopfüber in einen mit einer schäumenden Flüssigkeit gefüllten Eimer zu stecken. Sie zog das Huhn wieder heraus, wirbelte es über die Köpfe der anderen, daß die Federn nur so flogen. Mit unglaublicher Geschwindigkeit führte sie das Huhn über eine Schüssel. Dann trennte sie seinen Kopf mit einem schnellen Schnitt fast vollkommen ab.

Das Blut strömte pulsierend in Nitas geöffneten Mund. Gierig trank sie es. Als der Vogel ausgeblutet war, wurde er aufgeschlitzt, Nita ein Teil der Innereien gegeben. Sie lutschte an der blutigen Galle, mit der ihr Körper danach eingerieben wurde. Dann trank sie von einem Sud, der auf dem offenen Feuer gekocht wurde, und begann, ekstatisch zu tanzen, bis ihr Körper unkontrolliert zuckte und sich ihre Augen verdrehten. Die anderen Frauen fingen sie schließlich auf und legten sie sanft auf den Boden. Mit dem Ende von Nitas Tanz hatte auch ich das Feld zu räumen, wurde wieder in die Hütte zurückgebracht.

Der Sinn dieses ganzen Rituals ist mir an jenem Abend nicht klargeworden. Wie ein Puzzle fügte es sich erst später zusammen, als ich meinen Münchner Internisten bat, meine Beinvenen zu untersuchen. Mit Dopplersonographie und Ultraschall stellte er linksseitig ein postthrombotisches Syndrom fest: Ein Blutpfropfen hatte meine Beckenvene in Afrika blockiert gehabt – deshalb war mein Bein so stark angeschwollen. Wäre ich nicht in Nitas Dorf gefahren, hätte ich an dem Blutpfropfen sterben können. So wie *consultant* Mila es in ihrem Orakel gesehen hatte. Durchs Milas »Übersetzung« meines Eulen-Traums hatte ich zu Nita gefunden. Nita, davon bin ich überzeugt, war Efe, jene Efe, der ich das Leben gerettet hatte, indem ich sie mit John ins Krankenhaus brachte. Zum Dank bewahrte sie mich vor dem Tod.

Ein Professor für Völkerkunde an der Uni von Ibadan, dem ich von dem Ritual erzählte, fragte mich, ob am Anfang der Zeremonie eine Puppe zerstört worden sei. Als ich bejahte, erklärte er, daß in diese Puppe ein Geist hineinbeschworen worden war. Dieser Geist hatte mich zu Efe alias Nita gerufen. »Jener Frau, die Sie gerufen hat, haben Sie einen großen Dienst erwiesen«, sagte der Professor, »sie hat den anderen Frauen ihres Konvents bewiesen, daß sie über große geistige Macht verfügt.«

»Und was hat sie davon?« fragte ich.

»Wenn sie ihr Dorf verläßt, wird sie eine Menge über Heilkunde erfahren haben. Sie kann als Heilerin viel Geld verdienen. Man wird sie bitten, Träume zu deuten, zeremonielle Schlachtungen durchzuführen, wahrzusagen oder bösen Zauber zu bannen. Oder jemanden mit einem Fluch zu belegen. Je nachdem.«

»Das hört sich ja an wie Hexerei«, sagte ich.

Der Professor lachte. »Na, was dachten Sie denn! Sie waren ja auch im Dorf der Hexen. Oder wußten Sie das nicht?«

Das Herz des Prinzen

Der Zettel auf meinem Schreibtisch stammte von Nickel. Eine kurze Anweisung, daß ich mich am selben Mittag in einer Anwaltskanzlei einzufinden habe. Mit neuen Partnern solle über die Gründung einer weiteren Produktionsstätte verhandelt werden. Die angegebene Adresse lag auf Victoria Island – eine Fahrt quer durch die Stadt. Doch Femi war nicht aufzutreiben, Nickel hatte ihn eine Besorgungsfahrt machen lassen. Wieder eine neue Schikane, um mich auszubremsen. Eine Stunde lang saß ich wie auf glühenden Kohlen, bis Femi endlich zurückkam.

Ich straffte meine Schultern, hielt meine Akten fest im Griff und marschierte in das noble Büro, einen sexistischen Spruch Nickels erwartend. Die Augenpaare von fünf Männern wandten sich mir zu. Von den Anwesenden kannte ich zwei: Nickel, der spöttisch lächelte, und den Mann, der sich bei meinem Eintreten schnell erhob und mit ausgebreiteten Armen auf mich zukam.

»Ilona! Habe ich Ihnen nicht gesagt, ich finde Sie auch in Lagos wieder?!«

»Victor! Was tun Sie denn hier?!«

Blöde Frage! Der schöne Mann küßte mich. Vor Nickels Augen. In einer Anwaltskanzlei. Zwar sehr formvollendet auf beide Wangen, aber ich sah in Nickels schmutziger Eselsphantasie, daß er niemals glauben würde, daß diese Küsse einen harmlosen Grund hatten, die Folge eines unschuldigen Flirts bei Londoner Kerzenlicht waren.

Im Laufe der Verhandlungen stellte sich schnell heraus,

daß Victor auf der falschen Seite stand: Seine Familie verkaufte ein großes Areal nahe Lagos an Strengfurt, auf dem die zweite Produktionsstätte – diesmal für Kupplungen – hochgezogen werden sollte. Ich mußte dem Dialog der Herren nicht lange folgen, um herauszubekommen, daß die Stimmung frostig war. Der Grund war natürlich Geld. Nickel und sein afrikanischer Partner wollten die Erschließungskosten für das Grundstück plötzlich nicht mehr tragen, sondern zu 25 Prozent vom Kaufpreis abziehen. Und das, obwohl der Vertrag praktisch unterschriftsreif war. Schlechter Stil, aber gern geübte Praxis. Als Nickels Controllerin hatte ich auf seiner Seite zu stehen und saß somit zwischen den Stühlen.

Nach dreistündigem Palavern hatte ich mir beide Stühle unter den Hintern gezogen. Ich mußte nur eins und eins zusammenzählen: Victor verkaufte mit 15prozentigem Preisnachlaß. Im Gegenzug wurden Strengfurts Produktionsstandorte exklusiv mit Öl beliefert. Öl, das aus den Raffinerien stammte, an denen Victors Vater Anteile hielt. Das war die wichtigste Erkenntnis: Victors Familie war einer der bedeutendsten Clans im Süden des Landes. Während die Anwaltssekretärin den neuen Vertrag tippte, verabredete sich Victor mit mir zum anschließenden Lunch im vornehmen englischen Polo-Club in Ikoyi, dem benachbarten Stadtteil mit den entzückenden Häusern aus der Kolonialzeit.

Als ich Arm in Arm mit Victor aus der Kanzlei stöckelte, spürte ich die neidischen Blicke Nickels in meinem Nacken. Ein angenehmes Gefühl. Ich war als Verliererin gekommen – und ging als Siegerin. Mit Victor.

»Warum haben Sie mir nicht gesagt, daß Sie ein echter Prinz sind, Victor?« fragte ich ihn, als wir in dem aus der Jahrhundertwende stammenden Treffpunkt der Elite tafelten.

»Was kann ich dafür, daß ich ein Prinz bin? Das ist mir in

die Wiege gelegt worden. Um die Anerkennung meiner Mitmenschen muß ich dagegen kämpfen. Wie kann ich das, wenn man weiß, wer ich bin? Jeder erstarrt in Ehrfurcht. Das ist langweilig, glauben Sie mir!« sagte er mit seinem leicht blasierten Oxford-Akzent, der mich bei jedem anderen Mann wahrscheinlich gestört hätte. Den schönen Victor machte er unwiderstehlich.

»Ist es für Sie belastend, wenn man weiß, wer Sie sind?«

»Nein. Heute nicht mehr. Ich habe gelernt, damit umzugehen. Ansehen zu genießen ist sehr angenehm. Ich habe es mir auf der Universität erarbeitet. Respekt, der mir gezollt wird, gilt meiner Person. In erster Linie jedenfalls. Ich wollte nicht – wie einige meiner Vettern – ein Leben als Playboy führen. Das hätte mich zum unnützen Anhängsel meiner Familie gemacht.«

»Sie haben mir damals in London erzählt, daß sich Ihr Vater nie um Sie gekümmert hat. Aber jetzt respektiert er Sie?«

Bevor er antworten konnte, erschien der Ober. »Mögen Sie immer noch so gern Mousse au chocolat, Ilona? Es gibt hier sehr gutes!«

»Das haben Sie sich gemerkt?!« Ich spürte mein Herz ein paar Takte schneller schlagen.

»O ja, das habe ich.« Ein langer Blick in meine Augen. Dann – ganz Prinz aus der Oberschicht – zum Kellner: »Bitte zweimal Mousse.«

Ja, Victors Vater respektierte seinen wohlgeratenen Sohn. Und zwar so sehr, daß der mittlerweile fast siebzigjährige Senior ihn als sein ein und alles betrachtete. Der Vater hatte nach der Scheidung von Victors Mutter nicht wieder geheiratet. Victor blieb sein einziger Nachkomme. Ungewöhnlich für einen Afrikaner.

»Sagen Sie bloß, Sie werden mal König Ihres Stammes!«

»Das finden Sie sicher sehr altmodisch, nicht wahr?«

Es verwirrte mich. Schließlich hatte mich noch nie ein künftiger König zum Schokoladenpuddingessen eingeladen!

Victor lachte. »Künftiger König!« Ein leicht bitterer Zug spielte um seinen gutgeschnittenen Mund. »Ich stand auch schon vor der Tür zu einer Diskothek, in der man mich nicht kannte. Neger dürfen hier nicht rein, fuhr mich der Türsteher an. Ich bin dem Typ heute noch dankbar, auch wenn sich das seltsam anhört. Solche Erfahrungen prägen, weil sie Grenzen aufzeigen. Für die einen bin ich ein künftiger König, für die anderen eben nur ein Neger.«

»Sagen Sie das nicht so, Victor! Die Welt ist voller Dummköpfe!«

»Richtig, Ilona. Und es ist gut, wenn man das am eigenen Leib erfahren hat, bevor man König wird.«

»Sie werden ein guter König.«

»Was ist gut, Ilona? Alles hat zwei Seiten, auch das Gute. Was die einen für gut empfinden, lehnen die anderen ab. Ich möchte beide Seiten sehen können. Aber das ist wohl kaum möglich. Verantwortungsbewußt, das möchte ich sein.«

Victor war schön, aufmerksam und zurückhaltend, Philosoph und Prinz. Schweigend aß ich mein Mousse und beobachtete, wie er mit seinen feingliedrigen, gepflegten Händen die Serviette nahm und sich den Mund tupfte, um ganz unverfänglich zu fragen: »Haben Sie schon etwas von Nigeria gesehen, Ilona? Oder sind Sie bislang noch nicht aus diesem Lagos herausgekommen?«

Dieses Lagos... Für Victor eine gesichtslose, chaotisch wuchernde Boomtown. Er dachte europäisch, schwärmte von der Schweiz und natürlich von London. Wie seine Mutter, die noch nie in Nigeria gewesen war. Sie hatte in zweiter Ehe ein Mitglied des britischen Oberhauses geheiratet. Das war schon eher Victors Welt, in die er in ein paar Tagen zurückkehren wollte. Doch vorher mußte er in den Norden, nach Kaduna, fliegen. Ich glaubte aus seinem Ton herauszuhören, daß er den Trip nicht gern in Angriff nahm.

»Waren Sie schon mal im Norden, Ilona?« Ich verneinte. Mein Herz schlug etwas schneller, als er fortfuhr: »Begleiten Sie mich! Sie sollten den Norden Nigerias unbedingt kennenlernen. Er ist ganz anders als die Gegenden, die Sie kennen«, sagte er auf seine elegante Art in einem beiläufigen Ton. Als ob es um meine geographischen Kenntnisse ging. Sein seidenweicher Blick unter den langen Wimpern schien sich der Bedeutung der Worte nicht ganz bewußt zu sein. Oder doch? Suchte er eine sympathische Reisebegleitung, mit der er sich unangestrengt unterhalten konnte? Oder hatte es der aristokratisch kühle Mann mit dem sanften Blick faustdick hinter den Ohren?

»Wollen Sie dort auch ein Grundstück verkaufen, Victor?« fragte ich ausweichend. Obwohl die Aussicht auf eine gemeinsame Reise mit diesem Mann in mir natürlich ganz andere Fragen aufwarf...

»Nein, mein Vater hat dort eine Zeitung. Nichts Großartiges, wie Sie es aus Europa kennen. In diesem Land haben die größten Tageszeitungen 200 000 Stück Auflage. Selbst in Ibadan, der größten Stadt, in der mehr Menschen als in London leben.«

»Die Analphabeten?« vermutete ich, die Konversation recht unkonzentriert fortsetzend.

»Nein, das Papier. Es gibt nicht genug.« Pause. »Und die Politik«, fügte er leiser hinzu. »Eigentlich fahre ich hin, weil mein Vater sagt, ich wüßte zuwenig vom Land meiner afrikanischen Vorfahren. Damit hat er zweifellos recht.« Nach einer Pause sagte er erklärend: »Nächstes Jahr soll ich Vizepräsident seines Konzerns werden. Da muß ich mich vorher wohl wirklich umsehen.«

Prinzen reisen komfortabler als Normalsterbliche: Die zweimotorige Privatmaschine von Victors Vater stand bereit, um uns fast 900 Kilometer weit nach Kaduna zu bringen. Es war das erste Mal, daß ich in eine solche Blechkiste mit Flügeln kletterte, setzte mein Herzschlag doch schon bei jedem Luftloch aus, in das die großen Linienmaschinen sackten.

In der Maschine, die in der prallen Sonne gewartet hatte, war es drückend heiß. Und sehr eng. Plötzlich befand sich mein Prinz auf Tuchfühlung neben mir. Ein heißkaltes Kribbeln lief mir über den Rücken, meine Hände wurden feucht, und der Schweiß schoß mir aus den Poren. Rumpelnd und kaum gefedert sauste die Maschine über die Piste, stieg steil auf. Welch ein Blick auf Lagos, die Stadt mit den tausend Lagunen, Flußarmen, dem nahen Meer. Wie wundervoll sie liegt! Der Pilot zog eine enge Schleife, legte die Maschine extrem schräg, um nach Norden abzudrehen. Unsere Körper wurden aneinandergedrückt.

»Haben Sie Angst, Ilona?« Victor sah mich besorgt an.

»Ich bin noch nie in so einem Ding gesessen«, gab ich kleinlaut zu. Er nahm meine feuchtkalten Hände. Ich schämte mich, vor allem, weil ich nun noch stärker zu transpirieren begann. Ich atmete den frischen Duft seines Parfüms ein und hörte seiner melodischen Stimme zu, die mir etwas über Lagos erzählte. Kluge Sätze über das Bevölkerungswachstum, die vielen Religionen und die Unfähigkeit der Regierungen, die im Widerstreit der Interessen die Stadt sowenig wie das ganze Land in den Griff bekamen. Was zählte all das – hier oben? Das Maschinchen sackte zwar alle naslang ab, wurde wieder hochgezogen. Aber ich merkte nicht mehr, daß ich eigentlich um mein Leben hätte fürchten müssen. Victor hielt ja meine Hände. Meinetwegen hätte der Flug ewig weitergehen können. Fliegen verbindet. Nun hatte ich das auch am eigenen Leib erlebt...

Das grüne Land wechselte irgendwann in braunes Land, wüstenartig ausgedörrte Ebene, aus der die abgebrannten Felder wie häßliche schwarze Flecken hervorstachen. Victor berichtete über die vielen Stämme, die weit unter uns ihr schweres Leben fristeten, die vielen Kriege, die um dieses teilweise so ausgetrocknete Land geführt worden waren. Und so bekam ich nebenbei mit, warum wir ausgerechnet nach Kaduna flogen, eine erst 1913 von den Briten aus dem Boden gestampfte Stadt: weil Victors Vater die einstigen Kolonialherren bewunderte. Nichts war es mit der von Yemi beschworenen kulturellen Selbstbestimmung – statt dessen eine Stadt vom Reisbrett mit breiten Alleen. Nicht so afrikanisch, wie ich Nigeria kannte.

Der Zeitungsbau war ein kolonialer Zweckklotz. Mit einer ungewöhnlichen Selbstverständlichkeit nahm Victor mich zu seinen Gesprächen mit, stellte mich als »eine Freundin aus Deutschland« vor. In Deutschland waren damals elektrische Schreibmaschinen Standard, wurden die ersten Computer in die Büros gestellt, die Zeitungen schafften gerade den Bleisatz ab. Hier klapperten alte Remingtons, doch die Leute waren glücklich. Endlich durften die Zeitungsmacher drukken, was sie wollten. Unter dem gewählten Präsidenten Shehu Shagari herrschte für kurze Zeit Pressefreiheit.

Victor wollte die Pferderennbahn und den angegliederten Poloplatz der Stadt sehen, eine staubige Angelegenheit. In den Ställen fachsimpelte der Verlegersohn mit den Stallburschen. Das war eher seine Welt als der altertümliche Verlag. Nicht weit vom Poloplatz lag unser Hotel, das damals gerade fünf Jahre junge Hotel Durbar. Es verfügte sogar über Fernsehen in der Suite. Wir schalteten es allerdings nicht ein einziges Mal an …

Elegant sprang Victor in den Pool des Hotels, und ich, die Nichtschwimmerin, wartete, bis ich seinen sehnigen Körper mit einem Badetuch abtrocknen durfte. In der komfortablen Suite servierten uns elegante Etagenkellner perfektes britisches Essen. Ein festliches Essen gehörte für meinen Prinzen zum Vorspiel. Bevor er endlich vergessen konnte, daß er nicht nur Prinz war, sondern auch Mann.

Von einem fliegenden Händler hatte ich vor dem Hotel ein paar hübsche Schnitzereien aus dunklem Holz – Löwen, Elefanten und Antilopen – gekauft. Ich fragte Victor, ob es solche Tiere noch in freier Wildbahn gebe. Er stutzte einen Augenblick und strahlte mich dann an. »Ilona, das ist eine blendende Idee!«

Er meinte den Yankari-Nationalpark, ein 2200 Quadratkilometer großes Wildreservat etwa 250 Kilometer östlich von Kaduna. Am nächsten Morgen saßen wir wieder in der kleinen Maschine seines Vaters und waren auf dem Weg zum Jos-Plateau. Wir flogen bis zur Stadt Bauchi, wo Victor für uns einen Wagen samt Fahrer mietete, einen ziemlich verrosteten Landrover, der mir nicht sehr vertrauenerweckend erschien. Ebensowenig wie der Fahrer, Hassan, ein knochiger Mann in weißem, langem Gewand und mit weißem Turban. Hassan tat zwar sehr ehrerbietig, sah uns aber nicht in die Augen. Überhaupt verzog er nie eine Miene, egal, was noch kommen sollte. Victor lächelte mich aufmunternd an, also krabbelte ich in Hassans Gefährt hinein. Vielleicht hätte ich Victor darauf aufmerksam machen sollen, daß ich bei Überlandfahrten in diesem Land schon unangenehme Überraschungen erlebt hatte. Aber er war so voll positiven Schwungs.

Das Jos-Plateau ist eine fruchtbare Hochebene, ein nigerianischer Garten Eden, in dem Gemüse angebaut wird. Das Klima war angenehm und nicht so heiß. Victor gab sich Mühe, nicht den reichen Mann aus London herauszukehren, und befragte Hassan über sein Gefährt aus England. Es hatte

200 000 Meilen nigerianischer Land- und Sandstraße absolviert …

Das Gras der Savanne war recht hoch und saftig grün. Löwen, Elefanten, Giraffen, Geier, Affen – all diese Tiere hatte Hassan uns versprochen. Doch erst mal sahen wir kein einziges davon. Mindestens zwei Meter hohe, rostrote Termitenhügel ragten auf, mit gezackten Türmen wie gotische Miniatur-Kathedralen. Hassans Ehrgeiz, uns die versprochenen Tiere zu zeigen, wuchs. Immer tiefer lenkte er den Wagen in dichte Vegetation. Endlich sahen wir in einiger Entfernung eine Herde Elefanten, eine Gruppe von etwa acht Tieren. Es war bereits nachmittags, die Sonne hatte ihren höchsten Punkt verlassen. Um besser sehen zu können, streckten wir die Köpfe durch eine Luke im Dach des Landrovers. Die grauen Riesen nahmen keine Notiz von uns.

»Fahren Sie uns ein bißchen näher ran«, bat Victor. Hassan legte knirschend den Gang ein und ließ das Gefährt über den unebenen Untergrund rumpeln. Der laute Motor des Rovers störte die Elefanten nicht. Mit den Ferngläsern sahen wir die Tiere recht gut. Sie fächelten sich mit ihren erstaunlich großen Ohren Kühlung zu. Hassan stand neben uns und suchte die Gegend ab. Plötzlich deutete er in eine ganz andere Richtung.

»Sehen Sie da drüben. Da ist ein Löwe. Sie haben wirklich Glück!«

In der angegebenen Richtung mußte ich lange suchen, bis ich in der Astgabel eines Baumes tatsächlich einen hellbraunen Fleck ausmachen konnte. Ich hörte wieder das ungesund klingende Ratschen aus dem Motorraum, als Hassan schaltete, um den Wagen näher an das Objekt unserer Neugier heranzufahren. Der Motor heulte kurz auf, aber das Auto bewegte sich nicht. Hassan wiederholte die Schalterei, es kratzte noch lauter; schließlich rumpelte der Wagen weiter. Während wir uns stehend am Dach festhielten, fuhr Hassan langsam näher an die Löwin heran. Ein Schwarm Vögel stieg auf. Die Elefanten liefen ein paar Schritte weiter, verharrten. Die Löwendame, inzwischen etwa 200 Meter links von uns, rührte sich nicht. Schlafend lag sie in der Gabelung eines Baumes.

»Wir müßten kurz vor Sonnenuntergang hier sein«, sagte Victor, »dann wäre die Lady vielleicht etwas munterer.« Ich sah Victor an. Hatte er denn nicht mitbekommen, daß mit dem Rover etwas nicht stimmte? Victor genoß die Natur – während meine Sorge mehr unserem Rückweg galt. Ich nahm mein Fernglas und suchte die Savanne ab, aber nicht nach Tieren, sondern nach anderen Autos. Doch da waren keine. Hassans Safari-Ehrgeiz hatte uns weitab von der befestigten Straße in den Park hineingeführt.

»Hassan, meinen Sie, wir finden ein paar Giraffen?« fragte Victor in bester Safari-Laune.

Ein lautes Krachen aus dem Motorraum – der Motor jaulte gepeinigt auf, das altersschwache Gefährt bewegte sich keinen Meter weiter.

»Das wird wohl das Getriebe sein«, meinte Victor gelassen.

Verlassen Sie den Wagen nicht, hatte das Schild am Parkeingang gewarnt. Hassan stieg aus dem Landrover, öffnete in aller Ruhe die Motorhaube und blickte hinein. Ich sah Victor an. Ein ironisches Lächeln spielte um seinen Mund.

»Ilona, das ist Afrika. Es passiert, was eigentlich nicht passieren sollte. Ist das nicht interessant?«

Ich hätte wohl auch ein paar Jahre Oxford absolvieren müssen, um das Leben so gelassen beurteilen zu können! Doch leider gab es nicht nur eine Löwendame und einige Elefanten in unserer Nähe, sondern viele in ihrer Blutgier nicht zu unterschätzende Mücken, die sich über unsere Haut hermachten. Victor schloß das Dach, und wir klatschten Mücken.

Der sandfarbene Landrover war in der grünbraunen Savanne mit Sicherheit schlecht auszumachen. »Wir sollten vielleicht hupen«, schlug Victor vor. Hassans Blick in den Motorraum hatte lediglich eine simple Erkenntnis gebracht: »*Engine broken.*« Motor kaputt.

Während wir schwitzend im Wagen warteten und hupten, war Hassan auf das Dach seines Gefährts geklettert. Wir hörten ihn durch das Blech hindurch unablässig vor sich hin sprechen. Ob er Allah oder die Geister der Vorfahren um Beistand anflehte, verriet er uns nicht. Wir begannen uns jedoch bald Sorgen um den guten Mann zu machen. Denn erst verschwand die Löwendame und war in dem schulterhohen Gras nicht mehr auszumachen. »Hassan, kommen Sie rein«, rief Victor, um zu verhindern, daß Hassan vor unseren Augen zum Appetithappen einer Löwendame wurde. Vom Gras bis zum Auto war es allenfalls ein Meter. Ein Sprung aufs Autodach, und um Hassan wäre es geschehen gewesen.

Also kam Hassan in den Wagen zurück und übernahm schweigend den Hup-Job. Ein mächtiger Elefantenbulle trottete mit erhobenem Rüssel geradewegs auf uns zu. Ob er die Hupe abstellen wollte? »Ich glaube, Hassan sollte mit der Huperei aufhören«, sagte ich mit zitternder Stimme.

»*Stop honking*«, sagte Victor knapp. Hassan gehorchte, doch der Elefant kam trotzdem näher. Mit dem Rüssel fingerte er an den Scheiben entlang. »Ich glaube, er will was zu essen«, mutmaßte Victor. »Wenn wir ihm nichts geben, wird er gehen.«

Der gefrustete Dickhäuter verzog sich tatsächlich. Allgemeines Aufatmen. Unsere Situation war trotzdem unverändert. Wir schwitzten in einer Rover-Sauna und erzählten uns gegenseitig von unserem Leben. Es war das erste Mal, daß ich einem Menschen die leidvolle Autogeschichte erzählte.

»Dann war es aber mutig von dir, mit mir auf diese Safari zu gehen«, meinte Victor.

»Ich dachte, ich hätte genug Abenteuer mit Autos erlebt.«

»Du hast recht«, sagte Victor, »unser nächster Ausflug wird mit dem Boot sein.« Er lachte mich schelmisch an und legte den Arm um mich. Ich bettete meinen schweißnassen Kopf an seine Schulter. »Glaubst du eigentlich an das Schicksal? An so was wie Vorbestimmung?« fragte er und blickte träumerisch in die wunderschöne Landschaft. Es war ein Moment, als wären wir beide aus der Zeit gefallen, als hätte die Erde aufgehört, sich zu drehen. Die Autopanne hatte uns aus allen Planungen herausgeworfen. Niemand konnte uns hier erreichen. Eigentlich ein beängstigender Gedanke angesichts unserer Lage, aber auch ein traumhaft schöner Moment. Mitten in der ursprünglichen Natur neben einem Mann, der meine Nähe genoß. Ich entspannte mich und ließ mir sanft den Nacken massieren.

Mila fiel mir ein, die Beraterin. Sie hatte mir nach meiner Rückkehr aus dem Dorf der Hexen doch noch die Kauris geworfen. »Du wirst einen Mann treffen. Er ist anders als alle anderen«, las sie in ihrem Orakel. Aber dann gab sie wieder ihren häßlichen Schnalzlaut von sich. »Du mußt auf euer Glück aufpassen. Da ist etwas, daß gegen eure Liebe arbeitet. Es kann sein, daß es diese Liebe zerstört.«

Das Orakel sagt dir nur deinen Weg voraus. Wenn du diesen Weg kennst, dann kannst du ihn ändern. Das ist der Sinn des Orakels, hatte sie gesagt.

Ich genoß Victors Nähe und fragte mich, wie ich unser Glück beschützen könnte. Und überhaupt – vor wem? Vor Löwen und Elefanten? Der Gedanke ließ mich lächeln.

»Du glaubst nicht an das Schicksal«, sagte Victor. In seiner Stimme schwang leichte Enttäuschung mit.

»Ich weiß es noch nicht«, erwiderte ich faul und genoß sein Kopfkraulen.

»Was muß geschehen, damit du es weißt?« fragte er und beugte sich zu mir runter, um mich zart zu küssen.

»Das reicht mir erst mal als Beweis.« Ich lachte und umschlang seinen Kopf mit beiden Armen. Nein, ich wollte keinen Beweis. Denn wenn Milas Worte stimmten, dann mußte ich den Moment mehr schätzen als die Zukunft. Nach all dem, was ich durch Mila bereits erfahren hatte, gab es Kräfte außerhalb unserer Vorstellungskraft. Energien, die es zum Beispiel einer Frau in 400 Kilometer Entfernung möglich machten, mich zu sich rufen.

»In welcher Religion bist du eigentlich erzogen worden?« fragte ich Victor später.

»Anglikanisch«, sagte er, »aber der christliche Glaube scheint mir nicht ausreichend Antworten auf alle Fragen zu geben. Mein Vater hat mir geraten, mich mit der Ifa-Religion zu beschäftigen. Ifa sagt, daß Spirituelles und Materielles eine Einheit sind. Unsere Havarie hier erklärt sich daraus. Der Geist unseres Fahrers befindet sich nicht im Einklang mit der Maschine, die er bedient. Darum versagt sie ihren Dienst, wenn sie am nötigsten gebraucht wird. Wenn wir uns jetzt mit dem Schicksal des kaputten Motors identifizieren, dann werden wir auch versagen. Darum ist es das beste zu tun, was wir gerade machen. Wir warten ganz entspannt und vergessen das kaputte Auto nach Möglichkeit.«

»Und wenn uns keiner findet, Victor?«

»Wir werden gefunden. Sieh mal da, über unserem Auto fliegen große Vögel im Kreis. Das könnten Geier sein.«

»Victor, die wollen uns fressen!« rief ich bang.

Er kraulte mich unbeeindruckt weiter, massierte meine Schläfen. »Vielleicht haben sie das vor. Aber gleichzeitig machen sie auf uns aufmerksam.«

Er hatte recht. Zwei freundliche Park Ranger erschienen noch vor Sonnenuntergang, ließen uns in ihren Toyota-Geländewagen wechseln und lieferten uns in einem unscheinbaren Hotel ab. Hassan mußte seinen Landrover in der Wildnis zurücklassen, worüber er in lautes Wehklagen ausbrach.

Es gibt, das weiß ich heute, im Yankari-Park eine schöne Hotelanlage, die wie ein afrikanisches Dorf angelegt ist. Die Wildhüter aber schafften uns ins erstbeste Hotel am Rand des Parks. Die gigantischen Termitentürme davor stimmten uns auf eine Übernachtung der besonderen Art ein. Zu essen gab's Erdbeeren, frisch gepflückt auf dem Jos-Plateau, süß und fruchtig. Und zwei Betten mit löchrigen Decken. Heute steht das Hotel bestimmt nicht mehr – die Termiten haben es gewiß längst vertilgt. So wie Koran und Bibel im Nachtschrank. Und die Füße des Nachtschranks. An denen machten sie sich nämlich damals lautstark zu schaffen – ein ständiges Quietschen. Es störte uns nicht. Um wieviel romantischer war es hier, verglichen mit dem perfekten Betonklotz in Kaduna. Ich hätte nie gedacht, daß ich nur kichern würde, wenn mir eine Kakerlake am Bein hochkrabbelt. Victor schnipste sie elegant fort. Wäre ich mit John im gleichen »Hotel« gewesen, hätte ich bestimmt gezetert und die ganze weitere Nacht kein Auge zugetan.

»Sind das Hunde, die da bellen«, fragte ich.

»Hört sich wie Affen an«, sagte Victor.

Da fiel draußen laut scheppernd ein metallischer Gegenstand zu Boden.

»Affen?« fragte ich.

»Wahrscheinlich Hyänen«, murmelte Victor. »In den Mülltonnen sind bestimmt Abfälle, die sie sich holen.«

»Hast du keine Angst?«

»Hyänen fressen nur Aas«, antwortete er in die Dunkelheit hinein. »Und wir sind doch sehr lebendig, oder?«

Sollten draußen doch afrikanische Urgewalten toben. Ich schmiegte meinen Kopf auf die Brust meines Prinzen und lauschte dem Pochen seines Herzens. Es klang sehr beruhigend.

Der Geist mit den rückwärtsgerichteten Füßen

Seit Yemis Tod waren einige Wochen vergangen. Ich hatte nicht mehr geglaubt, daß Abiola sich wieder bei mir melden würde. Doch plötzlich stand er vor meiner Tür. Ich freute mich unglaublich, ihn zu sehen, und empfand gleichzeitig Scheu, diese Freude zum Ausdruck zu bringen. Ich wollte ihm viel erzählen, und vor allem hatte ich Arbeit für ihn. Denn ich hatte meinem Vater leichtsinnigerweise von Nickel und dessen Machenschaften erzählt.

»Du brauchst einen Hund, der dich beschützt«, hatte Papa gesagt. Und wie ich zu einem Hund kommen würde, wußte er auch schon. Meine Schwester Monika wartete nach dem Abitur auf einen Studienplatz und hatte Zeit. Sie wollte mich besuchen kommen und bei der Gelegenheit einen Wachhund für mich mitbringen. Ich bat Papa, mir einen Airdale-Terrier zu besorgen, so einen großen Teddy-Hund. Statt *eines* Hundes kamen zwei. Was mein Vater tat, das tat er gründlich. Der Anfang war vielversprechend: Keiner der Flughafenarbeiter traute sich an die Hundekäfige. Denn statt eines Airdales brachte Monika zwei Doggen mit! »Das sind richtige Wachhunde. Die passen wirklich auf dich auf«, sagte Vater am Telefon.

Die eine Dogge war schwarzweiß gefleckt, die andere braun-schwarz gestromt. Sie waren vier Monate alt und hatten schon enorme Ausmaße – sie paßten gerade noch in die Transportboxen. Abiola hatte die notwendigen Einfuhrpapiere mitgebracht. Gemeinsam hievten wir die Boxen auf einen Kleinlaster, den ich mir ausgeborgt hatte. Es dämmerte schon, als wir endlich vom Flughafen wegkamen. Die erste

Polizeikontrolle ließ nicht lange auf sich warten. Monika blickte mich entsetzt an, als zwei Polizisten auf unseren Pritschenwagen zukamen – mit Gewehren.

»Oje«, stöhnte ich, »jetzt geht das wieder los! Die wollen immer Geld. Die reinste Wegelagerei, sage ich dir. Es dauert zehn Minuten, und unter fünfzig Naira Bestechungsgeld geht es bestimmt nicht ab.«

Der Polizist trat arrogant ans Fenster: »*God dey, ma'am.* Sie sind zu schnell gefahren.«

»Das kann nicht sein, Sir, ich bin ...«

Weiter kam ich nicht. In diesem Moment ertönte von hinten ein beherztes, tiefes: Wau! Und als Antwort darauf, etwas tiefer, noch beherzter: Wau! Wau!

Der Polizist sprang zurück, riß seine Waffe hoch, starrte auf die Ladefläche, sah die beiden Doggen, die in ihren Boxen standen und ihrerseits den Polizisten anglotzten. Sein Kollege rührte sich überhaupt nicht mehr. »Okay, ma'am, ist okay. Gute Fahrt.«

»Ich weiß gar nicht, was du willst, Ilona. Die waren doch ganz nett«, kommentierte Monika.

»Haben die Doggen eigentlich schon Namen«, fragte ich.

»Die gestromte heißt Baatzi, die gefleckte Dolly.«

»Dolly – wie Püppchen?« Abiola lächelte. »Das ist ein passender Name ...«

»Ich glaube, Vater hatte recht, Monika. Doggen sind eine gute Idee für Nigeria«, meinte ich.

Das waren sie tatsächlich. Bei einer Polizeikontrolle reichte es von nun an, wenn ich das Fenster runterkurbelte und freundlich nach des Beamten Begehr fragte. Dann schob Dolly neugierig ihr nettes Hundegesicht an mir vorbei. Ein bemerkenswertes Gesicht: die eine Seite schwarz, die andere weiß. In der schwarzen Seite ein blaues Auge, in der weißen

Im Kreise von Johns Familie.

Johns Verwandte haben sich für den Kirchgang feingemacht.

Janet und Bobby, meine Kinder aus der Ehe mit John.

Yemi war mir eine gute Freundin. Durch sie gewann ich einen tiefen Einblick in das Leben nigerianischer Frauen.

Mein Freund Abiola mit seiner jüngsten Tochter.

Der Krokodilschädel samt Sonnenbrille wurde zu einem Fetisch, der Gefahren von mir abwehren sollte.

Tradition und Moderne: Am Geländewagen hängt das Fell einer Ziege, in dem Wasser für die Fahrt kühl gehalten wird.

ein braunes. Ihre lange Zunge hing ihr aus dem Hals, die roten Lefzen tropften.

»Ist okay, Ma'am. Gute Fahrt.«

»Nette Polizisten«, sagte Monika.

»Finde ich auch«, stimmte ich zu.

Ich schob Dollys Kopf zurück, kurbelte das Fenster wieder hoch, fuhr los. Die Polizisten starrten uns entgeistert nach. Dolly schüttelte sich. Der Sabber flog gegen die Fenster. Es hat eben alles seinen Preis.

Apropos Preis – auch das Hundefutter in Afrika war teuer. Doggen stehen nun mal auf riesige Portionen Frischfleisch. Ich verfütterte es mit ausgesprochen gemischten Gefühlen an meine teuren Tiere. Rons und Kens Blicke entgingen mir nicht, wenn sie Baatzi und Dolly saftiges Fleisch hinstellten. Während sie und ihre Familien tagein, tagaus die *garri*-Pampe aßen. Ich konnte durchaus verstehen, daß sie sich das Fleisch schnappten und den Doggen *garri* gaben, wenn ich nicht aufpaßte.

»Die Doggen müssen jeden Tag Fleisch und Knochen zu fressen kriegen. Ohne das darin enthaltene Kalzium bekommen sie Rachitis. Sie sind noch im Wachstum, Ilona«, warnte Abiola. Fortan achtete ich sorgsam darauf, daß meine vier Vierbeiner tatsächlich das ihnen zugedachte Essen bekamen. Die Katzen Fisch, die Hunde Fleisch.

Die Doggen wuchsen enorm schnell. Niemand traute sich mehr in den Garten, wenn Baatzi und Dolly draußen herumsprangen. Auch Ken nicht, der den Garten zu versorgen hatte. Allerdings gab's bald nicht mehr viel zu versorgen: Baatzi und Dolly gruben alles um. Bei den Deutschen im Viertel sprach sich rasch herum, daß meine Hunde wesentlich wirksamer waren als zum Beispiel der von allen gehaßte Esel Nickels. Bald kamen die ersten Anfragen, ob ich nicht eine der beiden verkaufen wollte. Aber ich hatte meinen beiden

Riesenbabys schon zu sehr ins Herz geschlossen. Statt dessen leitete ich die Anfragen an meinen Vater weiter. Hunde-Import war wesentlich einfacher als Auto-Import. Und Abiola bekam immer mehr dankbare neue Kunden.

Meine Schwester sollte von Afrika natürlich soviel wie möglich zu sehen bekommen. Andererseits stand Victors Rückkehr nach London unaufschiebbar bevor. Er hatte mir ja noch einen Ausflug versprochen – mit dem Boot. Abiola und Victor, die sich schon durch ihre gemeinsame Liebe zu den Tieren bestens verstanden, steckten die Köpfe zusammen und kamen zu dem Schluß, daß wir eine Kanufahrt durch die Lagunen östlich von Lagos machen sollten. Abiola packte Baatzi ins Auto und bat Monika auf den Beifahrersitz; ich folgte mit Victor und Dolly im zweiten Wagen, dem standesgemäßen Jaguar meines Prinzen. Victor fand unsere tierischen Leibwächter *»very sophisticated«*. Daß die eigentlich harmlosen Hunde durch ihre pure Gegenwart abschreckend wirkten, entsprach seinem trockenen britischen Humor.

In Ejinrin am Rand des Regenwalds, der sich entlang der Bucht von Benin hinter Mangrovensümpfen und breiten Lagunen Hunderte von Kilometer entlang der Küste erstreckte, fand Abiola zielsicher, was wir suchten – Kanus. Lange ausgehöhlte Baumstämme, die je nach Größe von einem oder mehreren Einheimischen gelenkt wurden.

Abiolas Begleitung (und natürlich die Anwesenheit der Doggen) ersparte uns einen Wächter für die Autos, dessen Anmietung dringend empfohlen worden war. Victors Jaguar hätte in seiner Abwesenheit mit Sicherheit einen neuen Besitzer gefunden... Wir ließen Abiola, der sich mit den Dialekten wesentlich leichter tat, für uns den Preis eines Tagestrips inklusive zwei Paddlern aushandeln. Während Abiola noch feilschte, kam ein junger, ziemlich muskulöser Bursche auf uns zu. Das heißt – er kam auf Monika zu, meine hübsche

19jährige Schwester. Der schlaksige Kerl winkte ihr zu, und Monika folgte der Einladung. Der junge Mann verfügte über ein etwa sechs Meter langes Kanu.

»Spezial-Preis für dich und deine Freunde«, sagte er auf Pidgin-Englisch.

»Ilona, komm doch mal!«

Der Bursche verstand sein Handwerk. In seinem Kanu lagen bereits ein paar Kissen, und sein Freund drückte Monika ohne viele Umschweife einen breitkrempigen Strohhut auf den Kopf. Ich mußte nicht lange warten und bekam auch einen. »Schutz gegen die Sonne«, sagte der Junge. Das klang einleuchtend. Als er Victor ebenfalls einen Hut in die Hand drückte, kam Abiola mit seinem Bootsmann zu spät – wir entschieden uns für Eze, wie der sportliche Knabe hieß.

Sein Freund, den er als Chidi vorstellte, war zwar wesentlich weniger redselig, bereitete aber unterdessen das Boot – man nennt es *piroge* – für den Trip vor. Auf den Boden streute er Gras, auf das er Schilfmatten legte. Eze schleppte unsere zwei Kühlboxen mit Essen und Getränken vom Jaguar zum Schiff. Abiola, der Mediziner, hatte uns ermahnt, feste Schuhe zu tragen, da man sich über das Wasser mit Bilharziose infizieren kann. Monika und ich trugen deshalb Sportschuhe, Victor edle italienische Schnürschuhe zum obligatorischen baumwollweißen Leinen-Outfit. Daß die teuren Klamotten nach diesem Trip Schrottwert hatten, ist natürlich nur die kleinkarierte Anmerkung einer peniblen Deutschen. Victor dachte in anderen Dimensionen; solche Dinge waren nebensächlich.

Die Kleidung war in dem schmalen Boot mit dem gerundeten Boden allerdings meine geringste Sorge: Die Bedenken einer Nichtschwimmerin gelten in solchen Situationen eher der Frage, ob sie lebend wieder an Land kommt... Das dunkle Wasser mit seinem leicht modrigen Geruch, die vielen verschiedenen Grüntöne der Bäume und das lautlose Dahingleiten ließen mich meine Befürchtungen bald vergessen.

Vögel mit buntschillerndem Gefieder, die krächzende, pfeifende, lockende Laute ausstießen, durchbrachen die Stille. Wie ein dichter Vorhang verbarg das rankende Grün der Bäume das Innere des Regenwaldes. In schmalen Seitenarmen blinkten wie bei einem verbotenen Blick durchs Schlüsselloch farbenprächtige Wasserblumen.

Hin und wieder sahen wir Fischer, die ihre Netze in weitem Bogen ins Wasser warfen. In einem Seitenarm beobachtete ich einen, der eine eigentümliche Methode hatte, Fische anzulocken: Er streute zuerst ein Pulver auf die Wasseroberfläche. Ich fragte den vor mir gleichmäßig paddelnden Eze, ob das eine rituelle Handlung sei. Und bekam eine Antwort, die ich damals für einen Witz hielt: »Nein, Miß, das betäubt die Fische.«

Ich habe später erfahren, daß es tatsächlich Pflanzen gibt, deren zerstoßene Samenhülsen auf die Kiemen der Fische wirken und die Atmung lähmen. Die Fische treiben dann kieloben auf der Wasseroberfläche, wo sie mit einem großen Netz eingesammelt werden. Eine Methode, die natürlich nur in praktisch stehenden Gewässern wie dem Rand der Lagune eingesetzt werden kann.

Eze lenkte das Kanu ans Ufer und sprang flink an Land. Zeit für den Bummel an ein paar Pfahlbauten entlang – und ein Picknick. Während sich Chidi abseits hinhockte, setzte sich Eze zu uns. Er erzählte viel von sich, zum Beispiel, daß er katholisch getauft und überhaupt viel westlicher als sein Vetter Chidi sei. Chidi glaubte noch an den »Unsinn« der Leute vom Fluß. Ich wurde natürlich hellhörig und fragte, was er damit meine.

»Die Krokodile. Wollt ihr sie sehen?«

Natürlich wollten wir! Chidi protestierte zwar, was wir nur

an seiner Stimmlage erkannten, aber Eze setzte sich durch. Er versprach sich wohl ein höheres Trinkgeld, wenn er uns etwas *action* bot. Unsere beiden Paddler lenkten das lange Boot in einen Seitenarm. Die Zweige der Bäume berührten dort fast die Wasseroberfläche. Eze wurde immer gesprächiger. Dies sei das Land der *earthspirits*, sagte er, der Erdgeister. Sie benutzten die Körper von Krokodilen, um sich zu tarnen. Die Menschen an den Flüssen verehrten sie und brachten ihnen Opfer. Es gäbe allerdings auch mißgestaltete *earthspirits*, deren Füße rückwärts gerichtet waren. Sie waren zwar nur 80 bis 120 Zentimeter groß, aber so stark, daß sie die Boote der Fischer umwerfen konnten und die Fischer auffraßen.

Wir sahen zwar tatsächlich ein paar Krokodile im Wasser schwimmen, aber sie erschienen mir zu klein, um ein Boot zum Kentern bringen zu können. Tiefer in den Büschen lagen allerdings dickere Exemplare, zwischen zwei und drei Meter lang, die sich einen Mittagsschlaf gönnten.

»Ist wohl noch nicht die Stunde der Geister«, meinte Victor trocken.

»Haben Sie noch ein paar Naira? Dann zeige ich Ihnen den Schrein, an dem für die Krokodile geopfert wird«, schlug Eze vor. Den Protest von Chidi ignorierte er. Das Boot fuhr jetzt durch Wasser, das von einem grünen Teppich aus Algen bedeckt war, auf dem Wasserlilien schwammen. Eze hielt auf eine sandige Stelle zu und sprang elegant an Land. Chidi schimpfte ihn, aber Eze lachte ihn aus. Zur Mittagsstunde seien die Krokodile viel zu faul, um sich zu bewegen, sagte er zu uns. Und bis zum Schrein seien es nur fünf Minuten. Für nur fünfzig Naira sei er bereit, uns etwas zu zeigen, das ein *òyìbó* sonst nie zu sehen bekäme. Wir zögerten. Fünfzig Naira, das war ein zweieinhalbfacher Wochenlohn. Es mußte also etwas Besonderes sein …

Anfangs war der Weg noch gut zu erkennen, doch dann

versperrten Ranken die Sicht. Der Boden, vom Wasser getränkt, war weich und vermittelte das Gefühl, auf quietschnassen Wolken zu gehen. Vor einem Busch blieb Eze stehen, mit beiden Armen zerteilte er das Dickicht. Meine Schwester stieß einen spitzen Schrei des Entsetzens aus. Neugierig schob ich meinen Kopf an ihr vorbei. Umrankt von Blättern, stand dort eine dunkle Schale, in der ein geköpftes Huhn lag. Rund um die Schale waren Reste von Federn und dunkles Blut. Etwas erhöht hing in den Ästen eines Baums eine Maske mit dem aus Holz geschnitzten Kopf eines Krokodils. Der ganze Ort war über und über mit Ungeziefer übersät, Käfern, Maden und dicken Fliegen.

»Der *earthspirit* kommt hierher, um zu essen«, sagte Eze.

»Guten Appetit«, meinte Victor, »wir sollten besser gehen, bevor die Moskitos uns auffressen.«

»Warten Sie!« rief Eze. »Sie haben die Krokodile noch nicht gesehen. Sie sind im See hinter dem Schrein. Ich locke sie an.«

Aber Victor hatte bereits meine Hand ergriffen und zog mich fort in Richtung Chidi, der schon den Weg zum Kanu zurückging. Ich sah mich zu Monika um, die offensichtlich noch zu den Krokodilen wollte. Von Eze sah ich nichts mehr. Er war bereits im Gestrüpp verschwunden. Ich hörte noch sein: »*Come, Monika!*«

Monika rief uns zu: »Wartet doch noch einen Moment!«

Sie rief es im gleichen Augenblick, in dem wir einen verzerrten, langgezogenen Schrei hörten. Dann herrschte Stille. Eine schreckliche Stille. Im nächsten Augenblick sauste Chidi an uns vorbei, schob die verdutzte Monika zur Seite und war zwischen den Blättern verschwunden. Nun rannten auch Monika und wir los, durch die Blätterwand hindurch. Wir prallten auf Chidi, der uns seinen Arm entgegenstreckte und vorsichtig zurückwich.

Vor uns lag ein von Ranken überwucherter kleiner See. Dessen Wasser schien zu kochen. Die giftgrüne Flockenschicht auf der Oberfläche spritzte in alle Richtungen. Dazwischen sahen wir die dunkelbraunen Schwanzspitzen von Krokodilen, die auf das Wasser schlugen. Und den braunen Arm eines Mannes, der verzweifelt nach einem Halt suchte, den es nicht gab. Kurz tauchte das grüngesprenkelte Gesicht von Eze aus der Brühe auf und verschwand dann wieder. Chidi schrie etwas, Victor versuchte geistesgegenwärtig, von einem Baum einen Ast abzubrechen. Biegsam wie Gummi schnellte der Ast zurück. Dann ein spitzer Schrei von Monika. Ihr Arm deutete auf ein Krokodil. Es war nicht sehr groß, vielleicht einen Meter lang, und kroch wieselflink in das Wasser, in dem Eze mit dem Tod kämpfte. Gleichzeitig merkten wir, daß wir bereits bis zu den Knöcheln im Matsch steckten und der Untergrund weiter nachgab.

»Zurück auf den Weg!« rief Victor.

Gegenseitig halfen wir uns aus dem Sumpf. Verschreckt und zitternd standen wir wieder vor dem häßlichen Krokodil-Schrein und sahen uns ratlos an. Wir befanden uns mitten im Regenwald und hatten keinen Führer, der uns wieder hinausbrachte.

»Wartet bitte. Ich sehe nach, was der andere macht«, sagte Victor. Ich hatte solche Panik, daß ich nur stumm nickte und Monika in den Arm nahm. Victor sah sich nach einem Ast um, den er mitnehmen konnte, und verschwand in den Blättern. Es dauerte nicht lange, und er trat wieder aus dem Blättervorhang hervor. »Wir gehen zum Schiff zurück«, sagte er und nahm mich bei der Hand. Schweigend marschierten wir durch den Urwald, voller Angst, den Weg nicht zu finden.

»Was ist mit dem anderen Mann, mit Chidi?« fragte ich Victor schließlich.

»Es wimmelt da vor Krokodilen«, sagte Victor, »ich bin

weggelaufen, Ilona. Vielleicht hätte ich ihm helfen sollen. Aber ich tauge nicht zum Helden.« Er lächelte schief. »Tut mir leid.«

Ich strich sanft über Victors Gesicht. »Eze wußte doch, daß hinter dem Schrein die Krokodile sind. Dann wird er auch gewußt haben, daß den See ein Sumpf umgibt. Er hat sich bewußt in Gefahr gebracht.«

»Für fünfzig Naira, Ilona, hat er sein Leben aufs Spiel gesetzt, um uns etwas zu bieten«, sagte Victor. »Wir wissen nicht mal, ob er Familie hat. Unsinn, natürlich hat er Familie, alle haben hier große Familien.«

Wir beschlossen, eine halbe Stunde im Kanu zu warten, ob Chidi zurückkam. Die Zeit kroch dahin. Schweigend warteten wir in der wundervollen Natur, deren Gefahren wir nicht sahen. Wie auf dem Präsentierteller saßen wir bereit für hungrige Krokodile. Nachdem die halbe Stunde vergangen war, nahm trotzdem keiner von uns die Paddel zur Hand.

Nach einer Ewigkeit erschien Chidi, völlig durchnäßt und von oben bis unten grün. Schweigend zog er ein Krokodil hinter sich her. Sein Gesicht war eine harte Maske aus Muskeln und Sehnen. Er hatte den Kopf des Krokodils mit einem braunen, lederähnlichen Band – Victor meinte, es stammte von Lianen – verschnürt. Vorder- und Hinterfüße waren zum Rücken hin hochgebunden, so daß das Reptil auf dem Bauch rutschte. Er zog das Krokodil ins Kanu, an das hintere Ende, und bedeutete uns einzusteigen. Zum Krokodil. Monika nahm den verwaisten Platz des verschwundenen Eze ein, ich ging in die Mitte, Victor setzte sich edelmütig auf den dem Krokodil nächstgelegenen Platz.

Chidi manövrierte uns geschickt aus dem Seitenarm heraus in das offene Wasser der Lagune. Stehend lenkte er das Boot durch die Mitte des Wassers, das dort mehr Strömung hatte. Ich warf einen Blick zurück auf Chidis verschnürte Beute. Es war ein schönes Tier mit hellbrauner Maserung in dunkler Panzerhaut. Ich versuchte, aus Chidi herauszubekommen, was er mit dem Reptil anstellen wolle. Er schwieg. Für die Rückfahrt brauchten wir höchstens eine halbe Stunde, die Strömung trieb uns mit sich. In Ejinrin, dem Ausgangspunkt des Trips, ließ Chidi das Boot ans Ufer gleiten. Helfende Hände zogen uns aus dem Kanu. Im Nu waren wir von einer Menschentraube umringt. Chidi schien ihnen aufgeregt von Ezes Schicksal zu erzählen. Einige Männer machten ihre Boote los und paddelten mit großer Geschwindigkeit in die Richtung, aus der wir gekommen waren.

Abiola hatte mit den Doggen in der Nähe der Autos gewartet und die Zeit genutzt, um sich ein bißchen an der Bootsanlegestelle umzuhören. Als wir ihm von Eze berichteten, schien er bereits im Bilde zu sein über die Schauergestalten vom Fluß, deren Füße verkehrt herum am Körper angewachsen waren.

»Was hat er mit dem gefangenen Krokodil vor?« fragten wir.

»Ich nehme an, er wird es zum *babalawo* schleppen«, erwiderte Abiola. »Er hält es für jenes Krokodil, das Eze getötet hat. Der *babalawo* wird versuchen, den Geist, der in dem Krokodil wohnt, zu besänftigen, damit er die Seele Ezes freigibt.«

Wir sahen uns ratlos an. Vom Wasser her hörten wir das Splittern von Holz. Chidi stand am Ufer und hieb mit einer Axt auf das Kanu ein, mit dem wir gefahren waren. Das Boot lief sofort voll Wasser und sank. »Er will das Boot nicht mehr benutzen«, erklärte Abiola. Denn der Geist mit den rückwärtsgerichteten Füßen hatte in diesem Boot gelegen. Auch wenn wir nur ein hübsches Krokodil gesehen hatten, das uns auf der Rückfahrt begleitete.

Der Weihnachtsflop

Seine Geschäfte riefen Victor nach London zurück. Er versprach, nach Weihnachten wiederzukommen, um dann ganz zu bleiben. Sechs Wochen ohne meinen Prinzen! Die dauernden Streitereien mit Nickel ließen es mir ratsam erscheinen, endlich einen eigenen Wagen zu haben. Ich erstand einen VW Passat, damit Monika, meine Kinder und meine Mutter, die Weihnachten kommen wollten, ohne Pannen durchs Land schaukeln konnten.

Vorher weihte ich das Auto mit Reisen zu zwei spirituellen Orten ein, die ich Monika (und mir) zeigen wollte. Abeokuta, heute ein Meer aus wellblechgedeckten Häusern, ist ein ehemaliger Zufluchtsort von Sklaven. Sie entkamen dorthin auf der Flucht vor den eigenen Königen, die sie ins Ausland – Nordamerika, Haiti, Brasilien – verkauften. Der Ort am heiligen Ogun-Fluß wird von einigen riesigen Felsbrocken überragt, die wirken, als wollten sie die Stadt und ihre Bewohner vernichten. Der Sage nach hatten die Götter das auch tatsächlich vor. Aber Opferungen hielten sie in letzter Sekunde davon ab. Auf einem der Felsen markiert eine Stelle ein blutiges Ritual: Hier wurden Weiße getötet, die den Fels sprengen wollten, weil sie in ihm Gold und Diamanten vermuteten.

Die Österreicherin Susanne Wenger machte den Ort Oshogbo über Afrika hinaus bekannt. Gemeinsam mit nigerianischen Bildhauern begann Frau Wenger in den sechziger Jahren, als sie selbst Anfang Vierzig war, einen heruntergekommenen heiligen Wald am Fluß Oshun zu einem sakralen Kunstwerk umzugestalten. Es entstanden teilweise monumentale, bizarre Häuser und Plastiken aus Zement und Holz, die in der hohen Luftfeuchtigkeit ständig instand gesetzt werden müssen: eine Sisyphus-Arbeit für die Götter.

Der Wald ist das Zuhause der *orishas*. Ihre Lebensaufgabe hat aus der zarten Weißen eine Priesterin gemacht, die dem Kult der Flußgöttin Oshun dient. Oshun steht in der Ifa-Religion für die weibliche Kraft, Fruchtbarkeit, Kreativität, Sinnlichkeit. Eine freundliche Göttin, die in der griechischen Mythologie ihre Entsprechung in Aphrodite findet. In ihrer haitianischen Voodoo-Variante, die auch in der Gegend um New Orleans zelebriert wird, wurde aus Oshun die mysteriöse Erzulie. Wenn mein religionsinteressierter Prinz aus seinem nebligen London zurückkehrte, wollte ich ihm den mystischen Wald zeigen. Das Leben von Frau Wenger bewies, daß der Yoruba-Glaube Ifa keineswegs eine Religion ist, die nur Afrikanern vorbehalten ist. Denn diese erstaunliche Frau wird von den Einheimischen als Priesterin, als *olorisha*, verehrt.

Der zwanzigste Geburtstag meiner Schwester rückte immer näher. Da sie ihn zu Hause mit ihren Freunden feiern wollte, bat ich Femi, zum Flughafen zu fahren und den Rückflug zu buchen. Freudestrahlend kam er zurück. »Ihre Schwester wird Gesellschaft haben, Ma'am. Ihr Mann John fliegt mit der gleichen Maschine.«

»Um Himmels willen, Femi, stornieren Sie die Buchung. Sonst bekommt er doch raus, daß ich in Lagos bin!«

»Sorry, Ma'am, daran hatte ich nicht gedacht.«

So verschob sich Monikas Rückflug, und wir feierten ihren Zwanzigsten am Strand in Badagry, früher der Exporthafen für Sklaven. Für Monika, ein Kind kalter, grauer Novembertage, war es eine ganz neue Erfahrung, an ihrem Geburtstag im Meer zu schwimmen. Leider eine schmerzhafte: Das Meer hat dort gewaltige Unterströmungen, die Monika mit sich rissen. Die unglaubliche Kraft des Wassers schleifte sie am

Strand entlang. Mit blutigen Knien und Armen entstieg sie dem Meer.

Ihr verlängerter Aufenthalt brachte noch eine Erkenntnis: Ron, der Meisterkoch, der ein Herz für alle wasserarmen Nachbarn hatte, entpuppte sich nicht nur in bezug auf meine Wasservorräte als verräterisch. »Ilona, dieser Ron, ich glaube, der spioniert dir nach«, berichtete mir Monika eines Tages. »Er telefoniert jeden Tag mit einem Mister Nickel. Er sagt ihm, was du so tust.«

»Wirklich? Was hast du gehört?«

»Es ging um meinen verschobenen Rückflug. Ron hat Nikkel gesagt, daß ich nicht fliege, weil John auf der Maschine ist.«

Was konnte Nickel mit dieser, wie mir schien, lächerlichen Information schon anfangen? Viel! Doch das wurde mir leider erst später klar... Zur gleichen Zeit hatte der Steward meines freundlichen Kollegen Bernd gekündigt. Ich schwatzte ihm Ron auf, und er nahm den Meisterkoch gern. »Okay. Er kocht gut, und was soll er über mich schon erzählen? Mein Ruf ist ohnehin legendär...«

Ron gegenüber redete ich mich darauf hinaus, daß ich ein Kindermädchen einstellen wolle. Schließlich sollten vier Wochen später Janet und Bobby in Lagos eintreffen. Rons Platz in der Küche konnte Tessy nur mangelhaft ausfüllen. Ihr Speisenrepertoire umfaßte lediglich die afrikanische Küche. Blieb nur zu hoffen, daß Tessy mit den Kindern umzugehen verstand. Rons Kochkunst genoß ich fortan als Bernds Gast, Monikas Anwesenheit nur noch bis zum nächsten Flug Lagos – München. Von den Doggen bewacht, ging es zurück zum Flughafen.

»Und?« fragte ich meine Schwester, »was wirst du Mutti erzählen? War's schlimm bei mir in Afrika?«

Monika lächelte. »Etwas chaotisch. Aber ganz interessant«, sagte sie. Dann sah sie mich nachdenklich an. »Aber bist du sicher, Ilona, daß sich Bobby und Janet hier wohlfühlen werden?«

Auf der Rückfahrt überlegte ich, wieviel Gemeinsamkeiten zwischen einem Leben in Niederbayern und einem in Afrika bestanden ...

Das näher rückende Weihnachtsfest sollte nicht nur mir meine Kinder zurückbringen, sondern auch Abiola seine. So hatte ich es mir vorgenommen. »Abiola, du kannst die Mädchen nicht im Busch lassen. Sie sind an deutsche Weihnachten gewöhnt«, sagte ich.

»Du hast ja recht, Ilona. Aber ohne Yemi ist für mich Weihnachten kaum zu ertragen.«

Ich hatte eine Idee. »Wie wär's, wenn wir alle zusammen feiern?«

Bei meinen deutschen Kollegen war das Thema Weihnachten sehr beliebt. Allerdings sorgte sich außer mir keiner um die Beschaffung eines Baumes. Da es in Afrika keine Tannenbäume gab, flogen sie eben zu den Tannenbäumen. Fred, der Verkaufsingenieur, besaß einen Baum vom Vorjahr. Einen ein Meter kleinen Kümmerling aus Plastik mit buntem Kitsch dran, den er mir überließ. Er und seine Frau schwärmten schon seit Wochen von nichts anderem als dem Skifahren im Zillertal.

Nun stand das grüne Ding in meinem goldenen Käfig und harrte meiner weihnachtsmäßig arg verwöhnten Kinder. Von ihrem Opa waren sie an mindestens zwei Meter fünfzig große Nordmanntannen gewöhnt. Bobby und Janet würden meine afrikanische Sparausgabe nicht ernst nehmen. Abiola versuchte mir Mut zu machen. »Meine Mädchen werden so glücklich sein, einen Weihnachtsbaum zu haben – ihre Begeisterung wird deine Kinder anstecken.«

Vier Tage vor Weihnachten holte Abiola seine Mädchen aus dem Busch und brachte seine Mutter gleich mit. Eine richtig runde Mammi, die fast nur Yoruba sprach, dafür aber von ansteckender Freundlichkeit war. Auf ihre alten Tage fand sie es spannend, ein neues Leben in der Großstadt zu beginnen und ihrem Sohn helfen zu dürfen. Ich hoffte, daß meine Mutter den Wechsel von Niederbayern nach Lagos ebenso locker nahm.

Auf der Rückfahrt vom Flughafen schwitzten Janet und Bobby in meinem Passat.

»Puh, Mama, hier ist es aber heiß«, sagte Janet.

»Ich hab' Durst«, jammerte Bobby.

»Wann sind wir endlich da?« quengelte Janet.

»Ohne Stau eine gute halbe Stunde«, antwortete ich. »Wie lange habt ihr von Niederbayern zum Flughafen in München gebraucht?«

»Zweieinhalb Stunden, Ilona. Du kannst dir nicht vorstellen, wieviel Schnee bei uns liegt«, erwiderte Mutti.

»Wir waren schon ganz oft rodeln«, rief der vierjährige Bobby.

»Janet hat mit dem Skifahren angefangen«, sagte Mutti.

»Opa hat mir einen neuen, ganz teuren Skianzug gekauft.«

Eine gute Idee meines Vaters. Einen neuen Skianzug würde das Kind in Nigeria auf jeden Fall benötigen!

»Ich hab' Hunger. Halten wir bei McDonald's?« fragte Bobby.

Ich sparte mir die Mühe, ihm zu erklären, daß unsere Welt noch nicht so uniform war, daß es in Lagos Big Mac's an jeder Ecke gab. »Wir sind bald zu Hause«, beruhigte ich statt dessen. »Das Essen ist bestimmt schon fertig.«

»Wer kocht denn, Ilona?« fragte Mutti.

»Ich habe eine Köchin, Mutti. Sie gibt sich sehr viel Mühe.«

Aber es hätte auch schmecken müssen. Tessys Huhn war faserig und hart, der Reis klebte, die Sauce war zu scharf. Ein Mahl in schweigsamer Runde, mit spitzen Fingern unwillig auf dem Teller zerpflückt.

»Gibt's Pudding?« fragte Bobby.

Wenn der Junge geahnt hätte, welchen Umstand es bedeutete, hier Pudding nach deutscher Art zu bekommen. Und für welches Geld! Trotzdem war es nicht der richtige. Janet nörgelte, daß er nach Seife schmecke, und ließ ihre Schale stehen. Bobby war weniger wählerisch oder einfach nur hungriger. Er verputzte vier Portionen.

Wenigstens waren Frosty und Sternchen da. Janet stürzte sich mit all ihrer Liebe auf die beiden Miezen. Endlich was Vertrautes...

»Wie geht es denn den Hunden? Pinkeln sie noch in die Wohnung?« fragte Mutti.

Janet blieb lieber bei den Katzen im Haus, Bobby und meine Mutter gingen mit mir in den Garten zu den Doggen.

»So 'n großer Garten. Und so verwahrlost, Ilona. Kümmert sich denn da niemand drum?«

»Doch, Mutti, ich habe sogar einen Gärtner.«

»Ist der so wie die Köchin?«

Die Doggen kamen übermütig angerannt, ihre großen Pfoten wirbelten den Staub auf. Und dann stürzten sie auf Bobby zu. Sie hatten ziemlich genau seine Augenhöhe. Bobby floh hinter meine Mutter. »Oma, ich hab' Angst!« Damit war das Thema Garten für Bobby gestorben.

Später fragte Janet: »Mama, ist das da unser Weihnachtsbaum?«

»Ja, er ist süß, nicht?«

»Opas ist viel größer. Der geht bis zur Decke.«

»Habt ihr etwa schon Weihnachten gefeiert?«

»Wir sind ja Weihnachten nicht zu Hause.«

»Aber wir werden doch hier in eurem neuen Zuhause feiern.«

»Ach so.« Unglaublich, daß das Kind in zwei so nichtssagende Worte soviel Enttäuschung reinlegen konnte!

Der Heilige Abend brachte doch noch einen echten Höhepunkt: einen richtigen Weihnachtsbaum. Zwei Meter hoch, mit grünen – und zwar echten – Nadeln dran. Dazu zwei riesige Pakete. Eines mit Baumschmuck und Girlanden, eines mit Spielzeug für einen Jungen und ein Mädchen und französisches Parfüm für Mutter und mich. Ich war nahe dran, selbst noch an den Weihnachtsmann zu glauben. Bis ich dem beiliegenden Brief entnahm, daß dieser Weihnachtsmann Victor hieß.

Weihnachten, multikulturell, mit sechs Kindern, zwei Großmüttern, zwei verschiedenen Küchen: Tessy kochte für alle afrikanisch, Mutti hielt – so gut es die dürftigen Ressourcen zuließen – deutsch dagegen. Bei den Kindern – und mir – siegte in diesem Wettstreit Mutti um Längen. Und selbst Abiola legte mir nahe, den spionierenden Ron Bernd wieder abzuschwatzen: »Tessy ist eine lausige Köchin!« Das Fest an sich versuchten wir in eine fröhliche Kinderparty unter Victors Baum zu verwandeln, der seine Nadeln im Rekordtempo ablegte. Meine Kinder blieben sehr still. Meine Hoffnung, daß sich Abiolas Zweitälteste mit der fast gleichaltrigen Janet anfreundete, wurde nicht erfüllt. Die beiden Mädels brachten kaum einen Ton heraus. Bobby musterte seine Umgebung mit großen Augen und versteckte sich hinter Omas Rücken, als all die schwarzen Menschen mit ihm feiern wollten.

»Morgen fahren wir alle an den Strand«, versprach ich. Doch ich dachte nicht daran, daß Janet und Bobby auf ein Bad in den Wellen hofften. Wovon ich nach Monikas blutigem Badeerlebnis lieber Abstand nehmen wollte. Flop reihte sich an Flop: In der tropischen Sonne schwärmten die Kinder vom Schlittenfahren. Bobby quälten nachts Alpträume, laut weinend wachte er auf. In der nächsten Nacht peinigte ihn zum ersten Mal ein Asthma-Anfall.

Aber ich wollte nicht aufgeben. Wenn Janet erst mal in die Schule ging, würde sie Freundinnen finden. Hoffte ich. Und litt. Ich hatte nicht bedacht: Das Kind mußte jeden Morgen anderthalb Stunden lang mit dem Schulbus durch die verstopfte Stadt gebracht werden und abends wieder zurück. Gleichzeitig wurde Bobbys Asthma immer schlimmer, die dringend benötigte Medizin war einfach nicht aufzutreiben.

Mutti verschob ihren Rückflug bereits zum zweiten Mal. Ohne sie würde es überhaupt nicht gehen, denn vor Kindermädchen Tessy, die die Kinder auch nicht verstand, fürchtete sich Bobby so, daß er nachts in Alpträumen von ihr sprach.

Und das alles, während Strengfurt die zweite Produktionsstätte hochzuziehen begann, fast täglich Überstunden fällig waren. Nickel belauerte mich. Er erkannte ganz offensichtlich als erster, was ich mir nicht eingestand: Ich scheiterte an der Doppelbelastung.

Die Kölner Personalchefin, mit der ich mich angefreundet hatte, rief mich an, warnte, daß Nickel in Köln Stimmung gegen mich mache; es habe meinetwegen eine Krisenbesprechung gegeben. »Nickel sagt, Sie vernachlässigten Ihre Aufgaben. Er will, daß Sie gehen. Aber der Chef steht hinter Ihnen. Er hat eine Verlängerung Ihrer Probezeit abgelehnt. Aber er will Ihren hundertprozentigen Einsatz.«

Ein nächtlicher Erstickungsanfall Bobbys brachte die rasche Wende. »Der Junge braucht ein anderes Klima. Er verträgt die feuchte Hitze nicht«, sagte der Kinderarzt. Und ich hörte förmlich, wie alle aufatmeten. Zum Abschied kochte der zurückgekehrte Ron – zur allgemeinen Zufriedenheit. Aber es war zu spät. Die Kinder und Mutti flogen unwiderruflich zurück. Dorthin, wo ihr Herz zu Hause war – in Deutschland bei meiner Mutter und meinem Vater.

Nickel hatte meine Schwäche zu nutzen gewußt. Während ich – nun wieder als Single mit genügend einsamer Freizeit geschlagen – nächtelang über den Akten brütete, registrierte ich einen Fehlbetrag von einer halben Million Mark. Entnommen einem Sonderfonds der Strengfurt AG, um – wie es so nett hieß – die Geschäfte am laufen zu halten. Meine Recherchen ergaben eindeutig: Okoro hatte das gesamte Geld auf die Konten einer Firma gebucht, die Nickel selbst über Strohmänner in Lagos betrieb. Nach stundenlangem Aktenstudium riet auch Bernd mir, Nickel wegen Veruntreuung anzuzeigen. Ich kam nicht dazu. Nickel schickte mir einen Gast ins Haus: Das Gästehaus der Firma werde renoviert, und ich bewohnte allein ein großes Haus.

Dieter Scholl war ein weichlicher Typ, der die spärlichen blonden Haare quer über die Glatze frisierte. Als Vorarbeiter für den Aufbau von Fertigungsstätten hatte er die Montage der neuen Produktionsstätte zu beaufsichtigen. Scholl eilte ein Ruf als Weiberheld voraus. Man nenne ihn »den Hengst«, berichtete Bernd besorgt. Ich bat Ken zwar, für Scholl das Erdgeschoß herzurichten. Was den aber nicht davon abhielt, abends zu mir nach oben zu kommen. Ich bin nicht gerade jemand, der einen Gast hinauskomplimentiert, nur weil er mir nicht gefällt. Dafür bin ich zu höflich. Doch lange konnte ich diese selbstauferlegte Regel nicht einhalten. Scholl hielt mich für Freiwild.

Doch letztlich war Scholl mir egal. Es gab Wichtigeres: Victor kehrte aus London zurück! Mit einem Strauß roter Rosen stand er Mitte Januar in meinem vergitterten *living-room*. Trotz Hitze trug er einen weißen Anzug und eine weinrote Krawatte mit Pferdemuster, ein Gentleman-Import aus *merry old England.* Ken dienerte geradezu: Sir hier – Sir da. Ich grinste in mich hinein. An Victor perlte die förmliche Untertänigkeit ab.

Ja, ich war verliebt in meinen schönen Prinzen aus einer noch viel fremderen Welt. Doch nicht er allein hatte mir die innere Balance wiedergegeben, sondern mein ganzes neues Leben. Mit all seinen Stolpersteinen und Nickels Intrigen und Machenschaften. Ich war im Begriff zu lernen, mit all dem umzugehen. An der Seite von Victor klappte das leichter, keine Frage. Gleichwohl wollte er nicht in meinem Haus bleiben: Er habe eine Überraschung für mich. Ich wollte keine weitere Überraschung – *er* war für mich die Überraschung. Ein Kuß auf die Wange, *very british*, dann in perfektem Oxford-Englisch: »Es ist eine spezielle Überraschung. Sie wird dir gefallen.«

Zwei Autostunden samt Stau von meinem Haus entfernt, in Ikoyi, dem alten kolonialen Lagos, hatte Victor von seinem Vater ein Haus bekommen. Aber was für eins! In einem palmenbestandenen Park lag eine zweigeschossige weiße Villa mit grünem Kupferdach und langen überdachten Terrassen. Das Haus war geschmackvoll mit englischen Ledermöbeln und dunklem Teak eingerichtet, gemütlich und überhaupt nicht afrikanisch. Es hätte – zumindest von innen gesehen – genauso in Wales stehen können.

»Ist die Überraschung gelungen?« fragte Victor.

Wir bewiesen uns im ersten Stockwerk, sicher vor der Dienerschaft, das dem so war.

»Es ist ein großes Haus, nicht wahr?«

»Mhm«, schnurrte ich in seinen Armen.

»Vermißt du deine Kinder eigentlich nicht?«

»Schon... Sie haben sich übrigens über deinen Weihnachtsbaum gefreut. Aber sonst war es der totale Reinfall.«

»Wirklich? Vielleicht ist dein Haus nicht die richtige Umgebung für deine Kinder.«

Ich wurde langsam wacher. Eigentlich war ich ganz stolz auf mein Haus, auch wenn es ein paar Gitter zuviel hatte. Ich kannte Lagos und wußte, daß ich ein wirklich privilegiertes Leben führte. Ich streichelte meinem Prinzen sanft die glatte, gebräunte Brust und versuchte mich in Diplomatie: »Du hast eine süße Art, durch die Blume zu sprechen, Victor. Aber auch dieses Haus steht in Lagos, Afrika. Hier in Ikoyi bekommen wir genausowenig Schnee im Winter wie bei mir in Ikeja.«

»Man kann alle Probleme lösen«, sagte mein Prinz. Als er mich in die Arme nahm, glaubte ich ihm sogar, daß er es für mich und meine verwöhnten Kinder in Afrika schneien lassen könnte.

Eine »kleine« Party

Mit dem Bezug einer Villa im besten Viertel von Lagos dokumentierte Victor – das heißt: eigentlich eher sein Vater –, daß er nunmehr ein Mitglied der feinen Gesellschaft war. Victor hatte von seinem Vater eine interessante Aufgabe gestellt bekommen: Er sollte sich in die Gesellschaft einleben. Äußerlich fiel ihm das nicht schwer. Party-Auftreten und Small talk beherrschte er. Er erzählte mir, daß ihm das bereits in den Internaten beigebracht worden war.

»Mein Vater gibt heute abend eine Party«, sagte er am nächsten Morgen, als der Diener uns das Frühstück auf der Veranda servierte, »darf ich dich bitten, mich zu begleiten?«

Ich hätte mich fast am Orangensaft verschluckt. Mir ging als erstes nicht etwa durch den Kopf, daß mein Prinz mir die Ehre zuteil werden ließ, mich seinem Vater und was weiß ich wem vorzustellen, sondern die Frage: »Und was soll ich anziehen!?«

»Das ist eine wunderbare Gelegenheit zum Shopping, Liebes!«

»Oh, wirklich?« hauchte ich.

Ich hatte nicht nur keine Idee, wo ich in Lagos die passende Prinzen-Party-Paradegarderobe herbekommen sollte. Nein, ich hatte auch Hemmungen. Verliebte, zärtliche Umarmungen im Schlafgemach sind eine Sache. Daß meine weiblichen Maße vor dem unbestechlichen Blick eines Couturiers der Oberschicht eine Bewährungsprobe zu bestehen hatten – davor hatte ich schlichtweg Horror. Meine Hüften, mein

Busen – alles nicht gerade modelmäßig. Ob die feine Mode dafür gemacht war?

»Ach«, sagte Victor auf dem Weg nach Lagos Island zum Shoppen, »es wird keine allzu förmliche Party, Liebes. Es ist nur eine kleine Party.«

Er hatte sich die Adresse eines bekannten Schneiders geben lassen, der uns eine Reihe von Stoffen präsentierte. Meine Bedenken erwiesen sich als gegenstandlos: Während die Angestellten meine Maße nahmen, ging Victor einem seiner kostspieligen, aber liebenswerten Spleens nach – Parfüm kaufen. Mit einer ganzen Batterie Flakons erschien er, um mich abzuholen. Das fertige Kleid würde rechtzeitig bis zum Abend in seinem Haus sein. Unvorstellbar!

Am späten Nachmittag kam nicht nur *ein* Kleid – Victor hatte gleich zwei anfertigen lassen. Eins aus sandfarbenem Chiffon, das andere aus lagunengrüner Chinaseide, die er allein ausgesucht hatte. In der Zwischenzeit hatten wir mit den vielen Parfüms ausführliche Duftproben vorgenommen. Nach einem gemeinsamen Bad mit den leicht berauschenden Düften von echtem Jasmin-Öl in einem verschwenderisch großen Jakuzzi-Bad war ich entspannt genug, um zu der »kleinen Party« zu fahren.

»Klein«? Ich wollte nicht wissen, was eine große Party war ... Victors Vater, der mit »Chief William« angesprochen wurde, hatte in ein nagelneues Hotel direkt am Bar Beach eingeladen, einen typischen Siebziger-Jahre-Klotz, wie er überall auf der Welt stehen konnte. Ich war ein bißchen enttäuscht, hatte wohl von einem Palast geträumt. Aber drinnen konnte ich vor Vornehmheit kaum atmen. Erst jetzt wurde mir bewußt, daß Victor sich für einen westlichen Smoking entschieden hatte, denn zu der »kleinen Party« waren die Herren in der Mehrzahl in Nationaltracht erschienen; nur einige Weiße trugen wie Victor Smoking.

Die schwarzen Damen der feinen Gesellschaft hatten sich in üppige Tracht geworfen, aufwendiger Kopfschmuck in Form von kunstvoll verschlungenen Tüchern verlieh ihren Köpfen eine mir fremde Pracht. Ich hatte mich für das lagunengrüne, schulterfreie Seidenkleid entschieden, weil Victor fand, diese Farbe paßte am besten zu meiner weißen Haut und meinen rotblonden Haaren. In meinem schlichten, aber eleganten Kleid stach ich gegen die farbenfrohen Outfits der schwarzen Damen ganz schön ab. Draußen hatte es dreißig Grad, aber ich fror. Die Klimaanlage pustete kühle Luft in den Saal.

Victors Vater hatte ich mir natürlich ganz anders vorgestellt. Vater König war eine angenehme Überraschung – ein ziemlich großer und schlanker, tatsächlich aristokratisch wirkender Mann mit grauen Schläfen. Victors Familie hatte väterlicherseits eine traditionsreiche Vorliebe für weiße Frauen, seine Ururgroßmutter war Portugiesin gewesen.

Mit allen Anzeichen väterlichen Stolzes führte der afrikanisch gekleidete Senior Victor und mich herum. Eine Tour des Lächelns, nicht allzu anstrengend. Überraschenderweise kam ich besonders leicht mit den Damen der vielen Chiefs ins Gespräch. Ich trug nicht Victors Namen und wurde als Geschäftsfrau aus Deutschland vorgestellt. Das machte neugierig. Denn viele der Chief-Frauen waren selbst Geschäftsleute. Ich war trotzdem nicht ganz bei der Sache – die verflixte Klimaanlage! Ich konnte die Gänsehaut auf meinen nackten Armen nicht verbergen.

»Armes Kind, Sie frieren ja! Darf ich Ihnen meine Stola leihen?« Mit geradezu mütterlicher Geste legte eine der Frauen ihren mit kostbarer Goldstickerei besetzten, breiten Schal um meine Schultern. Ein herrliches Stück, wie gemacht für mein Kleid. Ich bedankte mich für diese unerwartete Herzlichkeit.

»Ich bin Betty«, sagte die freundliche, runde Frau, »eine von Victors Tanten.« Sie sah mich mit einem etwas spöttischen, aber wohlwollenden Blick an. »Ihr weißen Frauen wollt ja immer so schlank sein. Kein Wunder, daß ihr so leicht friert.«

»Wie kann ich Ihnen den Schal wieder zurückgeben?« fragte ich Betty.

»Oh, schicken Sie ihn mit Ihrem Fahrer. Hier ist meine Karte.«

Ich blickte kurz auf die Visitenkarte, die mit einem prächtigen Wappen geschmückt war. Unter dem Wappen stand ihr Name mit dem Zusatz *president*. Sie hatte ihre eigene Firma, allerdings nicht in Lagos, sondern in Benin-City.

»Kommen Sie mich einmal besuchen«, forderte mich Betty auf. »Ich lasse Ihnen etwas richtig Afrikanisches kochen. Nicht dieses kalte europäische Essen.« Sie spielte auf die für eine echte Afrikanerin eher indiskutablen Kaviarhäppchen und Austern an, die das Buffet auf Eis gekühlt bereithielt. Nach der Geschwindigkeit zu urteilen, mit der es sich leerte, schien es den meisten Gästen zu schmecken. Ich wollte das Gespräch mit Betty fortsetzen, doch plötzlich traf mich eine deutsche Männerstimme wie ein Peitschenhieb.

»Guten Abend, Frau Wowo.«

Nickel! Großer Gott, was tat der denn hier? Er grinste über das ganze Gesicht, als hätte er mich bei irgendwas Verbotenem ertappt.

»Sie amüsieren sich gut?« fragte ich nebenbei und suchte schon Victor.

Nickel packte mich am Arm, wehte mir seine Alkoholfahne um die Nase und zischte mir ins Ohr: »Nett, die Neger, nicht wahr? Machen einem hübsche Geschenke. Und manchmal sogar Kinder. Basteln Sie schon an einem kleinen Prinzen?«

»Nickel«, sagte ich fassungslos, »Sie sind ein Stück Scheiße auf Beinen, wissen Sie das?«

»Schlechter Stil, Frau Wowo«, rügte er ironisch, »wie geht es eigentlich Ihrem Mann? Oder sind Sie schon geschieden? Das wär' schlecht für Ihre Aufenthaltsgenehmigung ...«

Ich schluckte. Was hatte dies Ekel wieder vor? Victor erschien im rechten Augenblick, hakte mich demonstrativ unter und sagte sehr aristokratisch: »Mister Nickel, nett, Sie wiederzusehen. Einen schönen Abend.« Und führte mich fort.

»Ilona, du zitterst ja.«

»Das geht vorbei, Victor.«

»Ich mochte diesen Mann schon nicht, als ich ihn in der Anwaltskanzlei kennengelernt habe«, sagte Victor leise, »nicht nur, daß er eine unsaubere Art hat, Geschäfte zu machen. Er erinnert mich an eine Schlange, die friedlich am Boden liegt und plötzlich zubeißt. Außerdem kann ich es nicht leiden, wenn mir ein Mann nicht in die Augen sieht.« Ich hatte Victor selten so offen seine Meinung über einen Dritten sagen hören. Aber er setzte noch hinzu: »Eigentlich ist dieser Nickel kein Umgang. Verzeih, ich weiß, er ist dein Chef, und ich will dich nicht kränken. Aber weißt du, ich glaube, du solltest über etwas nachdenken, meine Liebe: Ich bin jetzt Vizepräsident einer nicht gerade kleinen Firma. Wir könnten jemanden wie dich in der Geschäftsleitung gebrauchen.«

Ja, weshalb eigentlich nicht? Ich war doch nicht mit Strengfurt verheiratet, sondern ein freier Mensch und konnte kündigen. Weg von Nickel, den Victor durchschaut hatte. Nein. Karriere nicht übers Bett, maßregelte ich mich. Liebe und Job sind zwei verschiedene Paar Schuhe. Ich gab Victor schnell einen Kuß auf seine Prinzen-Wange: »Das ist lieb, Victor. Ich denke darüber nach.« Mit seiner feinen Antenne für derartige Floskeln hakte er nicht mehr nach.

Ein aufdringliches, lautes Lachen, das wie das Meckern einer Ziege klang, zog meine Aufmerksamkeit auf sich. Ein kleiner, gedrungener Mann von etwa fünfzig Jahren schob sich in Begleitung zweier großer Frauen in den Saal. Respektvoll machte man Platz für den in weite weiße Gewänder gekleideten Mann, der sich mit roten Korallenketten geschmückt hatte. Jede seiner runden Wangen zierten drei breite, von oben nach unten verlaufende Narben, sogenannte *tribal marks*. Während er zu seiner Begleitung mit breitem Lächeln sprach, führte seine mit schweren Ringen bestückte Hand spielerisch einen schwarzen Stock mit silbernem Knauf, um seinen Worten mehr Nachdruck zu verleihen. Eine seltsame Aura von Würde umgab ihn. Gleichzeitig ging von seiner schieren Körperlichkeit, mit der er sich durch den gut gefüllten Raum schob, eine animalische Brutalität und Direktheit aus, die ich so noch nie erlebt hatte. Seine Körpersprache sagte: Ich bin hier der Boß.

»Wer ist das?«, flüsterte ich Victor zu.

Aber er kam nicht dazu, mir eine Antwort zu geben. Der Mann mit dem Stock hielt direkt auf uns zu. »Ich dachte schon, das wäre eine Whites-only-Party. Aber wie ich sehe, hat wenigstens Bruder William seine Wurzeln nicht ganz vergessen«, sagte er mit einer unerwartet hohen Stimme, die eigentümlich gequetscht klang. Bei diesen Worten hob er seinen schwarzen Stock, faßte ihn in der Mitte und breitete beide Arme aus. Victors Vater erachtete die Situation für so wichtig, daß er mit fliegenden Gewändern zu uns eilte. Während die beiden Männer sich kurz umarmten, fiel mir der Knauf des Stocks ins Auge, in dessen poliertem Silber sich das Licht mehrfach brach. Er bestand aus einem Katzenkopf, in dem zwei grüne Edelsteine funkelten. Ein faszinierendes Schmuckstück, aber gleichzeitig auch seltsam abstoßend. Mit einer eleganten Drehung führte Chief William den Mann mit dem Stock zu uns.

»Sunny, ich gebe diese Party heute, damit mein Sohn Victor einige unserer Freunde kennenlernt. Darf ich dir Frau Wowo vorstellen? Victor hat Frau Wowo in London kennengelernt und hier wiedergetroffen. Durch reinen Zufall.«

Ich werde nie vergessen, wie dieser Sunny mich von oben bis unten musterte, während er die Hand seines Neffen Victor hielt. Dann wechselte er blitzschnell den Stock mit dem Katzenkopf von links nach rechts und gab mir die linke Hand. Mein Vater hatte die gleiche Angewohnheit, mit links zu grüßen, fiel mir in diesem Augenblick ein. Er sagte, daß die Linke von Herzen komme. Also dachte ich mir in diesem Moment nichts. Ich lernte erst viel später, warum manche Nigerianer in bestimmten Situationen mit links grüßen – die linke ist die unreine Hand. Diese geheime Körpersprache kannte ich an jenem Abend nicht. Ich wunderte mich nur, als Sunny eine Augenbraue hob und während des Händeschüttelns fragte:

»Glauben Sie an das Schicksal, Frau Wowo?« Es lief mir eiskalt den Rücken hinunter. Die gleiche Formulierung hatte Victor gebraucht, während wir im Yankari-Park auf Rettung gewartet hatten. Sunny verengte seine leicht vorstehenden Augen zu schmalen Schlitzen und lachte dann breit. »O ja, Sie glauben an das Schicksal. Das sehe ich in Ihren Augen. Sie haben etwas erlebt, das Sie verändert hat. Sie müssen mir einmal erzählen, was es war.«

Der lauernde Ausdruck in den Augen dieses Mannes verunsicherte mich. Seine Worte hielt ich für einen wichtigtuerischen Bluff, mit dem er seinen Bruder oder Victor beeindrukken wollte. Oder mich. Aber das machte keinen Sinn. Ich hatte mit diesem Sunny nichts zu schaffen. Ich war die Freundin seines Neffen.

»Sie haben einen beeindruckenden Katzenkopf am Knauf Ihres Stockes«, sagte ich freundlich, »er ist wirklich sehr schön.«

»Ich wußte, daß er Ihnen gefällt«, entgegnete Sunny und drehte sich schon wieder zu seinem Bruder, »es ist übrigens ein Leopard und keine Katze.« Sunny und William verzogen sich an die Bar, ich atmete auf.

»Dein Onkel scheint mich nicht zu mögen«, sagte ich zu Victor.

Aber Victor lächelte nur vielsagend. »Das hat mit dir nichts zu tun, Ilona. Sunny hat ein Problem mit mir. Er wirft mir vor, daß ich zu westlich bin. Aber dieses Land ist groß genug, daß wir uns aus dem Weg gehen können.«

Nigeria ist zwar viermal so groß wie Deutschland. Aber es ist hier wie dort: Für manche Menschen kann die Welt nicht groß genug sein, damit sie sich aus dem Wege gehen können. Das weiß ich heute.

Als ich von diesem aufwühlenden Wochenende zurückkehrte, berichtete Ken atemlos: »Ma'am, die Polizei war da. Sie haben den Weißen verhaftet.«

»Das ist aber freundlich von der Polizei. Was hat der Weiße denn gemacht?«

Ken räusperte sich. »Eine Orgie, Ma'am.«

»Bitte?«

»Ja, Ma'am. Der Weiße hatte eine Menge seiner Freunde eingeladen, die auf der neuen Baustelle arbeiten. Und dann haben sie Mädchen mitgebracht. Sie wissen schon ... Sie haben laute Musik gemacht, sehr laute Musik. Irgendwann hat eines der Mädchen geschrien. Furchtbar laut geschrien. Dann ist sie rausgelaufen. Nackt, Ma'am. Ein Weißer ist hinter ihr hergelaufen.« Ken blickte zu Boden, räusperte sich. »Er war auch nackt, Ma'am. Und dann kam auch schon die Polizei. Der Nachbar mit den vielen Frauen hat sie gerufen.«

Der Jesus von nebenan hatte also interveniert! Der wußte

schließlich, wie man Frauen behandelt – er hatte ja 39. Von denen lief keine nackt davon.

Der nackte weiße Mann auf der Straße war natürlich niemand anderes als der Hengst Scholl persönlich. Noch Tage später mußte ich der Polizei Rede und Antwort stehen, warum in dem von mir bewohnten Haus Sexpartys gefeiert wurden. Die nackte Prostituierte hatte Scholl in ihrer Not wegen Vergewaltigung angezeigt. Gegen viel Geld zog sie ihre Anzeige dann aber zurück. Der ganze Streß hatte letzten Endes für mich auch eine positive Seite: Dieter Scholl wurde des Landes verwiesen.

Nach dieser Sache beschloß ich, mich gegen Nickels Intrigen zu schützen. Auf Victors Drängen hin fuhren wir zu seinem Rechtsanwalt, der meine Aussagen über Nickels Scheingeschäfte und die hinterhältige Falle nach der Party protokollierte und in seinem Safe verwahrte. Einen Durchschlag schickte er an den Anwalt meines Vaters in München.

»Das ist deine Lebensversicherung«, erklärte Victor. Er zog mich ganz sanft an sich und küßte mich. »Ich will nicht, daß dir etwas zustößt.« Sein Blick jagte mir heiße und kalte Schauer gleichzeitig über den Rücken. Er hatte immer noch nicht gesagt: Ich liebe dich. Jedenfalls nicht mit Worten.

Das war das Besondere an der Beziehung zu Victor – sie war von Nähe und Distanz geprägt. Uns verband viel, aber mindestens ebensoviel stand zwischen uns. Nicht meine immer noch gültige Ehe, wahrscheinlich auch nicht meine Kinder, die weit weg waren. Victor war außerdem selbst ein Scheidungsopfer. Es war eher seine angeborene oder anerzogene Förmlichkeit, die er nie abzulegen vermochte. Er war eben ein Oxford-Prinz, der nur im Maßanzug aus der Bond Street und in Schuhen aus Mailand herumlief. Nie erlebte ich ihn in T-Shirt und Shorts. Selbst am Strand trug er eine lange weiße Hose und ein weißes Hemd. Und so fühlte er wohl auch. Zwar voller Zärtlichkeit mir gegenüber. Aber immer auf die Form bedacht. Doch das störte mich nicht. Es zählte der Augenblick, den es zu genießen galt. Wenn ich schwärmerisch an die Zukunft dachte, kam mir auch der Gedanke, wie lange mir mein Prinz erhalten bleiben würde. Dieses Glück schien mir viel zu groß zu sein. Zu groß für kühne Pläne ....

Victor fuhr mit zwei Fingern über den Elefantenhaarreif an meinem Armgelenk. Ich hatte ihn nicht mehr abgelegt, seit ich ihn auf dem Markt in Lagos dem *juju*-Händler abgekauft hatte. »Warum trägst du ihn?«

»Weil mir vorausgesagt wurde, daß er mir Glück bringt.«

»Und?«

Ich suchte in Victors Augen nach der Antwort.

Nacht in der Wüste

Meine Lebensversicherung war natürlich wertlos, wenn Nickel nichts davon erfuhr. Sollte ich hingehen und es ihm ins Gesicht sagen? Nein! Ich lud Bernd und seine neue Flamme, eine baumlange, schlanke schwarze Rechtsanwältin, zum Abendessen ein. Und natürlich Victor. Tage vorher schon hatte ich Ron darüber informiert, daß er an jenem Abend sein Bestes geben müsse. Allerdings verriet ich ihm nicht, wen ich erwartete. Sollte Nickel doch ein bißchen auf die Folter gespannt werden!

Während des Essens brachten Victor und ich das Gespräch auf meine ganz spezielle Lebensversicherung: Der Anwalt werde mein Protokoll der Polizei und der Strengfurt AG vorlegen, falls mir etwas zustieße. Bernds juristisch versierte Freundin gratulierte, wenngleich sie bedauerte, daß ich nicht sie als Anwältin hinzugezogen hatte. Während dieses Gesprächs servierte Ron höchstselbst das in der Tat perfekte Mahl. Ich sah förmlich, wie er jedes Wort unserer Konversation begierig in sich aufsog. Diesmal würde er eine Menge zu berichten haben. Allerdings war mir auch klar, daß Nickel meine »Lebensversicherung« als Kriegserklärung betrachten mußte. Ich war gespannt, wie er darauf reagieren würde.

Seine Eröffnung war schwach, fand ich. Schachspieler Nickel hatte Femi zu sich bestellt und ausgefragt. Femi berichtete mir auf dem Heimweg, nervös und ehrlich: »Ich glaube, er hat vor, Ihrem Mann zu sagen, daß Sie hier in Lagos sind.«

»Haben Sie Nickel gesagt, wo er John Wowo findet?« Femi

blickte schuldbewußt zu Boden. »Ist schon gut, Femi. Wenn die Weißen ihre Spiele spielen, dann muß man sie lassen.«

»Mister Nickel hat gesagt, daß er mich sonst rausschmeißt.«

»Ich weiß, Femi. Vielen Dank, daß Sie mir Bescheid gesagt haben.«

»Es tut mir leid, Ma'am.«

»Machen Sie sich keine Sorgen, Femi. Ich habe schon eine Idee.«

Mary's *car repair* hatte trotz Vaters deutscher Entwicklungshilfe keinen Aufschwung genommen. Das Geld aus dem Autohandel war hier jedenfalls nicht investiert worden. Ich ließ mich von Femi auf den Hof kutschieren, auf dem einige nahezu schrottreife Autos herumstanden. In der Werkhalle machten sich vier Gestalten an einem Lieferwagen zu schaffen. Als ich ausstieg, sprangen zwei kleine Jungs aus irgendeiner Ecke hervor: *»Oyìbó, òyìbó!«* klang es in meinen Ohren. Durch die Rufe neugierig geworden, ließen alle vier Arbeiter gleichzeitig die Werkzeuge sinken und starrten mich an.

»Ich suche Mister Wowo«, rief ich.

Die beiden Jungs rasten los zur immer noch schäbigen Bürobaracke. Heraus trat ein Mann im abgewetzten Overall, an dem ein paar Knöpfe fehlten. Er wirkte schwammig, aufgedunsen, die Haut grau, die Haare stumpf und struppig. Ich erkannte John kaum wieder. In den knapp zehn Monaten, seit ich ihn das letzte Mal gesehen hatte, war eine entsetzliche Veränderung mit ihm vorgegangen.

John musterte mich peinlich genau vom gut frisierten Kopf bis zu den hochhackigen Schuhen. »Du siehst toll aus.«

»Danke«, sagte ich, »ich wollte sehen, wie es dir geht.«

»Ich bin okay.« Ich sah, daß das eine Lüge war. »Wieso bist du in Lagos?« Er schien wirklich nichts zu wissen. »Wo sind die Kinder?«

In diesem Augenblick wurde mir etwas klar. Ich sah Bobby wieder am Heiligen Abend, wie er sich hinter Muttis Rücken versteckte, als die schwarzen Kinder mit ihm spielen wollten. Ich sah das Unverständnis in seinen Augen, daß Tessy in einer Sprache redete, die er nicht verstand. Ich hörte seine Alpträume in der Nacht. Und ich sah John vor mir stehen. So heruntergekommen, so ärmlich. So grau. Hatte ich einen Fehler gemacht, als ich Bobby und Janet nicht zu ihrem Vater gebracht hatte? Hatte ich einen Brückenschlag verhindert zwischen den beiden Welten, die sie in sich trugen? Oder hatte ich sie vor einem Schock bewahrt? Einen, wie ich ihn in diesem Augenblick erlebte?

Wie weit hatte ich mich doch von John und seinem Leben entfernt! Ich speiste mit Prinz Victor im Polo-Club. Ich flog mit seiner Privatmaschine durchs Land. Auf welche Seite gehörte ich? Nein, schrie meine innere Stimme, nicht zu diesem Mann. Seit ich von John losgekommen war, hatte ich etwas wiedergefunden, das ich schmerzhaft vermißt hatte, als ich das letzte Mal aus Lagos weggeflogen war – meine innere Balance.

»Hat Mary ihr Kind schon bekommen?« fragte ich.

»Mein Sohn ist zu Hause mit ihr.« Er fixierte mich. »Und wo lebst du?«

Ich erklärte mit fester Stimme den wahren Grund meines Besuchs.

»Und du bist nie zu mir gekommen?« fragte er überrascht.

»Nein, John, unser gemeinsames Leben ist beendet. Ich will die Scheidung.«

»Du hast bis jetzt nur deshalb keinen Druck wegen der Scheidung gemacht, weil du die Aufenthaltsgenehmigung brauchst, stimmt's?« Und dann hatte er eine plötzliche Eingebung. »Ich verlasse Mary. Noch heute. Laß mich bei dir wohnen. Du hast bestimmt ein großes Haus, das die Firma zahlt.«

Ich sollte die Zeit zurückdrehen? John wieder durchfüttern? Und seine hinzugekommenen Frauen und Kinder obendrein? Statt dessen schlug ich ihm einen Job in der neuen Produktionsstätte vor.

Für Sekunden verwandelte John sich in den stolzen Mann, der er früher gewesen war. »Ich soll in einer Fabrik schuften, und du sitzt in einem feinen Haus?«

Wie hätte ich jetzt noch sagen können: John, übrigens, du schuldest Vater noch eine Menge Geld aus dem Autohandel. Es war sinnlos weiterzureden. Ich drehte mich um und ging zu Femis Wagen zurück. »Mach's gut, John.«

Ich stieg hinten ein, und Femi fuhr los. Ich wollte mich eigentlich nicht umsehen – und tat es trotzdem. Da stand mein Mann, auf einem verwahrlosten Werkstatthof. Er hob die rechte Hand bis auf Brusthöhe, als wollte er winken, doch ihm schien die Kraft dazu zu fehlen.

Victor verwendete sehr viel Zeit darauf, sich ein neues Leben in Afrika aufzubauen. Dafür wollte er möglichst viel aus seinem alten, britischen Leben um sich haben. Vor allem seine sieben Polopferde – in der Fachsprache Ponys genannt – und die drei Hunde. Immer wieder flog er für einige Tage nach London, um alles für den Transfer der viele zehntausend Mark teuren Tiere vorzubereiten. Ich sollte ihn begleiten. Doch ich hatte mit Strengfurt noch nicht abgeschlossen. Mit Akribie bereitete ich ein Dossier vor, um das mich inzwischen sogar Strengfurt-Chef Bernhard in einem Telefonat gebeten hatte. Mich hatte der Ehrgeiz gepackt: War es vermessen, davon zu träumen, Nickels Platz einzunehmen? Ich rechnete mir gute Chancen aus. Ich wußte alle in Lagos auf meiner Seite. Alle – bis auf Nickel und Okoro.

Mit der nigerianischen Alltagsrealität kam Victor noch weniger zurecht als ich. Einer unserer Ausflüge in seinem klimatisierten Jaguar mißlang völlig. Es begann wieder mit einer Polizeisperre. Am Straßenrand hockten Menschen, von Peitschen schwingenden Polizisten bewacht.

»Hüpf«, brüllte ein Polizist. Die Angeschrienen hüpften wie Frösche.

»Was haben diese Männer gemacht?« fragte Victor seinen Fahrer.

»Sie sind wahrscheinlich über die Straße gelaufen, ohne auf den Verkehr zu achten, Sir. Die Polizei will ihnen beibringen, wie man sich im Verkehr benimmt.«

»Und wie lange geht das?«

»Bis die Frösche zusammenbrechen, Sir.«

»Ist das nicht schrecklich, Ilona? Wie können Menschen so grausam zueinander sein? So voller Verachtung.«

Seine Laune war verdorben. Sie besserte sich auch nicht, als wir am feinsandigen Bar Beach auf Victoria Island angekommen waren. Wir saßen unter Palmwedeldächern und tranken leckere alkoholfreie Drinks. Ein kleines Mädchen, vielleicht sechs Jahre alt, verkaufte geschälte Karotten, die fein säuberlich auf einem blankpolierten Tablett lagen. Wir kauften ihr ein paar davon ab. Die Kleine strahlte und ging zu unseren Nachbarn, Franzosen.

»*Non, va t'en!*« schnauzte der Mann, was das Mädchen natürlich nicht als »Nein, geh weg« verstand. Sie lächelte und hoffte, ihre Möhren für ein paar Pfennige loszuwerden. Der Franzose griff wortlos in den Sand und schmiß ihn der Kleinen auf die frisch gewaschenen Karotten. Das Mädchen blieb wie erstarrt stehen, ihre dunklen Augen füllten sich mit Tränen. Leise weinend rannte sie davon. Sauberes Wasser zum Abspülen ihrer Möhren gab es für sie nirgendwo am ganzen Strand.

Victor zögerte einen Augenblick. Dann stand er auf. Wollte er den Franzosen zur Rede stellen? Nein, er kaufte einem fliegenden Händler eine Flasche Mineralwasser ab und lief dem Mädchen hinterher, um ihm zu helfen, ihr Problem zu lösen.

Ich bin dem Typen dankbar, der mich damals nicht in die Disco lassen wollte, er hat mir meine Grenzen aufgezeigt, sagte er bei unserem ersten Gespräch im Polo-Club. Aber dieser Gerechtigkeitssinn verwirrte mich auch gleichzeitig. Victor konnte unmöglich die ganze Welt retten! Und trotzdem versuchte er es an diesem Tag noch einmal, als er die Leiche eines Menschen am Straßenrand liegen sah. So etwas war – damals zumindest – in Lagos normal. Niemand kümmerte sich darum.

»Sie werden überfahren, Sir, niemand kennt sie«, erklärte Victors Fahrer.

»Aber es sind doch Menschen! Sie haben eine Vergangenheit, eine Familie! Was ist das nur für ein Land!« ereiferte sich Victor. Der Fahrer starrte verständnislos in den Rückspiegel. Wovon redete sein feiner Chef da?

Wir fuhren zurück in Victors pompöses Haus in Ikoyi, in dem Chief William inzwischen auch einen Swimmingpool und einen Tennisplatz hatte anlegen lassen. Victor eilte zum Telefon und rief die Polizei an. Zum ersten Mal hörte ich, wie er ganz bewußt seinen kompletten langen Adelsnamen herunterleierte, damit sich einer der gelangweilten Polizisten des toten Menschen auf unserem Weg annahm.

Immer öfter vertraute Victor mir Arbeiten an, die mit dem Konzern seines Vaters zusammenhingen. »Du kennst dich doch inzwischen mit den Steuergesetzen Nigerias aus. Ich habe da mal eine Frage ...«

Es ging um die Zeitung in Kaduna, die verlustreich wirtschaftete. Der dortige Buchhalter war, gemessen an *tricky*

Okoro, ein Dummkopf. Die Manipulationen waren leicht zu durchschauen, Victor feuerte den Mann. Weil ich mein freies Wochenende nun auch mit Buchhaltung verbracht hatte, entschädigte mich Victor mit einem Weiterflug in Richtung Norden, nach Kano, einer über 1 000 Jahre alten Stadt mit einer großen Moschee und vielen engen Gassen, Lehmhäusern und einem Färbermarkt. Mit viel Aufwand werden dort aus Naturzutaten Farben hergestellt, eine stinkende und ungesunde Angelegenheit.

Doch dann offenbarte Victor mir die wirkliche Überraschung – einen Ausritt mit einer Kamelkarawane. Wir waren nicht die einzigen Fremden, die sich auf dieses Abenteuer freuten. Ein junges Paar aus Frankreich und zwei Italiener wollten die Wüste ebenfalls erleben. Eine schaukelnde Reise durch die kahlen, sandigen Berge, die die Sonne je nach Stand in wundervolle Farben tauchte. An einer Oase standen Zelte bereit, in denen wir übernachteten. Obwohl wir von jeder Zivilisation weit entfernt waren, warteten unsere verschleierten Gastgeber mit lukullischen Köstlichkeiten auf. Die Nacht war zwar unerwartet kalt, aber wir saßen aneinandergekuschelt und in Decken gehüllt vor dem Zelt und sahen hinauf in die Sterne, die hier viel näher zu sein schienen als bei uns. Der Mond tauchte die Hügel der Wüste in sanftes Licht. Die weite Leere der Landschaft wirkte unglaublich kraftvoll.

»Es sieht aus, als blickte man in das Gesicht der Ewigkeit«, sinnierte Victor. »Nichts scheint sich zu verändern, die Zeit stillzustehen.«

Ich spürte die Wärme seines Körpers, sah, wie sich sein klares Profil vor der hellen Umgebung abzeichnete. Seine dunklen Augen glänzten dicht neben mir. Und doch war er innerlich wieder ganz weit weg. »Wo bist du?« fragte ich.

»Hier bei dir«, sagte er und sah mich an. Dann beugte er sich zu mir, küßte mich und blickte wieder hinaus in die Weite, als wollte er sie in sich aufnehmen. »Ich dachte gerade, daß wir hier nur Sand sehen und kein Leben. Und doch hat dieser Boden irgendwann einmal, vor Millionen Jahren, die Kraft gehabt, ganze Wälder zu ernähren. Vögel schwirrten hier herum, Schlangen räkelten sich auf Bäumen, eine Raubkatze schlich zwischen den Wurzeln umher. Es ist nur der Regen, der fehlt. Dann würde diese schlafende Kraft wahrscheinlich wieder erwachen.«

»Was du in der Wüste siehst!« Ich lachte. »Ich sehe nur Sand. Faszinierende Weite, sicher. Aber vor allem Sand.«

Er sah mich jetzt direkt an. »Ich sehe, was war und wieder sein kann. Du siehst das, was ist.« Er machte eine Pause, bevor er fortfuhr: »Weißt du, daß du meinem Vater gefällst? Er meint, du stehst mit beiden Beinen auf der Erde.«

»Und was denkst du?«

»Ich denke, es wäre schön, wenn du geschieden wärst.«

»Was wäre dann?« sagte ich atemlos.

»Willst du mich heiraten?«

Ich war 29, saß in der Wüste, und ein Prinz hielt um meine Hand an. Ich war unfähig, ihm eine Antwort zu geben: In meiner Kehle saß ein dicker Kloß, der mir das Sprechen unmöglich machte. Ich küßte Victor lange, bis er merkte, daß mir Tränen übers Gesicht liefen.

»Warum weinst du?« fragte er und küßte meine Tränen fort.

»Ich weiß nicht. Ich kann nichts dafür.« Ich kam mir fürchterlich bescheuert vor. Man weint doch nicht wegen eines Heiratsantrags... Außer, man weiß nicht, was man antworten soll. Und ich wußte es wirklich nicht. Ich kannte so wenig von Victors Leben. Und das bißchen Einblick, das ich bisher bekommen hatte, zeigte mir das Leben eines Mannes, der sehr verwöhnt war. Wollte er in Lagos leben – er bekam das größte Haus. Wollte er Ponys für Zigtausende von Mark – er bekam sie. Jetzt wollte er mich. Ich hatte schon einmal einen Mann aus einer völlig anderen Kultur geheiratet. Ich war ein gebranntes Kind.

»Ich liebe dich.« Er sagte es ganz leise, direkt in mein Ohr. »Du mußt mir jetzt nicht antworten. Aber wenn du die Antwort weißt, dann ...«

»Ich weiß die Antwort, Victor«, unterbrach ich, »aber ich will sicher sein, daß es die richtige Antwort ist.«

Der Einbruch

Im Hotel in Kano erwartete uns eine Nachricht von Victors Vater. »Es wird etwas Dringendes sein«, meinte Victor und rief seinen Vater an. »Ich muß sofort nach Warri«, berichtete er, als er zurückkam.

William rief seinen Kronprinzen zur Arbeit, zu den Ölförderanlagen ins Nigerdelta. Ein 1 000 Kilometer langer Flug, der sich quer durch das ganze Land zieht. Welch ein Gegensatz – von der kahlen Wüste in den tropisch grünen Regenwald. Es war für mich die erste direkte Begegnung mit der Quelle von Victors unglaublichem Reichtum – und mit dessen Schattenseite. Die Familien der Ölarbeiter lebten in furchtbarer Armut, verdreckte Dörfer ohne Hoffnung. Die Ölleitungen wurden von den Menschen angebohrt, um sich gratis mit dem kostbaren Öl zu versorgen. Doch irgendwas war dabei schiefgegangen, es war zu einer Explosion gekommen, die etwa zehn Menschen das Leben gekostet hatte.

Ein Taxi hatte uns in ein trauriges Dorf mit endlosen Wellblechsiedlungen mitten im undurchdringlichen Grün des Regenwaldes gebracht. Polizeiabsperrungen hinderten uns daran, an den Unglücksort zu gelangen. Wir fuhren zu einem heruntergekommenen weißen Gebäude, dem örtlichen Polizeiposten, vor dem ein mit allerlei Chromzierat aufgemotzter BMW stand, den zwei Wächter im Auge behielten.

»Oh, Onkel Sunny ist da«, sagte Victor. Der Mann mit dem Leoparden-Stock!

Die Förderung des Öls war von der Regierung zwar an ausländische Konzerne vergeben worden, aber die Chiefs, denen das Land gehört hatte, waren die Ansprechpartner des Volkes und deren Repräsentanten, wenn es Probleme gab. Der Unfall hatte die dramatische Unterversorgung mit Ärzten und Krankenhäusern deutlich gemacht. Eine bessere Infrastruktur hätte wohl manches Leben retten können. Victor erkannte im Gespräch mit Sunny diesen Punkt natürlich schnell. Sunny stützte seinen massigen Leib vornübergebeugt auf seinen schwarzen Stock, dessen Leopardenknauf uns anfunkelte. Trotz der drückenden Schwüle trug er über der linken Hand einen hellen Lederhandschuh. Der etwa fünfzig Jahre alte Mann war wieder ganz in Weiß gekleidet, aber seinen Kopf zierte diesmal eine hohe runde Kappe aus Leopardenfell.

Während Victor sich von Polizisten und einigen Vertretern der Dorfbewohner die Lage schildern ließ, konnte ich den Blick nicht von Sunny wenden. Er wirkte vollkommen ruhig, aber seine leicht hervorquellenden Augen waren die ganze Zeit in Bewegung. Und obwohl er kein Wort sprach, schien er derjenige zu sein, dem alle Anwesenden ihre Probleme schilderten. Sogar Victor wandte sich immer wieder an den schweigenden Onkel, wenn er sprach.

Um die aufgeregten Dorfbewohner zu beruhigen, schlug Victor den Bau eines Krankenhauses vor. Er wollte die Geräte sofort nach seiner Rückkehr von Lagos aus in London ordern. Bis ein richtiges Krankenhaus fertig wäre, wollte er Zelte aufstellen lassen. Die Leute aus dem Dorf waren begeistert. Soweit ich verstand, schlug jemand sogar einen Standort für die Interimsklinik vor. Es sah so aus, als ob alle bereits mit diesem minimalen Vorschlag zufrieden waren und damit das Elend des Ortes erträglicher wurde.

Unvermittelt erhob sich Sunny, und alle Anwesenden schwiegen sofort. »Ich denke, es ist alles gesagt«, meinte er in Pidgin-Englisch und marschierte würdevoll zum Ausgang der schlichten Wache. Ich interpretierte das so, daß Victors Vorschlag von Sunny angenommen war. Wir zögerten ein paar Sekunden und folgten ihm zu seinem BMW, dessen Schlag aufgerissen wurde. Jetzt verstand ich, warum Sunny einen Handschuh trug: Einer der Wächter reichte ihm einen etwa krähengroßen Vogel, der eine Kappe auf dem Kopf trug und bei der Übergabe kurz mit den Flügeln schlug – ein Falke. Vollkommen selbstverständlich setzte er sich auf den Handschuh und drehte seinen Kopf mit kurzen, ruckartigen Bewegungen, bevor er wie eine leblose Statue erstarrte. Wegen der flirrenden Sonne auf dem staubigen Platz trug Sunny eine breite Sonnenbrille unter seinem Leopardenkäppi. Mit dem Stock in der einen Hand, der wie das Zepter eines Königs wirkte, und dem durch die Kappe blinden Falken auf der anderen verströmte der kleine runde Mann eine abschreckend intensive Autorität, die uns Distanz halten ließ.

»Du sprichst mit dem Herzen, Victor«, nuschelte Sunny. Ich konnte ihn kaum verstehen. »Du solltest die Aufgabe, die dein Vater für dich vorgesehen hat, aber nicht mit dem Herzen ausführen.«

Trotz seiner Leibesfülle und den ganzen Accessoires seiner Autorität glitt Sunny elegant in den Wagen, der mit einer langen Staubfahne über den Platz davonpreschte. Ich sah Victor an, der wie erstarrt dastand und sich nicht rührte. Sein Gesicht wirkte wie versteinert. »Was hat er damit gemeint?« fragte ich und griff vorsichtig nach der eiskalten Hand meines Prinzen.

»Es wird kein Krankenhaus geben. Das hat er damit gemeint«, erwiderte Victor.

Keine Aussprache, kein Austausch von Meinungen. Ein verklausuliertes Dekret und sonst nur Schweigen.

»Aber er hat doch eine Verantwortung für die Leute, und alle waren begeistert«, sagte ich fassungslos. Victor schwieg und stieg ins wartende Taxi, das uns nach Warri zurückbrachte. Für den Weiterflug nach Lagos war es inzwischen zu spät. Wir verbrachten eine Nacht in einem modernen Hotel, in dem die Klimaanlage nicht funktionierte und die Mücken nervten. Zerstochen und ziemlich ernüchtert, flogen wir am nächsten Morgen nach Lagos.

Victor hatte nur die Rolle des Kronprinzen zu spielen. Sunny genoß Autorität und Ansehen. Gegen beides durfte Victor nicht ankämpfen, wenn er nicht wollte, daß man ihm mangelnden Respekt vorwarf. Die Achtung vor dem Alter ist die Grundlage für das Funktionieren dieser Gesellschaft. Sunny benutzte seine ihm aufgrund seines Alters zukommende Stellung, und damit lag die Macht, Dinge zu verändern, in seinen Händen. Er wußte, wie diese Macht richtig eingesetzt wurde: Man gab nicht das klitzekleinste Stückchen davon an einen Jüngeren ab.

Ich hatte einen bitteren Vorgeschmack auf das vermeintlich süße Leben eines nigerianischen Prinzen bekommen, der im Prinzip nur eines machen konnte, wenn er selbst Einfluß ausüben wollte: warten, bis seine Zeit gekommen ist. Doch Victor war nicht der Typ dazu. Er sah die Fehler der Älteren, das Unrecht, das ihr System hervorbrachte. Er wußte, wie und was zu ändern war, und hatte deshalb nicht die Geduld zu warten. Dieser innere Konflikt drohte ihn zu zerreißen. Auch, wenn sein kühles, beherrschtes Auftreten das verbarg.

Für den Montag der folgenden Woche hatte Victor einen Flug nach Argentinien gebucht. Gemeinsam mit seinem einzigen nigerianischen Freund, den ich je kennenlernte, wollte er dort sündhaft teure Poloponys kaufen: Der Lagos Polo Club sollte zum imageträchtigen *winning team* hochgepusht werden. Ich fand das seltsam, angesichts der Armut der Massen. Die heranwachsende Elite, zu der Victor gehörte, sah das anders:

Durch die sportlichen Leistungen ihrer Mannschaft verschafften sie sich selbst Ansehen und konnten somit in der festgefügten Struktur der Gesellschaft nach oben kommen. Ich brachte Victor gemeinsam mit Femi zum Murtala Mohammed Airport. Es ging mir nicht besonders gut. Trotz der Hitze fror ich.

»Ich beanspruche dich zuviel. Ruh dich aus«, sagte Victor zum Abschied.

»Ich komme schon zurecht. Paß auf dich auf.«

»Ende der Woche bin ich zurück«, versprach er.

Er irrte sich.

Vier Tage später bekam ich hohes Fieber, fühlte mich matt und ging früh schlafen. Ich tippte auf eine Erkältung. Am Tag darauf bekam ich Kopfweh, übergab mich. In der Nacht folgte Schüttelfrost. Ich schickte Femi los, um Abiola zu informieren. Die beiden kamen mit Abiolas Vetter zurück. Der Arzt brauchte nicht lange, um herauszufinden, was ich hatte – Malaria.

»Nehmen Sie eine Malariaprophylaxe?«

»Ja. Paludrin.«

»Das ist zu schwach! Die Anopheles-Mücke ist dagegen resistent. Sie müssen strengste Bettruhe bewahren«, schärfte mir der Doktor ein und gab mir Resochin. Aber in sein Krankenhaus, in dem Yemi gestorben war, wollte ich mich nicht einweisen lassen. Ich kannte meinen Vertrag: Es konnte sein, daß mein Arbeitgeber mich bei einer lebensgefährlichen Erkrankung wie Malaria schnellstens nach Deutschland zurückbeordern würde. Ich nahm meine restliche Energie zusammen, um die wichtigsten Dinge zu organisieren, bevor Nickel die Gelegenheit nutzen würde, um mich loszuwerden.

»Abiola«, bat ich, »kannst du die Doggen mit zu dir nehmen? Ich werde gewiß für einige Wochen nach Deutschland zurückbeordert. Wenn ich nicht da bin, dann ...«

»Natürlich, Ilona, ist doch keine Frage. Ich werde sie gleich mitnehmen. Und was ist mit den Katzen? Ich glaube, meine Mädchen würden sich freuen.«

Ich wollte schneller als Nickel handeln und bat seine Sekretärin, meinen Rückflug nach Deutschland zu organisieren. Als das Telefon später klingelte und Ken ranging, dachte ich, sie würde den Flugtermin durchgeben.

Nach einer Weile klopfte Ken an meine Zimmertür: »Ma'am, es war ein Anruf aus London.«

»London?« Mein Gott, das konnte nur was mit Victor zu tun haben. Aber er war doch nach Argentinien geflogen!

»Ma'am, es ist wegen Prince Victor. Er hat Malaria tropica. Es geht ihm wohl sehr schlecht, Ma'am. Ein Freund hat ihn nach London ins Krankenhaus bringen lassen. Ich habe ihm gesagt, daß Sie auch krank sind. War das richtig, Ma'am?«

»Danke, Ken, das wird schon richtig sein.«

Während ich nachts schwitzend und zitternd zugleich im Bett lag, plagten mich Alpträume. Eine dunkle Gestalt machte sich zu schaffen und schleppte etwas weg. Jemand rief... Ich schrak hoch.

Ken stand in der Zimmertür. Er blutete aus einer Platzwunde am Kopf und war total verstört. »Ma'am, ich glaube, ich muß die Polizei rufen.«

»Was ist passiert?« Mühsam rappelte ich mich aus dem Bett.

»Bitte, Ma'am, bleiben Sie liegen!«

»Ken, reden Sie doch!«

»Ich habe ein Geräusch gehört. Dann bin von den *boy's quarters* zum Haus gelaufen. Bevor ich wußte, was los ist, bekam ich einen Schlag auf den Kopf. Mehr weiß ich nicht. Als ich aufwachte, war das Haus durchwühlt.«

Trotz meiner rasenden Kopfschmerzen hatte ich keinen Zweifel daran, was fehlen würde. Ich schleppte mich ins

Wohnzimmer. Natürlich. Der Schreibtisch war aufgebrochen, das Dossier über Nickels Machenschaften verschwunden. Und es gab nur eine einzige Ausfertigung. Nickel würde viel Papier zu verbrennen haben.

»Entschuldigung, Ma'am, das hatte ich ganz vergessen«, sagte Ken. »Das Büro von Mister Nickel hat angerufen, als Sie schliefen. Es ist alles organisiert: Sie fliegen morgen früh nach Hamburg. Man holt sie dort am Flughafen ab. Sie müssen zuerst in das Tropeninstitut.«

Wut stieg in mir hoch: Das war alles kalt geplant! Ich lag todkrank im Bett, die Doggen waren weg, es war Nacht, ich mußte am nächsten Morgen abfliegen. Perfektes Timing, Nickel. Kompliment.

»Nein, Ken«, sagte ich resigniert, »rufen Sie die Polizei nicht. Das nützt ohnehin nichts mehr.«

Beim Abschied am Murtala Mohammed Airport hatte ich das Gefühl, daß Femi und Abiola den Tränen nahe waren. Sie hatten mich praktisch bis zu meinem Sitzplatz im Flugzeug tragen müssen – mir fehlte die Kraft zu laufen. Nur gut, daß Malaria nicht ansteckend ist.

»Kommen Sie wirklich zurück, Ma'am?« fragte Femi.

»Werde vor allem gesund, Ilona«, sagte Abiola.

»Wenn sich Victor meldet, sagt ihm, wo ich bin«, bat ich. »Ich kann ihn nämlich nirgendwo erreichen.«

»Ich werde ihn schon finden, deinen Prinzen!« Abiola zwinkerte mir zu.

Ich hatte Glück im Unglück. Im Hamburger Tropeninstitut, in dem ich in den folgenden zwei Wochen gesundgepäppelt wurde, klärten die Ärzte mich auf, daß ich nicht die wesentlich gefährlichere Form der Malaria erwischt hatte, mit der Victor, zwischen Leben und Tod schwebend, rang. Die Kölner Strengfurt-Zentrale verordnete mir erst mal Familienurlaub.

Die Kinder hatten Osterferien. Die milde Vorfrühlingsluft in Niederbayern tat gut. Schon im Tropeninstitut hatte ich viel Zeit gehabt, darüber nachzudenken, wie es weitergehen sollte. Nachdem Nickel das Dossier gestohlen hatte, würde ich in Lagos auf verlorenem Posten kämpfen. Es hatte eigentlich keinen Sinn zurückzukehren – Nickel saß nun fester denn je im Sattel. Der Urlaub bei den Kindern und meinen Eltern ging zu Ende, ohne daß ich zu einer Entscheidung fähig gewesen wäre. In jener abgelegenen Gegend, in der meine Eltern lebten, konnte ich keine neue Arbeit finden, die meinen Fähigkeiten entsprach. Andererseits liefen die immensen Kosten weiter.

Ein Anruf Victors riß mich aus der Lethargie: Er bat mich, nach London zu kommen, und ich folgte seinem Ruf.

Er bewohnte ein Luxus-Apartment in Kensington, in dem wir uns ans Pläneschmieden machten. Die Krankheit hatte seinen Körper geschwächt, aber sein Geist schien wesentlich kämpferischer als zuvor: »Du solltest bei Strengfurt kündigen, Ilona. Mach dir um das Geld keine Sorgen. Ich habe mit meinem Vater gesprochen. Er würde sich freuen, dich als kaufmännische Geschäftsführerin unseres Konzerns zu gewinnen.« Inzwischen wußte ich, daß dies kein Goodwill-Job war, sondern harte Arbeit bedeuten würde.

Er ging in seiner Euphorie, mich ganz für sich zu haben, sogar noch weiter: »Nimm deine Kinder mit! Wir können alle in meinem Haus in Ikoyi leben. Du hast selbst gesehen – es ist groß genug. Wir haben einen Swimmingpool. Dein Sohn lernt Tennis, deine Tochter kann reiten, die deutsche Schule ist nicht weit.«

»Victor, langsam!« Ich küßte ihn sanft. Ein Mann, der für mich sorgte, dachte, plante. Und meine Kinder miteinbezog, als wären sie seine eigenen. Das war ich nicht gewohnt...

»Nein, Ilona, nicht langsam. Hast du nicht gemerkt, wie

schnell das Leben vorbei sein kann? Der Stich einer Mücke – und alles ist beinahe aus.« Er nahm mich in die Arme. Seine schönen Augen glänzten, als er fragte: »Erinnerst du dich an das, was ich dich in der Nacht in der Wüste gefragt habe?«

Und ob ich mich daran erinnerte! Ich hatte ja inzwischen Zeit genug gehabt, darüber nachzudenken. Ich hielt Victor fest, als wollte ich ihn nie wieder loslassen. »Möchtest du mich immer noch heiraten?«

»Hast du morgen schon was anderes vor?« Er lachte.

Die fremde afrikanische Welt war weit entfernt. Ich hatte viele Aspekte Nigerias kennengelernt. Faszinierende, unglaublich schöne, aber auch solche, die mich abstießen. Innerlich war ich zerrissen: Kaum hatte ich Afrika den Rükken gekehrt, wollte ich zurück. Zumal, da ich in Victor verliebt war. Andererseits dachte ich in Afrika viel an zu Hause, die Kinder, die Friedlichkeit, die Ordnung. Männer träumen, Frauen planen. Das liegt wohl daran, daß wir die Kinder bekommen.

Ich konnte Janet und Bobby nicht schon wieder aus ihrer neuen Umgebung in Niederbayern, in der sie gerade mal ein knappes Jahr wohnten, herausreißen. Ich hatte es ja erst vorgelebt bekommen: Wenn Bobby sich weh getan hatte – und er stürzte immerzu mit seinem Fahrrad –, rannte er zur Oma, nicht zu mir. Sie war seine Bezugsperson geworden.

Den ersten Teil von Victors Angebot dagegen wollte ich annehmen – für ihn und seinen Vater arbeiten. Denn so könnte ich mit dem Mann leben, auf den ich mein Leben lang gewartet hatte. Alles andere würde die Zukunft zeigen. Vielleicht könnte ich sogar später einmal meine Eltern dazu bewegen, mit den Kindern ganz zu mir zu ziehen ... Der innere Spagat aus Wünschen, Wollen und Wirklichkeit war noch lange nicht ausgestanden.

Ich schrieb einen langen Brief an Strengfurt-Chef Bernhard, in dem ich meine Kündigung erklärte. Bernhard selbst rief an, versuchte mich umzustimmen – und gab auf. Ich sollte nur noch für ein paar Wochen auf den Controller-Posten zurückkehren, um meinen Nachfolger einzuarbeiten. So flog ich zum dritten Neubeginn nach Nigeria, diesmal jedoch nicht allein: Ich freute mich auf ein Leben an der Seite von Victor.

Im Sumpfland

Wir schafften meine persönliche Habe aus dem kalten goldenen Käfig in Ikeja zu Victors feudaler Residenz auf Ikoyi, denn es galt, einen schnellen Schlußstrich unter mein Strengfurt-Leben zu ziehen. Nickel legte auf meine Anwesenheit keinen Wert. Zu meinem Nachfolger hatte er Okoro bestimmt. Mir war unbegreiflich, warum man in Köln zuließ, daß der Bock zum Gärtner befördert wurde. Doch was ging es mich noch an? Ich arbeitete Okoro ein, erschien pro forma täglich in der Firma. Gleichzeitig begann ich mein neues Leben zu organisieren, das völlig von Victor bestimmt wurde. Nur einen aus der Strengfurt-Zeit wollte ich behalten – den treuen Femi, der mich weiterhin sicher durch das chaotische Land chauffieren sollte. In Zukunft würden große Reisen anstehen, um Victors hochfliegende Pläne zu verwirklichen. Er wollte soviel Europa wie möglich nach Nigeria einführen. Er begann mit spleenigen Ideen: Die erste war eine Kerzenzieherei.

»Echtes Wachs! Nicht das stinkende Stearin!«

Er hatte das Klima nicht bedacht. Wachskerzen taugen nicht für die Hitze Afrikas. Die zweite Idee war die Produktion von Wegwerfwindeln. Aber keine der bekannten Firmen traute sich auf den nigerianischen Markt. Denn allenfalls die schwarze Oberschicht verpaßt den Popos ihrer Babys Pampers. Die dritte Idee resultierte aus seinem Hobby, dem Polo. Doch Polobälle herzustellen scheiterte wie eine weitere Idee – Toilettenpapier produzieren – am selben Problem: Holzwirtschaft wurde nicht kommerziell genug betrieben, Recycling-Papier gab es nicht.

Der Gedanke war trotzdem richtig: Eine Papierfabrik brauchte das Land. Aus Victors Sicht schon allein, um etwas für die Auflagen der einheimischen Zeitungen zu tun. Wir planten, Holz im großen Stil einzuführen. Doch dann erfuhr Victor, daß es Bäume gab, die in sieben Jahren schlagreif waren. Man mußte sie nur anpflanzen und dann sieben Jahre warten... Ein Langzeitprojekt, das Victors Zeitrahmen sprengen sollte.

Nachdem Victor seine sieben edlen Polopferde und die drei Dobermänner nach Lagos hatte bringen lassen, war Abiola häufiger Gast. Der Tierarzt hatte inzwischen kräftig bei Wachfirmen für die Idee geworben, Menschen mit Hunden als Wachen einzusetzen. Abiola begann mit Victors und meiner Hilfe, in großem Stil Doggen, Schäferhunde und andere Wachhunde zu importieren. Zu meines Vaters großer Freude, kassierte er doch für die Vermittlungen ordentlich Provisionen. Was lag für den ideenreichen und finanzstarken Victor näher, als eine Fabrik für Hundefutter in Dosen aufzuziehen?

Mit Abiola flogen wir in den Norden. Aber auch diese Seifenblase platzte schnell: Eine Rinderpest hatte die Viehbestände der Nomaden hinweggerafft. Aufgebläht lagen die toten Tiere auf den Weiden. Diese ersten Fingerübungen des ehrgeizigen Jung-Unternehmers Victor, die sein Vater mit lächelnder Skepsis verfolgte, schärften aber auch seinen Blick fürs Land. So war uns beispielsweise zwar klar, daß Düngemittelimport ein einträgliches Geschäft darstellen würde. Trotzdem ließ Victor die Finger davon, nachdem er sich mit Fachleuten ausgetauscht hatte. Düngemittel würden einerseits von den Industrienationen abhängig machen, andererseits zum Auslaugen des Bodens beitragen.

Victor konzentrierte sich aufs Stammgeschäft, das Öl. Wir flogen wieder zu den riesigen Ölfeldern im Nigerdelta. Unser erster Ausflug nach Warri hatte unseren Blick kritisch geschärft: totes Land, vergiftet von schlecht gewarteten Pipelines, abgestorbene Flüsse ohne Fische, verlassene Dörfer, deren ehemalige Einwohner in Slums nahe den Raffinerien lebten. Vor dem Hintergrund einer in Europa bereits lebhaft geführten Debatte über Ökologie konnten wir nicht die Augen geschlossen halten.

Victors Onkel Sunny legte den Finger in die offene Wunde im Leben Victors: »Was willst du, Victor? Lebst du nicht gut? Was glaubst du, woher all das Geld kommt? Von den Ölfeldern, über deren Ausbeutung du dich aufregst!«

»Sunny ist korrupt, Ilona«, ereiferte sich Victor, »er läßt sich von den Ölkonzernen dicke Bestechungsgelder zahlen, damit die nicht die Umweltschutzauflagen befolgen müssen. Und wir sehen zu, wie unser eigenes Land verseucht wird. Niemand unternimmt etwas dagegen.« Der Ölboom hatte 1982 seinen Höhepunkt erreicht – das frühere Agrarland lebte im Rausch der Petro-Dollars, als ob man in der Lotterie gewonnen hätte. »Schnell reich werden« war die Devise. Niemand fragte nach den Konsequenzen.

Beim Flug über die weiten, dünnbesiedelten Flächen im Süden und Südosten entdeckten wir riesige Mülldeponien, teilweise im Regenwald oder im Sumpfland versteckt, teilweise auf offenem Land. Giftmüll, den Schiffe aus Europa ins Land geschafft hatten. Statt verantwortungsbewußt entsorgt zu werden, vergammelte das Zeug unter freiem Himmel und verseuchte den Boden für Jahrzehnte. Victor nahm sich vor, all das zu ändern. Endlich hatte er seine Aufgabe ins Visier genommen. Etwas, das seinen vollen Einsatz lohnte.

»Du wirst dir Feinde machen, Victor«, warnte ich. »Du kommst in dieses dir eigentlich fremde Land und willst nach europäischem Standard aufräumen. Unsere Methoden funktionieren hier nicht. Nicht mal bei deutschen Firmen. Ich habe es doch bei Strengfurt erlebt.«

»Mein Wort hat Gewicht, Ilona. Ich kann mit Menschen wie meinem Onkel Sunny umgehen. Mach dir um mich keine Sorgen.« Doch mit seinen Sprüchen konnte Victor mir meine Sorgen nicht nehmen.

Trotzdem stand ich an seiner Seite, als er eine Firma gründete, die Umweltprojekte betreuen sollte. Anfang der achtziger Jahre stieß Victor mit seinen Plänen zunächst nur auf Ablehnung. In der nigerianischen Regierung wollte man nichts davon hören. Er gab nicht nach, reiste im Süden umher, flog nach Europa, weil er wußte, daß die dort residierenden Ölfirmen sensibler auf das Thema reagierten. Und tatsächlich: Er zog die ersten – allerdings nicht mal die Kosten deckenden – Aufträge an Land.

Über einen Freund, den Victor im Polo-Club gefunden hatte und der für die Regierung arbeitete, bekam die neue Firma einen Auftrag im äußersten Südosten des Landes, nahe der Grenze zu Kamerun. In den Mangrovensümpfen waren Fässer entdeckt worden, in denen sich höchstwahrscheinlich Gift befand. Als wir mit dem Flugzeug in Calabar eintrafen, einer legendären früheren Sklavenstadt, machten wir uns keine Vorstellung, wie schwierig diese Reise werden sollte. Zu unserer Begleitung und unserem Schutz hatte Victor einen kräftigen Einheimischen namens Steve mitgenommen. Die Fähre brachte uns von Calabar aus in vierstündiger Fahrt durch das Delta des Cross River nach Eket, wo uns Mike in Empfang nahm. Mike besaß eine kleine Firma, die gelegentlich Reparaturaufträge für die großen Raffinerien durchführte. Über Victor hoffte Mike, in einen möglicherweise einträglichen Markt für Bodensanierung vorzudringen.

Mike und seine sympathische, fröhliche Frau bewirteten uns in ihrem hübschen kleinen Haus, bevor es am nächsten Tag in vier Kanus, bepackt mit Bergen von Proviant und Zelten, in das dichte Grün des Mangrovensumpfes und des

Regenwaldes ging. Unsere beiden Führer, Mba und Ukwu, brachten die Einbäume immer tiefer in die Sümpfe hinein. Das dichte Dschungelgrün wurde immer wieder von kleinen, parkähnlich angelegten Grundstücken unterbrochen. Als ginge sie die urwüchsige Kraft des Regenwaldes nichts an, hatten die Bewohner Pflanzen in Tontöpfen dicht ans Wasser gestellt. So entstand bei uns die irrige Annahme, daß die Zivilisation doch nicht ganz so weit weg war. Sogar Kirchen mit spitzen Türmen hatten Missionare hier errichtet. Und doch war der Urglaube der Menschen vom Fluß sehr lebendig.

Plötzlich begann es zu regnen. Ein Guß wie aus Kübeln! In Sekundenschnelle waren wir bis auf die Haut durchweicht. Wir paddelten aus dem dichten Regen, der die Sicht nahm, heraus und machten an der nächsten Anlegestelle fest, wo alles trocken war. Mba sagte mit der größten Selbstverständlichkeit, daß in der Nähe ein *babalawo* wohne. Der Mann verstehe sich aufs Regenmachen.

Ein paar Stunden später tat sich Mba mit dem Paddeln plötzlich schwer. Wir fielen immer weiter zurück. Er rief seinem Kollegen Ukwu etwas zu. Als wir Ukwu endlich erreicht hatten, gab er Mba eine Flasche Gin. Während ich mich noch fragte, ob Mba sich alkoholisiert mit dem Paddeln leichter tun würde, leerte der die Flasche Gin komplett ins Wasser.

»Ein Opfer für die Götter«, murmelte Mba zur Erklärung. Und plötzlich bewegte er das Paddel wieder mit größter Leichtigkeit. Gin schlürfende Götter machen offensichtlich weniger Probleme. Was sich auf unser Trinkgeld für die Spender günstig auswirkte.

An einer Lagunenbucht war die Fahrt erst einmal zu Ende. Ein paar der Männer bauten die Zelte auf. Mit zwei Booten fuhren Ingenieur Mike, Leibwächter Steve, Victor und ich in einen Seitenarm hinein. Eine mückenverseuchte, unangenehme Fahrt bis zu einem Brackwasserteich. Die Fässer waren achtlos abgeworfen worden, rote, durchkreuzte Totenköpfe sprachen eine deutliche Sprache. Die Behälter stammten laut Aufdruck aus Frankreich. Mike und Victor machten Fotos und nahmen Proben mit. Ich war froh, als wir die Lagune mit einer leichten Brise wieder erreicht hatten.

Während wir hungrig am offenen Feuer unser Abendessen verzehrten, erzählten Mba und Ukwu Geschichten von Fledermäusen mit riesigen Flügeln, deren Biß Polio übertrug, von Schlangen, die Geschwüre verursachten. All diese Tierchen seien nichts anderes als Hexen. Und die wollten nicht unbedingt töten, sondern bewohnten den Körper eines Menschen, um sich daran satt zu sehen, wie der Gepeinigte Haus und Landwirtschaft, Frau und Kinder verlor, bis er endlich selbst dahingerafft war.

Während Victor und ich teils amüsiert, teils angeekelt lauschten, kam eine Frau aus dem Busch. Mba lud sie ein, sich zu uns zu setzen. Schweigend nahm sie je eine Schale Reis und eine voll Fleisch mit scharfer Sauce. Wir dachten, daß sie sich nun setzen würde, um zu essen. Statt dessen drehte die Frau die Schalen mit der Öffnung auf den Boden. Danach verschwand sie genauso stumm, wie sie gekommen war. Wir kommentierten das Geschehen mit verständnislosem Lachen, und Steve drehte die Schalen wieder um. Doch sie waren leer und sauber, als ob sie nie gefüllt gewesen wären.

Mit bangem Herzen verkrochen wir uns in unsere Moskitozelte. In der Nacht wachte ich von einem kratzenden Geräusch an der Zeltwand auf. Ein langgestreckter Schatten huschte draußen am Zelt entlang. In Panik weckte ich Victor. Er rief laut und klatschte in die Hände. Sein Rufen alarmierte die anderen, die zu unserem Zelt stürzten und die Umgebung mit ihren starken Taschenlampen ableuchteten. Ihre Suche blieb ergebnislos. An unserem Zelt machten sie jedoch deutliche Kratzspuren aus. Und dann entdeckte Steve den Grund für den Besuch: In einer Ecke unseres Zeltes lagen mehrere Brocken Fleisch. Mba und Ukwu schimpften uns, weil wir den Leoparden durch unseren Leichtsinn angelockt hatten. Ich war jedoch ebenso wie Victor absolut davon überzeugt, daß wir keine Nahrung ins Zelt mitgenommen hatten.

»Dies ist die Gegend, in der der Leopard nachts jagt«, sagte Mba. »Das Mädchen, das uns aufgesucht hat, war der verwandelte Leopard. Es hat euch das Fleisch aus der Schüssel ins Zelt gehext.« Veranstalteten unsere horrorkundigen Flußführer all diesen Zauber, um uns einen Schrecken einzujagen? Durch die Wand unseres dünnen Moskitonetzes hatte ich eindeutig den Schatten einer großen Raubkatze gesehen. Das zerkratzte Zelt war ein weiterer Beweis. Allerdings hörte ich später, daß es Menschen gibt, die sich geschickt und katzenhaft wie der Leopard am Boden bewegen können.

Nach einer schlaflosen Nacht paddelten Mba und Ukwu uns zu einem *babalawo*, jenem, der angeblich auch den Regenguß zuwege gebracht hatte. Er sollte das Orakel befragen und im Zweifelsfall die Götter versöhnen. Victor sagte mir zwar, daß er die Orakelbefragung für ausgesprochene Scharlatanerie halte, aber er erkannte sehr wohl, daß die anderen aus unserer Gruppe das ganz anders sahen. Nachdem der *babalawo* Victors Geld bereitwillig genommen hatte, befragte er das Orakel. Wieder sah ich fasziniert zu, wie ein Busch-Priester die Palmnüsse jonglierte.

Wir hätten uns einen mächtigen Gegner ausgesucht, verkündete der *babalawo* nach einer Ewigkeit. Dieser Gegner müsse in einer Zeremonie besänftigt werden. Der *babalawo* tat dies, indem er einem kleinen Holzmännchen mit einem mächtigen, aufgerichteten Phallus kaltes Flußwasser über den dunklen, verwittert aussehenden Körper kippte und ihn danach mit rotem Palmöl einrieb.

Ich merkte Victor die Ungeduld während der Zeremonie

deutlich an. Er saß unruhig und fand keine Position, in der er seine langen Beine angemessen unterbringen konnte. Ungeniert blickte er immer wieder auf seine teure Schweizer Uhr. Ich wußte, daß er am Abend wieder in Lagos sein wollte. Und dann schleppte ein Helfer des *babalawo* noch eine Ziege an, die geopfert werden sollte. Das war der Moment, in dem Victor endgültig der Kragen platzte. So hatte ich ihn noch nie erlebt. Er stand abrupt auf, reichte mir die Hand und zog mich hoch.

»Mister«, zischte er den *babalawo* an, »da hinten liegt irgendein Gift im Wasser und verseucht die Fische. Die Menschen werden diese Fische essen und krank werden oder sterben. Wie wäre es, wenn Sie Ihren Zauber mal dagegen einsetzen würden?«

Äußerlich zeigte der *babalawo* keine Verärgerung. Er gab lediglich der Ziege einen Klaps und jagte sie davon. Dann fixierte er Victor und sagte ganz ruhig: »Wenn der Leopard seine Beute nicht beim ersten Mal tötet, so heißt das nicht, daß er sie verschmäht.«

Während sich die anderen artig verbeugten, gingen wir zu den Kanus zurück. »Er hat eine schwarze Kerze angezündet«, hörte ich Mba zu Mike sagen, als wir in die Boote stiegen. Mike schnalzte mißbilligend mit der Zunge. Von ihm bekam Victor die Quittung für seine Ungeduld, und zwar bereits am Nachmittag. Mike sagte, ihm sei es zu riskant, sich an der Bergung der Fässer zu beteiligen. Ich fand lediglich, daß Victors Auftritt unnötig brüsk gewesen war. Eine Stunde lang dem Ziegenopfer beizuwohnen, hätte unseren Zeitplan nicht erheblich durcheinandergebracht. Zumal wir nachher ohnehin anderthalb Stunden auf die Fähre nach Calabar warten mußten. Über die schwarze Kerze erfuhr ich, daß sie entzündet wurde, um jemanden mit einem Fluch zu belegen.

Erst Wochen später gelang es Victors Firma, ein Spezial-

Unternehmen zu finden, daß sich mit einem entsprechenden Schiff in die Sümpfe wagte. Als die Giftfuhre schließlich in dem Hafen ankam, den ich von Johns Rostautos kannte, war die Überraschung groß. Ein Hafenarbeiter erzählte einem von Victors Männern, daß die Fässer im selben Hafen umgeladen worden seien – auf ein Schiff, das einer Reederei von Onkel Sunny gehöre. Die trickreichen Spiele des Leoparden liebenden Onkels.

Sunny spielte mit dem Tod: In den Fässern war mit Dioxin verseuchter Schlamm. Der Onkel zeigte sich tief betroffen über die Schlamperei seiner Angestellten. So stand es jedenfalls in der Zeitung. Familienintern lief die Angelegenheit anders ab. Chief William besuchte Victor und unterhielt sich lange unter vier Augen mit ihm. Hinterher war Victor sehr schweigsam, aber es war deutlich, daß er vom Clanchef einen Rüffel bekommen hatte. Nach der Entdeckung der Fässer hätte Victor die Familie verständigen sollen und nicht die Regierung.

»Und woher sollte ich wissen, daß der Dreck von Sunny stammte?« fragte Victor mit unterdrücktem Ärger. Er hatte zwar geahnt, daß Sunnys Geschäfte nicht sauber waren. Den Onkel aber vor aller Augen zu überführen, das hatte eine andere Qualität. Victors erster großer Erfolg war gleichzeitig seine erste Niederlage geworden.

Weihnachten 1982 stand kurz bevor. Ich wollte zu meinen Kindern nach Deutschland, Victor nach London, wo wir dann gemeinsam Silvester feiern würden. Femi brachte uns zum Flughafen. Er reichte uns eine Tageszeitung nach hinten. »Haben Sie es schon gelesen, Ma'am?«

In dicken Lettern stand auf der Titelseite: »Deutscher Geschäftsmann in seinem Büro erschossen«. Ein Schwarzweißfoto von einem Mann am Boden, in seinem eigenen Blut liegend. Hastig überflog ich den Text. Klaus Nickel war von hinten von mehreren Kugeln getroffen worden, als er vor seinem Tresor stand. Der Täter mußte Nickel gekannt und ihn gebeten haben, etwas aus dem gut bewachten Tresor zu holen, in dem alle Firmenunterlagen und große Geldsummen verwahrt wurden. »Menschen wie Nickel stürzen über ihre eigenen Machenschaften«, hatte Bernd einmal zu mir gesagt.

Ich reichte die Zeitung an Victor weiter, der den Text gründlicher las. »Du hast nicht zu Ende gelesen, Ilona. Hier steht, daß auch Nickels Oberbuchhalter ermordet wurde. Ein Lion Okoro. Er ist schon vor zwei Tagen auf der Straße erstochen worden.« Pause. »Was ist das bloß für ein Land!«

Sicher: Die beiden Toten hatten mir ganz schön zugesetzt. Mit einem weniger wachsamen Schutzengel an meiner Seite hätte ich die Heimfahrt von Okoros Fest vielleicht nicht überlebt. Aber der Tod der beiden war unnötig: Mit einem Prozeß hätte man viel mehr erreicht. Aber das lag wohl in niemandes Interesse. Strengfurt schloß ich bei diesem Gedanken durchaus mit ein. Nickel war kinderlos geblieben, aber Okoro hatte drei kleine Kinder. Was konnten sie für das skrupellose Vorgehen ihres Vaters?

Am Neujahrstag hatte ich das seltene Vergnügen, eine Dame aus dem britischen Hochadel kennenzulernen – Victors Mutter. Sie war sicher älter als Mitte Fünfzig, aber ihre Haut war faltenfrei. Als wäre sie gebügelt wie alles in ihrem Haus. Haus? Es war ein türmchenverziertes Schloß mit eigenem Stadtpark vor den Toren Londons. Alles sah so aus, als wäre Victor der einzige Mensch dunklerer Hautfarbe, der jemals den Haupteingang benutzen durfte.

»Wie lange hast du deine Mutter nicht gesehen, Victor«, hatte ich vorher gefragt.

Er überlegte eine Weile. »Vier Jahre? Nein, fünf.«

Zur Begrüßung hielt sie ihrem Sohn die Hand hin – für einen Handkuß. Keine Umarmung. Und so verlief auch die Konversation, an der eigentlich nur eines bemerkenswert war, nämlich der Kommentar: »Victor, du solltest nicht in Afrika bleiben. Das ist nicht dein Land.«

Victor widersprach nicht, nahm es nur schweigend zur Kenntnis.

Der Angriff des Falken

Ein paar Tage nach Silvester waren wir wieder in Lagos. Endlich sollte Victors neues Pferd aus Argentinien eintreffen. Er schwärmte schon Tage vorher von dem 100 000 Mark teuren Hengst. Stolz führte er mich in den klimatisierten Stall, in dem es die sündhaft teuren Pferde besser hatten als die Angestellten in den *boy's quarters*. Die Neuerwerbung war ein drahtiger schwarzer Hengst, nicht besonders groß. Wie die meisten Poloponys hatte er ein Stockmaß von etwa einem Meter fünfzig. Der Hengst hieß Abraxas.

Ich hätte mich nie getraut, auf dieses hochgezüchtete Pferd aufzusteigen, das wie ein Vollblüter mit zu kurz geratenen Beinen wirkte. Abraxas war sehr lebhaft. Seine geballte Energie wurde dadurch unterstrichen, daß die Mähne abrasiert war – eine Vorsichtsmaßnahme, damit der Bambusschläger des Spielers sich nicht darin verfängt. Ein britischer Stallbursche namens Pete war der einzige, der sich um die Pflege von Abraxas kümmern durfte. Für ein Polopony, meinte Pete, sei Abraxas eigentlich etwas zu nervös. Pete schlief direkt neben dem Stall. Zur Sicherheit hatte Victor ihm einen Dobermann gegeben.

Glücklich und gelöst wie schon lange nicht mehr, fuhren wir die kurze Strecke zurück zu Victors Villa. Nur der neue Hengst hatte, davon war in Victors Poloteam jeder überzeugt, zum Sieg über die starke Mannschaft aus dem Norden beigetragen. Am nächsten Morgen stand Victor sehr früh auf, um Termine außerhalb der Stadt wahrzunehmen. »Schlaf aus, Liebes«, sagte er zum Abschied.

Ich murmelte ein »Okay« und drehte mich um, als ich ein atemloses »Jesus Christus!« aus Victors Mund hörte.

»Was ist?«

»Bleib im Bett!« Victors Stimme klang unnatürlich schrill. So hatte ich ihn noch nie reden gehört.

Ich blieb nicht im Bett und sah, was passiert war: Vor der Schlafzimmertür lag einer von Victors Dobermännern. Man hatte dem kräftigen Tier die Kehle durchgeschnitten. Und zwar hier im Haus, direkt vor unserer Schlafzimmertür! Hier war der Hund verblutet. Alle meine nigerianischen Alpträume waren wieder erwacht. Das war eine Drohung!

Victor versuchte, sich seine Angst nicht anmerken zu lassen, als ich ihn wenig später im Arbeitszimmer perfekt wie immer angekleidet antraf.

»Hast du die Polizei gerufen?«

»Ilona, Liebes, wir beide kennen dieses Land gut genug, oder?«

»Was willst du tun?«

»Nichts. Weitermachen. Ich lasse mich nicht einschüchtern.«

»Wer steckt dahinter? Weißt du es?«

Er blieb die Antwort schuldig. Mittlerweile kamen viele Leute in Frage, denen Victor auf die Füße getreten war. Die Fässer von Calabar waren kein Einzelfall.

Nach dem Tod des Hundes ließ Victor die Wachen mit scharfen Waffen ausrüsten. Abiola brachte uns die inzwischen gut erzogenen Doggen Baatzi und Dolly zurück. Sie waren groß wie Kälber, was ihre Namen albern erscheinen ließ.

Ein paar Tage später fuhr Femi uns spätabends von einem Essen mit Geschäftspartnern zurück. Die Scheinwerfer des Jaguars erfaßten in der stockfinstren Nacht direkt neben der Einfahrt ein Bündel, das aussah wie ein großer Sack.

»Femi, sagen Sie bitte den Wachen, man möchte das morgen wegräumen.«

»Ja, Sir.«

Femi lenkte den Wagen daran vorbei. Irgend etwas sagte mir, daß mit dem »Sack« etwas nicht stimmte. »Femi, halten Sie mal.« Ich ließ das Fenster hinunter. Das war kein Sack. Da lag ein Mensch neben der Einfahrt, regungslos. »Geben Sie mir mal Ihre Taschenlampe, Femi.«

»Nein, Ma'am, ich sehe lieber selber nach.«

Also stiegen wir alle drei aus. Der Mann, der dort lag, war tot. Femi drehte ihn auf den Rücken, und wir erkannten ihn: Es war Pete, Victors extra aus London eingeflogener, rothaariger Stallbursche. Mit einem Messerstich in die Brust ermordet.

»Was kann Pete dafür? Was? Er hat doch nur mein Pferd versorgt! Er war ein lieber, netter Kerl.« Victor ging zurück zum Wagen, ließ sich in den Ledersitz fallen.

»Wer? Victor, sag es mir! Wer, glaubst du, hat das getan?« bettelte ich um eine Erklärung.

»Ich werde mit Vater sprechen«, war seine ausweichende Antwort. Ich verstand das damals noch nicht – diesen Zusammenhalt der Familien. Ich glaubte, ich gehörte bereits dazu, weil ich an Victors Seite lebte. Welch ein Irrtum! Die wirklich wichtigen Probleme ließ man nicht an mich heran.

Zwei Tage später stand in der Zeitung, der aus Wales stammende Stallbursche Pete Wyman sei Opfer eines Raubmordes geworden. Kein Wort darüber, daß Pete für Victor gearbeitet hatte.

So westlich sich Victors Vater gab, so sehr war er auch in seiner schwarzen Kultur noch verwurzelt. Er bat seinen Sohn, in die Nähe von Benin City, gut 300 Kilometer östlich von

Lagos, zu fahren. Dort, im Regenwald, sollte Victor den Medizinmann der Familie um Rat fragen.

»Es ist alles Unsinn, nicht wahr, Ilona?« lachte Victor. »Und trotzdem fahren wir hin.«

Der Mann hatte ein Schild an der Haustür, das auf seine Tätigkeit hinwies: *herbalist,* Kräuterdoktor. Und er wollte mit Victor allein sein ... »Ich bin gleich zurück, Liebes.«

Drei Stunden vergingen, die ich dösend im Schatten eines großen Affenbrotbaums im Hof verbrachte. Endlich trat mein Prinz aus der Lehmhütte heraus. Er war verstört und wollte es sich nicht anmerken lassen. »Es war sehr interessant«, sagte er. Sein Oxford-Englisch wirkte hier so deplaziert wie sein grauer, zweireihiger, eingestaubter Armani-Anzug. Verschlossen wie eine der Austern, die er so gern verspeiste, saß er im Range Rover, den er selbst lenkte. Femi sollte nicht mitbekommen, daß er, der Prinz aus England, beim *herbalist* Rat suchte. Und sei es auch nur widerwillig.

»Er hat dir etwas gesagt, daß dir angst macht. Nicht wahr, Victor?« Mit dieser Prognose konnte ich kaum schiefliegen – nach allem, was geschehen war.

»Ich glaube ihm nicht, Ilona. Voodoo-Kram!« sagte er geringschätzig. »Der *herbalist* sagt, Schwarze Magie werde gegen mich eingesetzt. Lachhaft! Ist es Schwarze Magie, einem Hund die Kehle durchzuschneiden? Oder einen unschuldigen Burschen zu erstechen?«

Regenwald. Rechts und links. Endlos. Ein undurchdringliches grünes Gestrüpp.

Victor ignorierte die Warnung des Medizinmannes. Vor der Tür lag seit einiger Zeit eine Fußmatte. Sie überdeckte den dunkelbraunen Fleck, den das Blut des toten Hundes auf dem Parkett hinterlassen hatte. Gleich einem Mahnmal, das Victor vergessen wollte. Eines Morgens war diese Matte feucht. Mit nacktem Fuß hatte Victor sie kurz berührt. Er untersuchte die Ursache und fand zwei kleine Gefäße mit einer hellen Flüssigkeit, die eine dünne Kordel verband. Die Schnur führte über die Matte und benetzte sie.

»Fassen Sie das nicht an, Sir«, sagte der vor Angst schlotternde Hausboy.

»Warum? Was ist das?«

»Es ist Gift, Sir!«

»Unsinn!« Victor spülte die Flüssigkeit ins Klo und warf die Matte in den Müll. Aber Hände und Füße wusch er sich trotzdem ausgiebig.

Am Nachmittag fuhren wir zum Strand, machten einen langen Spaziergang. Ich hielt die Hand meines Prinzen. Während unserer Safari hatte Victor mich gefragt, ob ich ans Schicksal glaube. In den vergangenen Tagen war zu viel passiert, als daß ich noch an Zufälle glauben konnte. »Victor, damals, als Nickel mir nach dem Leben getrachtet hat, da wolltest du, daß ich aufhöre bei Strengfurt. Das sei es nicht wert, daß ich mich in Gefahr brächte. Ich bitte dich jetzt um dasselbe. Laß uns nach London oder Deutschland gehen. Irgendwohin, wo wir sicher sind.«

Er schwieg und starrte aufs Meer. Dann schüttelte er langsam den Kopf. »An Neujahr hat meine Mutter gesagt, Afrika sei nicht mein Land. Sie hat es gesagt, weil sie mein Land nicht kennt. Sie hat es nie der Mühe für wert befunden, in das Land jenes Mannes zu reisen, den sie geheiratet hat. Es war ihr wohl zu ... weit weg. Sie hätte ja auch mich am liebsten vergessen. Ich liebe England, weil es ein freies und demokratisches Land ist. Und ich liebe Nigeria. Aber nicht aus rationalen Gründen. Das ist der Unterschied. Es ist das Land meines Vaters. Er glaubt an mich. Ich werde ihn nicht enttäuschen. Ich werde vorsichtiger sein, na gut. Aber davonlaufen? Nein, Ilona.«

»Versprichst du mir, daß du vorsichtiger sein wirst?«

Er nahm mich in die Arme. Die Wellen brandeten heftig an den Strand. Sowenig, wie ich die Wellen aufhalten konnte, konnte ich das Kommende aufhalten. Ich hatte zwar Victors Versprechen, aber wir beide wußten ja nicht, wovor wir uns schützen sollten. Oder vor wem. Wir hätten Nigeria verlassen sollen. Doch das wollte Victor nicht. Es war sein Schicksal...

Das Rückspiel gegen das Poloteam aus dem Norden stand an. Es sollte in Katsina stattfinden, an der Grenze zu Niger. Victor und sein Team waren schon Tage vorher mit den Pferden vorausgefahren, ich sollte hinterherfliegen. Die Nacht vor dem Abflug werde ich nie vergessen. Ich schlief unruhig, träumte wirres Zeug von einem Urzeitvogel, der Victor in den Klauen hielt und ihn mit dem starken Schlag seiner mächtigen Flügel davontrug. Ich schrie und rannte dem Biest hinterher. Der Vogel stieg immer höher und entschwand meinem Blick. Erschöpft gab ich auf und ließ mich in den Staub fallen. Ich hörte, wie jemand lachte. Es war die Stimme eines Mannes. Ich sah mich um, aber die Sonne blendete mich. Es war ein Reiter, der in einiger Entfernung auf seinem Pferd saß. Er hatte einen Arm ausgestreckt. Winkte er mir? Oder streckte er die Hand aus, um mir hochzuhelfen? Doch er schien viel zu weit weg, um mir helfen zu können.

Victors Vater William nahm mich in seiner Privatmaschine nach Katsina mit. Er saß vorne neben dem Piloten, ich hinten.

William drehte sich zu mir um. »Eine ehrliche Antwort, Ilona: Mögen Sie Polo?«

Ich lächelte. So wie mich der alte Stammes-Chef ansah, mit diesem verschmitzten Blick in den Augenwinkeln, schien er die Antwort zu erahnen. »Na ja, Chief William, ich schätze Ihren Sohn sehr. Und ich mag Pferde.«

Er lachte laut, wobei er den Kopf in den Nacken legte: »Eine diplomatische Antwort. Aber keine ehrliche. Ich glaube, in Wirklichkeit geht es Ihnen wie mir: Mir tun die Pferde leid.«

»Sie werden ziemlich gefordert«, stimmte ich zu, »diese schnellen Ritte und dann das abrupte Abstoppen und Wenden. Das verlangt ihnen eine Menge ab.«

»Aber den Reitern verlangt es auch eine Menge an Kondition ab. Außerdem ist es nicht ungefährlich. Victor ist schon einige Male schwer gestürzt. Ich wünschte mir manches Mal, er würde sich ein weniger riskantes Hobby zulegen. Vor allem hier bei uns in Afrika. Der Boden ist oft hart. In England, wo Victor diesen Sport erlernte, ist der Rasen weich. Da ist ein Sturz nicht ganz so gefährlich.«

»Haben Sie Angst um ihn?«

William blickte nach vorn. Da ich direkt hinter ihm saß, konnte ich sein Gesicht nicht erkennen, als er antwortete: »Er ist mein einziges Kind, Ilona. Ich habe mich wenig um ihn gekümmert. Hat er Ihnen das mal erzählt? Ja, sicher wird er das erzählt haben. Jetzt bin ich ein alter Mann, und es ist zu spät dazu. Ich möchte, daß er mein Nachfolger wird. Und Victor gibt sich viel Mühe, mich nicht zu enttäuschen. Doch manchmal ...« William machte eine Pause, überlegte offenbar, ob er zuviel verriet. »Manchmal habe ich Zweifel, ob es richtig war, ihn aus seinem Leben in England herauszuholen. Ich weiß es nicht. Glauben Sie, daß Nigeria das richtige Land für ihn ist?«

Meine Antwort kam viel zu schnell. »Aber ja, Chief William, Victor liebt Nigeria. Er hat es mir selbst gesagt.«

»Weil es das Land seines Vaters ist, Ilona. Nicht, weil es sein Land ist. Das ist ein wichtiger Unterschied. Aber es ist ein schönes Land ...« Er blickte hinunter auf das dichte Grün des Regenwaldes, durch das sich dunkel die Lebensadern der

Flüsse einen Weg bahnten. »Und ein schwieriges Land. Vor allem für den, der es nicht kennt«, fügte er nach einer Pause hinzu.

In den ersten Monaten hatte William sehr auf Distanz zu mir geachtet. Er hatte nicht abschätzen können, wie tief die Beziehung zwischen Victor und mir werden würde. Doch nach und nach waren unsere Gespräche weniger förmlich geworden. Er erkannte meine Arbeit als Geschäftsführerin an, die darauf abzielte, die Unternehmungen effizienter zu machen. Sich von Beteiligungen zu trennen, die nichts einbrachten, und dafür in zukunftsträchtigere Zweige zu investieren. Nie zuvor aber hatte ich mit William so persönlich gesprochen wie jetzt in der Enge des Flugzeugs. Vielleicht, weil uns beide das Schicksal in diesen Stunden so nah wie nie zuvor zusammenbrachte.

Der Pilot flog sehr niedrig, schätzungsweise tausend Meter über dem Boden. Meistens den Flußläufen folgend oder den großen Asphaltstraßen, die in einem breiten Bett aus rotbraunem Erdreich lagen. Verzweifelt überlegte ich, wie ich William, den Stammes-Chef, auf die seltsamen Vorgänge rund um Victor ansprechen konnte – den getöteten Dobermann, den ermordeten Stallburschen Pete, die eigenartige Konstruktion mit der Fußmatte vor unserer Schlafzimmertür. William wußte mit Sicherheit davon. Warum sonst hatte er seinen Sohn zum *herbalist* geschickt?

Ich verpaßte die Gelegenheit. William hatte sich wieder zu mir umgedreht und sah mich ernst an. »Victor will Sie heiraten, Ilona. Ich möchte von Ihnen gerne wissen, ob Sie das auch wollen. Aber bitte keine diplomatische Antwort. Auch, wenn Sie das gut können.«

Damit hatte ich nicht gerechnet! Wenn das Flugzeug in einem Luftloch abgesackt wäre, hätte mein Herz wahrscheinlich nicht so lange ausgesetzt wie bei dieser Frage. Ich liebte Victor auf eine andere Art, als ich John geliebt hatte. Inzwischen hatte ich gelernt, daß Liebe Verantwortung bedeutet, mit der man nicht spielt. Die Beziehung zu Victor war romantisch und exotisch, aber gleichzeitig war da von Anfang an so etwas wie eine Ernsthaftigkeit, ein tiefes inneres Verstehen. Ich konnte also unmöglich eine leichtfertige Antwort geben.

»Chief William, ich bin noch nicht geschieden«, stotterte ich. »Der Mann, mit dem ich verheiratet bin, wehrt sich gegen die Scheidung. Sicherlich werde ich sie durchbekommen. Aber ich habe zwei Kinder, die in Deutschland leben.«

William wurde etwas ungeduldig. »Das weiß ich doch alles, Ilona. Ich möchte wissen: Werden Sie Victor heiraten?«

»Ich habe noch nie einen Mann wie Ihren Sohn getroffen, Sir.« Ich atmete tief durch und dann sagte ich es. Und gestand es mir endlich selbst gegenüber ein: »Ja, ich liebe ihn. Sobald ich geschieden bin, werde ich ihn heiraten.«

»Das ist gut. Möge Gott Ihre Wege segnen, meine Tochter.«

Er blickte hinaus auf das weite Land unter uns. Nach einer Weile drehte er sich lächelnd um: »Bitte, sagen Sie nicht mehr ›Sir‹ und ›Chief‹ zu mir. Nennen Sie mich William. Außerdem waren Sie noch nicht in meinem Palast. Das sollten Sie möglichst bald nachholen.«

Von William erfuhr ich, daß Katsina früher die Hochburg der polospielenden Elite des Landes war. Inzwischen genoß eine Stadt namens Sokoto, weiter westlich gelegen, einen besseren Ruf. Katsina ist islamisch geprägt und hat Moscheen. Die alte Stadt mit ihren vielen, vorwiegend aus Lehm gebauten Häusern, die von einer Stadtmauer umschlossen sind, wirkte auf mich märchenhaft entrückt, weit entfernt von allem Westlichen. Schon aus der Luft waren die vielen Kamele zu erkennen, mit denen vermummte Gestalten unterwegs waren. Nur das außerhalb gelegene, neue Stahlwerk machte eindrucksvoll deutlich, daß die Industrialisierung auch hierher schon vorgedrungen war.

Während Chief William mit anderen, sich bedeutsam gebenden Männern sprach, suchte ich meinen Prinzen bei den Poloponys, denen noch die Schwänze geflochten wurden.

»Abraxas ist ungewöhnlich nervös. Wir überlegen, ob wir ihn überhaupt einsetzen sollen«, berichtete Victor.

»Vielleicht ist ihm der Transport nicht bekommen.«

»Ich glaube, er vermißt Pete. Wir haben zwar einen neuen Burschen, aber der kommt mit Abraxas lange nicht so gut zurecht.«

Ich folgte dem Turnier mit angestrengtem Interesse. Ob da nun Punkte gemacht wurden oder warum – ich hätte es nicht erklären können. Durch den aufsteigenden Staub konnte ich manchmal kaum erkennen, wer den Holzball wohin schlug. Mein Augenmerk galt Victor, und ich versuchte immer wieder, ihn unter all den Reitern auf dem Spielfeld auszumachen, das einen Viertelkilometer lang war. Vor allem, als er im zweiten Durchgang, *Chukka* genannt, Abraxas einsetzte. War das edle Tier vor dem Spiel unruhig gewesen, so schien es Victors Befehlen jetzt problemlos zu folgen.

Ich stand unter einem Sonnenschirm neben einer großen Frau vom Typ Mammi und ihrem schmächtigen Mann, der mit einem Fernglas den Spielverlauf sachkundig verfolgte, im Gegensatz zu seiner Frau, die unentwegt redete. Ich versuchte wieder, Victor auf dem Spielfeld ausfindig zu machen, der in dem Pulk der acht berittenen Spieler steckte. Das Knäuel löste sich, eine Gruppe sprengte dem Ball hinterher. Da, das war er! Abraxas setzte sich im gestreckten Galopp von den anderen ab. Victor stand auf den Zehenspitzen in den Steigbügeln, den Körper nach vorn gebeugt, den Schläger in der rechten Hand.

In diesem Augenblick bemerkte ich den Vogel, der so groß wie eine Krähe sein mochte: Mit schnellem Flügelschlag sauste er dicht über dem Spielfeld dahin. Er schien Victor und seinem Pferd zu folgen. Hatten die Reiter eine Maus aufgescheucht, die dieser Vogel schlagen wollte? schoß es mir durch den Kopf.

In diesem Moment lehnte Victor sich weit aus dem Sattel und holte mit dem Schläger Schwung. Aus den Augenwinkeln sah ich, wie die Frau neben mir die Hände entsetzt vor den Mund schlug und hörbar die Luft einsog. Sekundenbruchteile nachdem Victor mit dem Schläger den kleinen Weidenholzball zurückgeschlagen hatte, erreichte der Vogel Abraxas, der im Begriff war, abzustoppen und zu drehen. Der Vogel stürzte sich auf den Kopf von Victors Pony, hockte dort für die Länge eines Wimpernschlags. Abraxas stieg hoch, schüttelte den Kopf, um den flügelschlagenden Angreifer abzuwerfen.

Victor hatte nicht den Hauch einer Chance. Kopfüber stürzte er in den Sand.

Ein Aufschrei ging durch die Zuschauer, was alles noch schlimmer machte. Abraxas, dieses Nervenbündel, drehte sich um seine eigene Achse, als tanzte er auf den Hinterbeinen, und trat auf Victor.

Mit schnellem Flügelschlag hatte der Vogel abgedreht und war davongeflogen, direkt über meinen Kopf hinweg. Ich konnte deutlich erkennen, daß der davonflatternde Angreifer ein schmaler Vogel mit hell getupfter Brust war. Während Abraxas wie von tausend Hornissen gestochen davonstob, hatten die anderen Reiter ihre Pferde längst in die Richtung gedreht, in die Victor den Ball geschlagen hatte. Als sich der Staub verzog, blieb Victor allein am Boden zurück.

Es war passiert. Der Vogel aus meinem Traum. Er war gekommen.

Ich brauchte einige Sekunden, um mich von dem Schreck zu erholen, bevor ich mit unzähligen anderen Menschen aufs Spielfeld rannte. Zwei Sanitäter legten Victor unsanft auf eine Trage und liefen davon. Mühsam bahnte ich mir einen Weg durch die Menschen, um ihnen zu folgen.

»Unglaublich, ich habe so etwas noch nie gesehen«, hörte ich einen Mann sagen.

»Ein Falke, der ein Pferd angreift ...«, sagte ein anderer fassungslos.

William ließ seinen Sohn mit der eigenen Maschine sofort nach Lagos zurückbringen. Victor hatte Glück gehabt: Abraxas hatte ihn nicht am Kopf getroffen. Trotzdem war Vorsicht geboten, da eine Gehirnerschütterung trotz Sturzhelm möglich war. Victors Unterschenkel war gebrochen, als der Hengst in seinem wilden Paniktanz auf sein Bein getreten war.

»Was ist mit Abraxas?« fragte Victor im Flugzeug. Niemand hatte ihm zuvor etwas über das Schicksal des edlen Tieres sagen wollen.

»Er hat eine Beruhigungsspritze bekommen«, erwiderte William.

»Warum hat er durchgedreht?« fragte Victor, der den Angriff des Vogels gar nicht mitbekommen hatte.

»Ein Raubvogel hat ihn angegriffen«, sagte ich, »er hat gescheut.«

»Jesus Christus! Wo kommt da ein Raubvogel her?«

»Es war ein Falke.« Mehr sagte William nicht, und auch Victor schwieg jetzt.

Hatten Falken irgendeine mystische Bedeutung? Warum hatte der Zuschauer so entgeistert gesagt: »Ein Falke, der ein Pferd angreift ...«?

»Was bedeutet es, wenn ein Falke ein Pferd angreift, William?« fragte ich. Aber statt einer Antwort starrte der Chief nur aus dem Fenster. Nicht ein weiteres Wort kam über seine Lippen.

»Ich hätte auf den Mann hören sollen, Liebes, weißt du...«, murmelte Victor nach einer Weile.

»Du meinst, auf den *herbalist*?«

Er nickte. »Er hat mich gewarnt. Ich sollte dem Turnier fernbleiben...«

Allzu viele Gedanken und Gefühle stürzten auf mich ein, die ich erst verarbeiten mußte. Daß sich jemand in Victors Verwandtschaft mit einem Falken schmückte, hatte ich Monate zuvor zwar gesehen. Aber Sunny brachte ich in diesem Moment nicht mit dem in Verbindung, was eben geschehen war.

Abraxas konnte nicht mehr bei Poloturnieren eingesetzt werden: Sein linkes Auge war zerstört. Victor blieb nur ein paar Tage zur Beobachtung im Krankenhaus; die Gehirnerschütterung war leicht, das Bein wurde eingegipst.

Vom Zusammenhalt der Frauen

Es vergingen ein paar Tage. Victor verließ das Haus nicht. Mit den Krücken kam er zwar gut zurecht, aber er wirkte verändert. Nicht mir gegenüber, nach wie vor verwöhnte er mich mit inniger Zärtlichkeit. Stundenlang zog er sich in die Bibliothek zurück und las. Bücher über Nigeria, die vielen Glaubensrichtungen der unterschiedlichen Stämme, ihre Gemeinsamkeiten, ihre Konflikte. Als ich eines Tages aus dem Büro heimkam, teilte er mir einen Entschluß mit, der ihn viel Überwindung gekostet hatte. Ich vermutete sofort William dahinter, als er sagte:

»Ilona, wir nehmen die Einladung meines Vaters an. Wir fahren in unser Dorf.«

Eigentlich keine große Sache, dachte ich, nicht ahnend, daß daraus eine Reise zu den Wurzeln afrikanischen Selbstverständnisses werden sollte. Denn das theoretische Wissen aus den Büchern reicht nicht, um dieses Land zu verstehen. Und vor allem, um aus mir eine Frau zu machen, die künftig mit dem Hoffnungsträger des Stammes zusammenleben sollte. Und wollte.

Im klimatisierten, lederbestuhlten Range Rover chauffierte ich Victor mitten hinein in den Regenwald. Dort, wo William im Gerichtsgebäude Recht sprach – in Fällen wie jenen des jungen Ehemannes, der seine Liebste mit einem anderen Mann im Bett ertappt hatte. Der Bräutigam war überzeugt, seine Frau nur deshalb in flagranti erwischt zu haben, weil er ein *juju* unter der Matratze seines Ehebettes plaziert hatte. Es habe das Liebespaar daran gehindert, das Lotterbett rechtzeitig vor seiner Heimkehr zu verlassen. Die Schwiegereltern mußten ihre Tochter zurücknehmen und einen Großteil der Mitgift zurückerstatten.

William lebte nur selten in seinem Palast. Bei seiner Errichtung vor Hunderten von Jahren hatten die damaligen Architekten nicht den Prunk verwendet, der europäische Paläste ziert. Sie hatten aus Lehmziegeln hohe Räume mit abgerundeten Decken geschaffen, die von gebogenen und bemalten Holzbalken getragen wurden. Die schlichten Säle waren nur mit wenigen Möbeln ausgestattet. Der Sinn der Architektur schien zu sein, den Besucher durch die Größe zu beeindrukken. William besaß eine Sammlung traditioneller Kunst. Er unterstützte aber auch junge Bildhauer, indem er ihre farbenfrohen, auf mich naiv wirkenden Plastiken kaufte. Neben den Versammlungsräumen mit langen Tischen und dunklen Stühlen gab es einige rituelle Zimmer, in denen Altäre standen.

Zu einem davon trat William jetzt. Zwischen Kerzen, Muscheln und frischen Blumen stand der Kopf einer Frau, aus dunklem, fein gezeichnetem Ebenholz geschnitzt. Die schöne Frau mit den ebenmäßigen Gesichtszügen stellte Victors Urgroßmutter dar. Diesen unvergleichlich schönen Frauenkopf schenkte William seinem Sohn.

William erklärte, daß die Büste für Victor und seine zukünftige Frau und Kinder geweiht worden sei. Nach seiner Rückkehr nach Lagos solle Victor diese traditionelle Schnitzerei auf einen Altar stellen. Durch den Anblick des Kopfes, meinte William, werde er an seine Vorfahren erinnert und könne so Kraft für seinen Lebensweg daraus schöpfen. »Denke daran, Victor, wir stehen auf den Schultern unserer Ahnen«, mahnte William seinen Sohn. Was das für den von Europa geprägten Victor tatsächlich bedeutete, sollten wir in den nächsten Tagen erfahren.

Eine große Anzahl von Frauen bewohnte den Palast, darunter auch Williams Mutter, die erste Frau seines Vaters, sowie drei Mitfrauen, die sich alle sehr gut verstanden. Während William als anerkannter Clanchef vor allem außerhalb des Palastes das Sagen hatte, regierte seine Mutter im Palast und genoß unumschränkte Autorität über alle Geschicke der Bewohner. Denn Victors Vater hatte nach der Scheidung von seiner englischen Frau nicht wieder geheiratet. Victor war sein einziges Kind geblieben. Über den Grund wurde geschwiegen, aber ich schloß aus einer der üblichen indirekten Äußerungen Victors, daß sein Vater sich kurz nach Victors Geburt einer Hodenkrebs-Operation unterzogen hatte. Um so mehr Bedeutung kam seinem Sohn zu – und natürlich der Frau, auf die Victors Wahl gefallen war.

Entsprechend groß war die Neugier, mit der ich empfangen wurde. Hier zählte plötzlich nicht mehr, daß ich als Managerin in Victors und Williams Firmen erfolgreich war und Victor bei seinen Geschäften beriet. Die Selbständigkeit, die ich mir ein Leben lang erarbeitet hatte, galt hier nicht. Ich war eine unter vielen Frauen. Mahlzeiten durfte ich zum Beispiel nicht mit den Männern gemeinsam einnehmen. Ich hatte mit den anderen Frauen zu speisen oder allein. Während unseres gesamten Aufenthaltes im Palast durfte ich nur einmal mit William und Victor gemeinsam speisen. Mein Schlafraum befand sich im Haus der Frauen; gemeinsame Zeit konnten wir nur in Victors Gemächern verbringen.

Schon bald nach unserer Ankunft fand ein großes Treffen der Männergesellschaft statt, von dem Victor mir berichtete. Dabei brachte Sunny klar zum Ausdruck, daß er Victor nicht als künftigen König akzeptierte, weil Victor zu westlich war und nichts von den Überlieferungen seines Volkes verstand. Zum Beweis seiner Behauptung führte Sunny ausgerechnet mich an. Als Weiße könne ich nicht die erste Frau Victors werden. Eine Heirat mit mir sei nur dann möglich, wenn Victor zuvor eine traditionelle Ehe mit einer 15 Jahre alten Stammesprinzessin eingehe, die gerade ihre Initiation gefeiert hatte.

Dieses Mädchen, das bei Victors Thronbesteigung den Platz von Williams Mutter einnehmen würde, müßte nach alter Sitte als Victors erste Frau im Palast herrschen und den anderen Mitfrauen vorstehen. Falls ich Victors Frau werden wollte, müßte ich mich dieser Frau unterwerfen und es als Selbstverständlichkeit ansehen, falls Victor noch andere Frauen heiraten würde. Die Polygamie, jenes Gespenst, das Johns und meine Ehe ruiniert hatte, grinste mich wieder höhnisch an.

Doch diesmal lief ich nicht davon; ich vertraute Victor, weil ich seinen Standpunkt kannte. Wir beide mußten lernen, daß in gehobenen Gesellschaftskreisen Liebe nicht die Privatangelegenheit von zwei Menschen ist. Im Prinzip war damit klar, daß eine Ehe zwischen Victor und mir unter den Bedingungen, die wir uns vorgestellt hatten, unmöglich war: eine Einehe wie in Europa. Victor hatte Sunnys Bedingung zu erfüllen oder auf die Thronfolge zu verzichten. Seine Liebe zu mir also war der Hebel, den Sunny anzusetzen vorhatte, um Victor zum Verzicht zu drängen!

Doch das hätte gleichzeitig Williams Niederlage im Spiel um die Macht bedeutet. Er legte sein Veto als Clanchief ein und schlug einen Kompromiß vor, der nach langer Diskussion von allen Männern in der Versammlung akzeptiert wurde: Während Victor eine traditionelle Einweihung als Stammesmitglied durch eine Initiation erfuhr, bei der er sich mit den Sitten und Gebräuchen seines Stammes vertraut machte, um überhaupt als Nachfolger seines Vaters akzeptiert werden zu können, sollten die Frauen mich in ihre Geheimnisse einweihen. Mir stand eine zweiwöchige Initiation bevor! Sie war die Grundvoraussetzung für ein gemeinsames Leben von

Victor und mir. Es sei denn, Victor verzichtete auf mich oder den Thron.

Victor sah mich zärtlich an. »Sie nennen es das *fathouse*, Liebes. Meinst du, du schaffst es – vierzehn Tage im Dschungel?«

»*Fathouse?*« Ich lachte. »Hört sich nicht besonders lecker an.«

»Meine Großmutter meinte, die Frauen genießen die Zeit im *fathouse*. Danach haben wir den Segen von allen, die gegen uns waren. Bald werden wir wieder zusammensein, Liebes.«

Gleichzeitig mit mir wurde Victor von dem Ältesten seines Stammes zu seiner Initiation abgeholt. In meinem Zimmer erschien eine sehr alte, fast zahnlose Frau, die von einem 16jährigen Mädchen namens Ifeoma begleitet wurde. Da die Alte nur die Stammessprache beherrschte, übersetzte Ifeoma. Die erste Frage galt meiner Regel. Meine Initiation dürfe nicht während der Menstruation stattfinden, sagte Ifeoma.

Sorgfältig wurde ich von Ifeoma für die Initiation vorbereitet; meine Haare flocht sie zu Zöpfchen. Das ganze Kunstwerk verschwand danach unter einer *gele* aus steifem, silberglänzendem Stoff. Ich erhielt eine silberne Damastbluse und einen Wickelrock aus dem gleichen Stoff. Ifeoma führte mich bis zu einer dichten Hecke aus dornigen Sträuchern und hohem Gras. Vor einer beinahe romantisch und verwunschen wirkenden, schmalen Öffnung in der Hecke machten wir halt.

Hinter der Hecke erwartete mich eine barbusige Torwächterin, die nur einen weißen Wickelrock trug. Ich überreichte ihr einen speziell gebundenen Blumenstrauß. Die Anfangsbuchstaben der Pflanzennamen bilden das Motto der Frauengesellschaft des Stammes. Ich befand mich nun am Anfang eines Waldes, durch den eine Vielzahl von kleinen Wegen, ähnlich wie in einem Irrgarten, führte. Das dichte Grün der üppigen Vegetation aus Lianen, Farnen, Palmen und Bananenpflanzen schaffte am Boden ein feuchtschwüles Klima, an das ich mich aber bald gewöhnte. Immer wieder tauchten in dem Dschungel furchterregende Gesichter von Holzmasken auf – Menschen, Drachen, Krokodile, sogar Wesen, die wie Einhörner aussahen.

Ifeoma ermahnte mich, keine Pflanzen zu berühren, die ich nicht kannte, und den Weg nicht zu verlassen, da Fußfallen versteckt seien. Hier befänden sich viele giftige Pflanzen. Die Frauen machten es Uneingeweihten oder gar Feinden so schwer wie möglich, sie aufzusuchen. Unter dem weit ausladenden Schirm eines heiligen Irokobaumes war unser Ziel. Darunter stand ein sehr großes Haus aus Lehm, ein wahrer Prachtbau des Urwalds mit umlaufendem Arkadengang und weit vorstehendem Dach. Mit viel Gesang und rhythmischem Klatschen hatten sie mich bis zu diesem Haus gebracht. Ifeoma übersetzte die Worte einer grauhaarigen Alten: Ich sollte mich vor der Dorfältesten hinknien. Die Älteste sprach mich freundlich in Pidgin-Englisch an und bat mich mit weit ausholender Geste, aufzustehen und ins Haus zu kommen. »Willkommen in unserer Gemeinschaft der Frauen, Ilona.«

Nur langsam gewöhnten sich meine Augen an die Dunkelheit. Die Größe des Hauses überraschte mich: Es mochte gewiß zehn mal zwanzig Meter messen, seine Fensteröffnungen waren mit Decken und Stoffetzen verhängt. Entlang den Wänden saßen auf niedrigen Holzbänken Frauen. Ich hatte mich wie die anderen Frauen bis auf einen Wickelrock zu entkleiden. Die seltsam ursprüngliche Atmosphäre ließ Schamgefühl überflüssig erscheinen. Die Älteste hatte sich auf einem Hocker niedergelassen. Der elegant geschnitzte, dreibeinige Hocker, auf dem ich unsicher schwankend die Balance zu halten versuchte, wurde mit Bespuckungen geweiht. Ifeoma kauerte sich auf den Lehmboden und übersetzte.

Ich hatte bereits bemerkt, daß sich in der Mitte des Raums ein großer Gegenstand befand. Es war das Bildnis einer plump wirkenden Göttin, mit Ketten behängt, mit Schnecken und Steinen geschmückt. Neben dieser wichtigsten Statue standen kleinere Skulpturen – Frauen mit Körben auf dem Kopf, Kindern auf dem Rücken, mit riesigen Brüsten ihre Babys säugend. Ein Miniaturabbild des Frauenalltags.

Die Alte stimmte einen Singsang an, murmelte Beschwörungsformeln, ließ mich schließlich einen mit Schlangen geschmückten Metallstab küssen, mit dem sie die große Statue berührte, um ihn anschließend in der Luft herumzuwirbeln. Ihre Helferinnen trugen die Opfer herbei, die in meinem Namen der Göttin dargebracht wurden – ein Huhn, ein Ei, eine Taube, Fisch, Reis, rote Kolanüsse, roter Alligatorenpfeffer und rotes Palmöl. Dazu hatte ich die Beschwörungsformel nachzusprechen. Sie galt dem Schöpfergott, der alle Wesen geschaffen, dem jeder zu danken und den jeder zu ehren hatte.

Dann durfte ich mich in eine der um das Ritualhaus aufgestellten, kleinen runden Hütten zurückziehen. Sie hatten mir sogar ein Bett hineingestellt, auf dem ich schlafen konnte. Eine freundliche Geste der Weißen gegenüber, die mir allerdings schnell klarmachte, warum unsere Art von Betten in dieser Umgebung nicht taugen: Sie werden feucht und ungemütlich. Da ist eine Matte auf dem Boden sinnvoller. Einheimische Mädchen mußten früher nach der ersten Periode zur Beschneidung und Schulung in diesen Hütten leben, erklärte mir Ifeoma kichernd: bis zu sieben Jahre lang, bis sie dick genug waren und einen Mann fanden, der sie heiraten wollte.

Fathouse – das war also durchaus wörtlich gemeint. Heute reichen meistens ein bis zwei Jahre, um das angestrebte

Schönheitsideal zu erreichen. In dieser Zeit geht es den Mädchen gut. Im Gegensatz zu ihrem späteren Leben wird ihnen jeder Handgriff abgenommen. Sie werden im Fluß von anderen Frauen gebadet, mit Duftölen massiert, bemalt und geschmückt. Gleichzeitig nehmen sie am Unterricht in Frauenkunde teil. Mein Besuch sollte allerdings weniger dem Erlangen einer gewissen Körperfülle dienen; ich war hier, um die Sitten und Gebräuche des Stammes in der Gemeinschaft mit anderen Frauen im *fathouse* kennenzulernen.

Mein erster Schritt der Einweihung bestand aus traditionellen Ermahnungen. Die Älteste machte keinen Hehl daraus, daß sie von Sunnys starker Abneigung gegen mich als Weiße wußte. Ich sollte also den Geist der Gemeinschaft verstehen. Im Westen wird der Mensch als Individuum gesehen, in der alten afrikanischen Tradition ist das nicht der Fall. »Deine Beziehungen zu anderen Frauen sind deine Persönlichkeit«, erklärte die Älteste. »Nimm Abschied von deinem Egoismus, der nur sich selbst dient. Du mußt Teil der Gemeinschaft werden. Eine reiche Frau ist eine Frau, die reich an Beziehungen ist. Doch die Beziehungen – das sind wir alle untereinander. Wir gemeinsam bilden eine Seele.«

Natürlich stärke der Zusammenhalt die Position der Frauen gegenüber den Männern, die sich in ihren Bünden treffen. Folglich hätte ich mich nicht von den anderen Frauen fernzuhalten, sondern die ganze Zeit mit ihnen zu verbringen. Wenn ich als Victors Frau an seiner Seite leben wolle, müsse ich meine Aufgabe zusammen mit den anderen übernehmen, mit ihnen arbeiten, feiern, essen, mein Geld mit ihnen teilen. Ich wollte *Victor* heiraten; doch das hörte sich eher danach an, als würde ich seinen Stamm ehelichen.

»Deine Lebensaufgabe steht bei deiner Geburt fest«, fuhr die weise Alte fort, »aber du mußt lernen, sie zu erkennen, um sie erfüllen zu können.« Das klang durchaus sinnvoll, wenn man bedenkt, wie viele Menschen sich in alle möglichen Rauschformen flüchten, weil sie nicht wissen, was ihre Aufgabe ist oder welchen Sinn ihr Leben hat. »Die Traditionen sind dazu da«, erklärte die Alte, »den Kindern den Weg zu weisen. In den Städten lernen sie das nicht mehr. Sie führen ein sinnloses Leben, das ihre Psyche schwächt und sie in den Konsum flüchten läßt. Sie werden Heimatlose, die sich nur dann noch an die spirituellen Kräfte wenden, wenn es ihnen an den Kragen geht.«

Ich selbst habe in Nigeria erlebt, daß in den Städten alle möglichen Formen von Sekten enormen Zulauf fanden. Eine Folge des Wandels von der ländlichen zur industriellen Wirtschaftsform, die den Verlust von Familie, Gemeinschaft und Dorf mit sich bringt. Ich mußte auch viel später noch oft an die mahnenden Worte in dem Ritualhaus denken. Damals vernahm ich alles gewissermaßen mit aufgestellten Nackenhaaren. Heute weiß ich, daß die Alte, die im Dunkel neben ihrer dicken Gottheit saß, sehr viel Wahres gesagt hat. Fast überall auf dieser Welt gibt es dieses Dilemma: Großfamilien und Dorfgemeinschaften verschwinden zugunsten von Single-Leben und Kleinstfamilien.

Jetzt wollte die Älteste, daß ich mich selbst kennenlernte. Sie führte meine Hand über 16 vor ihr ausgebreitete Kauri-Schnecken, die ich zu bespucken hatte, was mich einige Überwindung kostete. Anschließend warf sie die Kauris. Sie las aus den Schnecken, daß ich es vermeide, mich Konflikten zu stellen. Und sie erklärte: Konflikte kämen meist auf, wenn Dinge anfingen zu stagnieren, wenn das Ego und die Kontrolle unsere Beziehungen beeinflußten. Ich würde zu sehr von der Kontrolle beherrscht. Konflikte seien Zeichen, daß spirituelle Energie gebremst werde. Der Konflikt sei eine Herausforderung, ein Geschenk, das uns helfen solle voranzukommen. Durch den Konflikt könne ich mich selber kennenlernen.

Aber nur, wenn ich dem anderen nicht feindlich gegenüberstehe. Ich müsse mich mit ihm zusammentun, um gemeinsam die geistigen Kräfte zu stärken. Dadurch würde ich das Problem aus einem anderen Blickwinkel sehen und zu einer Lösung kommen. In der europäischen Kultur trage man Masken, weil man Angst habe, bloßgestellt zu werden. Und darum bitte man auch niemanden um Hilfe.

Ich hatte leider nichts dabei, um all das aufzuschreiben, aber die weise Frau sagte, wenn die Zeit reif sei, würde ich mich an alles genau erinnern. Und dann solle ich es weitergeben. Denn Wissen, das man allein besitze, mache nicht glücklich.

Die Initiation, die – wie ich nun gelernt hatte – dem Erleben der Gemeinschaft diente, wurde von vielen Feiern begleitet. Bis weit nach Mitternacht wurde zu Trommelmusik getanzt, gesungen, gegessen und auch reichlich Alkohol getrunken. Als eingefleischte Abstinenzlerin hielt ich mich an Wasser, das bräunlich aussah und wie immer eisenhaltig schmeckte. Der Alkohol löste die Zungen, und die Frauen erzählten sich endlos lange Geschichten. Viele handelten von Männern und Sexualität. Mit besonderer Ausführlichkeit widmeten sie sich männlichen Potenzproblemen, für die erstaunliche Lösungen angeboten wurden. Ifeoma verschluckte sich öfters an ihrem Kichern.

Mehr und mehr wurde mir klar, daß die Initiation im *fathouse* die Schule der Frauen war. Es war mindestens so sinnvoll, daß jungfräuliche Mädchen von erfahrenen Frauen Sextips bekamen, wie sie in richtiger Haushaltsführung zu unterrichten, die vom Einkaufen über Sauberkeit bis zu den Möglichkeiten des Sparens reichte. Oder sie bezüglich Ernährungsfragen, Bodenbearbeitung und – sehr wichtig – dem richtigen Umgang mit Verwandten und Freunden des Mannes aufzuklären. Weitere wichtigen Themen waren: glückliche und zufriedene Partnerschaft, Geburt eines Kindes,

Erziehung, Krankheit und Tod. Die Älteste achtete bei mir besonders darauf, daß die praktische Seite stets mit der spirituellen Unterweisung einherging. Beim Ackerbau zum Beispiel ist ein Lernziel, jene Einstellung zu bekommen, die wir vielleicht Demut oder Respekt vor der Natur nennen.

Der Tag des sogenannten Erdrituals begann schon sehr früh im Morgengrauen. Wir saßen auf einer Matte am Boden vor der Hütte und aßen aus einer Schüssel gekochte Yamswurzel, die in eine scharfe rote Sauce getaucht wurde. Dazu gab es das rötlichbraune Wasser, das Ifeoma aus dem Brunnen in der Dorfmitte geschöpft hatte. Ich hatte an diesem Tag einen braun-orangefarbenen, gebatikten Wrapper und ein dunkelbraunes Kopftuch sowie eine knopflose sonnengelbe Bluse anzuziehen. Ein langer Marsch aufs Feld stand bevor. Am Ziel war der harte Boden umzugraben, eine schweißtreibende Tätigkeit, die ich nicht durchzustehen glaubte. Doch die zarte Ifeoma mit ihren großen Augen und dem Puppengesicht grub eifrig neben mir, und da wollte ich nicht schlappmachen. Die beschworene Gemeinsamkeit!

Anschließend mußte ich Yamswurzeln ausgraben, dicke Dinger, die tief im harten, roten Lateritboden wuchsen und schwer zugänglich waren. Die Kunst bestand natürlich darin, die Yams im Ganzen aus dem Boden zu holen. Prompt brach mir die obere Hälfte der Wurzel ab, was es noch schwerer machte, an den Rest heranzukommen. Aber am Ende lernte ich es – mit Geduld.

Anschließend ging es an die Zubereitung von *garri*, das in einem mehrtägigen, mühevollen Prozeß aus der Cassavaknolle gewonnen wird. Die Knolle wird dazu geschält, mehrere Stunden gewässert und anschließend geraspelt. Die Masse kommt in einen Baumwollsack, der mit Gewichten beschwert wird, um alle Feuchtigkeit herauszupressen. Drei Tage bleibt der Sack in der Sonne stehen, am vierten wird der Inhalt in der

Sonne ausgebreitet, mehrere Stunden getrocknet und anschließend in etwas Palmöl geröstet. Erst danach kann das Pulver in kochendes Wasser eingerührt und als Brei gegessen werden. Ich gebe zu, es gibt bei uns einfachere Methoden, ans Essen zu kommen. Aber wer diese Tortur der Nahrungsbeschaffung mitgemacht hat, der ißt hinterher ganz anders...

Die Meditation vor dem Irokobaum verstand ich erst nach Stunden: Ich sollte den Baum nur *ansehen.* Literweise vergoß ich Schweiß, er lief mir in die Augen, ich rieb ihn weg, alles wurde schlimmer. Mühsam suchte ich nach einer halbwegs erträglichen Sitzhaltung, eine Ablagemöglichkeit für die schwer werdenden Arme, die kribbelnden Beine, bis ich in eine Art Yoga-Position hineinfand. Irgendwann kam der Punkt, da vergaß ich meine körperliche Qual. Und begann den Baum tatsächlich zu *sehen.* Die Poren seiner Rinde, die Narben, die Farben, die kleinen Tierchen, die in ihm lebten, das kaum merkliche Spiel des Windes mit den Blättern. Ja, ich hörte den Baum, das leise Knistern der Rinde, die Vögel, die in ihm wohnten.

Am Ende der Meditation lehnte ich mich gegen die rauhe Rinde meines Baumes, umarmte und fühlte ihn. Das Abendessen nahm ich in den Wurzeln des Baums sitzend ein; die Hälfte ließ ich für den Baum stehen. Die Vögel leerten die Schale. In der Nacht träumte ich tatsächlich, daß ich ein Baum war! Ein ausgesprochen lebendiger Traum, in dem ich eine Weide war, deren Äste tief ins Wasser hingen. Die Alte meinte am nächsten Morgen zu meinem Traum, daß ich mich wohl nach der Ruhe sehne, die ein Baum verströme. Sie sagte, daß der Baum in ihrem Glauben eine symbolische Bedeutung als Verbindung zwischen Himmel und Erde habe. Nach einer langen Zeit der Trockenheit flehen seine kahlen Äste den Himmel um Wasser an.

Ich lernte das Feuerritual kennen, zu dem die Meditation

am offenen Feuer ebenso gehörte wie das Laufen über glühende Holzkohle, nachdem man sich in Trance getanzt hat. Das Ritual für den Wind lehrte, durch das Erklimmen einer Kokospalme die eigene Angst zu besiegen, und schulte nebenbei die Geschicklichkeit. Unglaubliche Konzentration erforderte es, bei Nacht den schnellen Flug der Fledermäuse so zu verfolgen, daß man sagen konnte, wohin sie flogen. Zum Wasserritual gehörten das anstrengende Wäschewaschen am Fluß, die richtige Körperhaltung beim Balancieren der Wassergefäße auf dem Kopf, das Schöpfen von Wasser aus tiefen Brunnen oder das Herstellen von Kämmen und Ketten aus Muscheln. Vielfältige Schönheitsrituale lernte ich dabei kennen, angefangen bei der Herstellung von Pudern, Seifen und Ölen bis zur richtigen Anwendung der Essenzen und Farben. Das Wichtigste dabei war, den eigenen Körper zu schmücken, um zu lernen, ihn wertzuschätzen.

Eine meiner wichtigsten Lektionen war die Bestimmung der mich schützenden Gottheit. Ich erfuhr, daß ausgerechnet die Meeresgöttin *Mammy water* meine Schutzpatronin war, der ich aus diesem Grunde auch dienen und opfern sollte.

»Es kann nicht sein, daß eine *Wasser*göttin meine Göttin sein soll«, rief ich, »ich habe Angst vor Wasser!« Ich berichtete der Alten von jenem traumatischen Erlebnis, als ich sechs Jahre alt war. Damals hatte mich mein Vater mit ins Schwimmbad genommen. »Nun spring rein, Ilona!« forderte er. Aber ich sprang nicht. Ich hatte Angst. Plötzlich ein harter Stoß ins Kreuz, ein Junge hatte mich gestoßen, ich flog durch die Luft, klatschte ins Wasser, verlor die Orientierung, kam nicht mehr von allein an die Oberfläche. Jemand zog mich raus. Niemals wieder traute ich mich schwimmen. Wenn meine Kinder ins Schwimmbad gingen, wartete ich am Beckenrand mit dem Handtuch. Tiefes Wasser – mein Trauma.

Die Alte schüttelte nachsichtig den Kopf. »Daran siehst du

es doch«, meinte sie, »du hast deine eigenen Wurzeln verloren. Lerne, deine Angst vor dem Wasser zu verlieren, und du wirst entdecken, wer du wirklich bist. Die Angst verstellt dir den Weg zu dir selbst.« Es verging noch viel Zeit, bis ich erkannte, was sie damit meinte.

Denn mein Aufenthalt im *fathouse* war zu Ende. Die Alte gab mir noch ein paar Belehrungen mit auf den Weg, die mein Verstand zwar hörte, die ich aber erst später umsetzen konnte. »Wasser ist das Leben«, sagte sie. Und meinte damit die mystische Bedeutung des Wassers: *Mammy water,* die auch Jemonja genannt wird, als die Mutter allen Wassers, das für Fruchtbarkeit und damit für die Weiblichkeit an sich steht. Die Älteste erklärte mir, was *Mammy water* für mich bedeuten konnte. In der Tat steht diese urmütterliche Göttinnen-Gestalt für etwas, das mir viel bedeutet: Kinderliebe, Häuslichkeit, Fürsorge, verborgenes Temperament, Verzeihen, manchmal Schwermut, die Fähigkeit, Geld zu verdienen, aber gleichzeitig auch, emotionales Wohlergehen höher einzuschätzen als materiellen Wohlstand.

In Afrika eine Göttin als die seine anzuerkennen bedeutet, dieser Göttin zu dienen und ihr zu opfern. Opfern kann man alles Eßbare, *Mammy water* zum Beispiel Schaf, Huhn, Taube, gekochten Fisch oder Süßigkeiten, Kuchen, Melonen, Fruchtsäfte.

Am Abend begleiteten die Frauen mich zum letzten Mal zum Fluß, zu einem gemeinsamen, ausgelassenen Bad. Es war eine Zeremonie der Reinigung, die mich als eine geläuterte Frau in meinen Alltag entlassen sollte. Während mich die Frauen im Wasser wuschen, erinnerte ich mich an das Sternzeichen, unter dem ich geboren bin – die Fische. Vielleicht ist das eine der Lehren, die ich aus meiner Zeit in Afrika gezogen habe: So weit wir auch fahren mögen, und was uns auch begegnen mag, wenn wir genau hinsehen, stellen wir fest, daß alles vernetzt ist und zusammengehört. So wie ich, der Fisch mit der Angst vorm Wasser, zu *Mammy water* gehöre …

Mit wieviel Skepsis war ich zu dieser anfangs unfreiwilligen Initiationszeremonie gegangen. Und wie gelöst verließ ich sie! Ich hatte viel über mich selbst erfahren, über andere Frauen, die Gemeinschaft, den Umgang mit anderen und mit mir selbst. Die zwei Wochen im Busch hatten mich nicht nur innerlich sehr verändert, mein Verständnis für die Menschen geweckt. Noch etwas war mit mir passiert: Von diesem Zeitpunkt an trug ich die Liebe zu Afrika in meinem Herzen.

Obwohl das Wort *fathouse* glauben macht, daß man es kugelrund wieder verläßt, hatte ich abgenommen. Das lag nur zum Teil an der ungewohnten Arbeit und am Essen: Mein Körper hatte im übertragenen Sinne abgegeben, was mich belastete.

Bemalt, geschmückt und festlich gekleidet, wurde ich zu meinem sehnsüchtig wartenden Victor gebracht, der überrascht feststellte, daß ich reifer und fraulicher wirkte.

Nach der Überdosis ritueller Gemeinsamkeit genossen Victor und ich das Wiedersehen und zogen uns im Palast in unsere Räume zurück, während unser Initiationsfest vorbereitet wurde. Eng aneinandergekuschelt lagen wir auf einem quietschenden Pfostenbett aus dunklem Holz, umhüllt von Moskitonetzen. Victor genoß den Duft meiner von den Frauen sanft eingeölten Haut. Als wir die Geräusche aus dem großen Hof wahrnahmen, war es draußen schon fast dunkel geworden. Wir hatten nicht bemerkt, daß der ganze Tag vergangen war.

Victor küßte mich auf den Bauch und sagte: »Wenn wir ein Kind bekommen, soll es deinen zweiten Vornamen, Maria, tragen. Bist du damit einverstanden?«

»Und wenn wir einen Jungen bekommen?«

»Das entscheidest dann du«, erwiderte er zärtlich. »Aber ich möchte ein Mädchen.«

III

Eine verlorene Liebe

»Wo viel Böses ist, muß auch Gutes sein.«
(Nigerianisches Sprichwort)

Das Ende eines Traums

Die Schule der Frauen im Busch hatte mich bereit gemacht für einen neuen Anfang. Zwar wußte ich, daß ein Leben mit Victor eine noch viel größere Herausforderung an meine Wandlungsfähigkeit bedeutete als meine gescheiterte Ehe mit John. Aber die Aussicht auf ein Leben mit meinem Prinzen stimmte mich glücklich und verdrängte alle Bedenken, die ich bei nüchterner Überlegung vielleicht gehabt hätte. Während John in den Tag hineinlebte, war Victor sich seiner Verantwortung bewußt. Möglich, daß das auch der Sinn unserer Inititation gewesen war.

Mir hatte diese Erfahrung Kraft gegeben – Victor hatte sie viel Energie entzogen. Er hatte mir schon früher von seiner Internatszeit erzählt, von den großen Schlafsälen, dem Mangel an Privatsphäre, dem Gehorsam, der streng eingefordert wurde. In den zwei Wochen mit den Männern seines Stammes hatte ihn vor allem genervt, daß er sich nicht zurückziehen konnte. Vieles, was er erlebt hatte, bezeichnete er als rückständig. »Jetzt kann ich auch ein Krokodil fangen. Theoretisch zumindest«, sagte er mit einem Augenzwinkern.

Er hatte sich in der Männergesellschaft nicht so geöffnet, wie es mir bei den Frauen gelungen war. Victor war ein Kopfmensch, Rituale amüsierten ihn mehr, als daß er sie ernst nahm. Doch sie gehörten zu einem Leben als Stammes-Chef. Der in ihm schwelende Konflikt zwischen seiner Ausbildung in Europa, die sein Denken bestimmte, und den Plänen, die sein Vater mit ihm hatte, war voll ausgebrochen. Victor spürte, daß er sich entscheiden mußte – entweder Europa oder

Afrika. Als Sohn eines Stammesfürsten mußte er eindeutig Position beziehen.

Er stand am Fenster und blickte in den Hof, in dem sich bereits viele Menschen zu seiner und meiner Ehre versammelt hatten. Daß er nicht die Kraft hatte, eine Entscheidung zu treffen, begriff ich, als er von mir wissen wollte, ob ich mir vorstellen könne, ganz im Palast zu leben, wenn er Nachfolger seines Vaters werde. Er hoffte wohl auf ein Nein von mir, das seine Entscheidung gegen Afrika erleichtert hätte. Aber Nigeria funktionierte in meinem Inneren nicht mehr auf der naiven Ebene von Bewundern oder Ablehnen. Ich trug dieses Land in mir. Nicht nur die Schule der Frauen, sondern mein Leben in Afrika und die vielschichten Erlebnisse hier hatten mir meine alte Stärke zurückgegeben. Guten Gewissens hätte ich antworten können, daß ich die Herausforderung an Victors Seite annehmen würde. Aber das sagte ich ihm nicht.

Denn es war eine dieser Fragen, die ich nicht sofort mit Ja oder Nein beantworten konnte. Zuviel spielte hinein. Ich hatte es doch selbst in der Schule der Frauen erlebt: Rituale müssen gelebt, nicht von außen beobachtet werden. Nach Victors Worten hatte er sich seiner Initiation nicht wirklich hingegeben. Und das war den anderen Männern mit Sicherheit aufgefallen.

Ich sah den toten Stallburschen, den hingemetzelten Hund und nicht zuletzt den heimtückischen Angriff des Falken vor mir, hörte die Warnung von Mila, der Beraterin, die mein Glück in Gefahr gesehen hatte. Sicher, ich konnte keine Beweise, keine Tatsachen vorbringen. Aber meine Gefühle! Gleichzeitig weigerte ich mich, meine Gefühle Entscheidungen von so weitreichender Bedeutung treffen zu lassen: Es ging nicht nur um Victor und mich, sondern um seine Stammesleute. Deshalb mußte er selbst die Entscheidung treffen; ich durfte ihm dabei nur helfen.

»Ich möchte mit dir alt werden«, sagte ich und legte meinen Kopf an seine Schulter, »egal wo du lebst. Möchtest du denn wirklich für immer hierbleiben?«

»Ich will auf jeden Fall mit dir zusammensein – mein Leben lang«, erwiderte er zärtlich und streichelte meine immer noch zu Zöpfchen geflochtenen Haare. »Nur ob ich hier leben will – das ist eine andere Frage. Du mußt wissen, wenn ich mich entscheiden sollte, von hier wegzugehen, wird Sunny dafür sorgen, daß der Rat der Ältesten meinen Vater zum Verzicht auf den Chieftitel drängt. Erst wird Sunny regieren und dann sein Sohn Akpoviroro. Sunny wäre schon ein unwürdiger Nachfolger, aber mein Vetter Akpoviroro – der wäre die glatte Katastrophe.«

»So schlimm?«

»Ja. Ihm schien es ein richtiges Vergnügen zu machen, dem lebenden Krokodil das Herz aus dem Leib zu schneiden. Ich sage dir – indiskutabel.«

Victor redete von seinem Vetter wie von einem Wilden! Ihm kam nicht in den Sinn, daß das Töten des Krokodils ein ritueller Akt gewesen sein könnte. Da war nur Unverständnis. Mir fiel mein kleiner Sohn Bobby ein, ein Mischling wie Victor, der sich an Weihnachten hinter Omas Rücken versteckt hatte, als er die schwarze Köchin sah. Nur eine kleine Äußerlichkeit, aber bezeichnend.

»Was willst du wirklich, Victor?« fragte ich noch einmal. »Geht es dir nur darum zu verhindern, daß Sunny und sein Sohn die Plätze von deinem Vater und dir einnehmen?«

»Ich darf meinen Vater nicht enttäuschen«, antwortete Victor. Es klang fast trotzig.

»Dein Vater ist ein kluger Mann. Er hat doch auch Augen im Kopf und sieht, daß du mehr ein Europäer bist. Warum sollte er dann wollen, daß du ein Leben führst, das nicht zu dir paßt? Im *fathouse* haben sie mir beigebracht, daß man einen Konflikt gemeinsam mit seinem Gegner lösen muß. Ihr habt doch so eine große Familie, Victor, gibt es denn da nicht einen anderen, der als Nachfolger deines Vaters denkbar wäre und den Sunny akzeptieren würde?«

Erst stieß Victor verächtlich die Luft aus, dann sah er mich mit seinem samtweichen Blick an und küßte mich. »Du hast wirklich gut aufgepaßt im *fathouse*«, meinte er lächelnd, »oder ist das deine angeborene Diplomatie?« Er zog mich liebevoll an meinen Zöpfchen zu sich. »Vielleicht einer meiner anderen Vettern: Opele. Mit ihm kann man vernünftig reden. Opele liebt Afrika und unsere Kultur. Er hat auch in den USA gelebt und dort Jura studiert. Er besitzt eine eigene Rechtsanwaltskanzlei in Calabar. Opele ist nicht übel, er hat viel von der Welt gesehen, ist intelligent und ausgleichend. Er versteht die weiße und die afrikanische Welt.«

»Kannst du deinem Vater nicht vorschlagen, Opele zu seinem Nachfolger zu machen?«

»Ich weiß nicht, ob das überhaupt möglich ist, Ilona. Ich kann dir nicht sagen, wie mein Vater auf so eine Idee reagieren würde. Er müßte dann auch erst die Ältesten überzeugen, daß dies das Beste für die gesamte Gemeinschaft wäre.«

Irgendwie hatte ihn mein Vorschlag nicht begeistern können. Glaubte er am Ende, daß ich ihm nicht zutraute, ein guter oder, wie er selbst gesagt hatte, gerechter Herrscher sein zu können? Hatte ich ihn vielleicht sogar beleidigt? »Du nimmst mir meine Worte doch nicht etwa übel?« fragte ich sanft. »Weißt du, ich glaube nur, daß du zuviel von dir selbst aufgeben mußt, wenn du hier leben willst.«

Victor war mit seinen Gedanken schon ganz woanders. Doch als er zu sprechen begann, wußte ich, daß er meinen Vorschlag umsetzen wollte. »Zunächst einmal müßte ich mit meinem Vater beratschlagen, ob er mit deiner Idee einverstanden wäre, um dann gemeinsam mit Opele darüber ein

Gespräch zu führen. Falls Opele einverstanden ist, kann der Ältestenrat in unseren Plan eingeweiht werden, der dann über das weitere Vorgehen zum Wohle der Gemeinschaft entscheiden muß ...«

Der Hof war voller festlich gekleideter Menschen. Ifeoma hatte mich abgeholt und zu meiner alten Lehrerin gebracht. Sie steckte mich in einen hübschen weißen, golddurchwirkten Wrapper mit dazu passender Bluse und Kopftuch. Victor trug einen traditionellen weißen, afrikanischen Anzug aus spitzendurchbrochenem, leichtem Material. Er wirkte so groß und so zart, so würdevoll.

Während des Essens hatte ich mit den Frauen zu speisen. Ich saß neben Williams und Sunnys Schwester Betty, die ich von Williams »kleiner« Party in Lagos kannte. Ihre Stola hatte ich ihr immer noch nicht zurückgeschickt. Aber sie vermißte sie nicht. Sie erzählte mir, daß sie ihren Wagen ihrem Sohn geliehen habe und jemanden suche, der sie nach Benin City mitnahm. Da Benin City auf dem Weg nach Lagos lag, konnte ich mich nun für Bettys Hilfe revanchieren. Ich bot ihr an, daß Victor und ich sie am nächsten Tag in Victors Range Rover nach Hause fahren würden.

Betty machte mich mit zahlreichen Frauen bekannt, die mich über mein Leben ausfragten. Daß ich im *fathouse* gewesen war, begeisterte alle. Allerdings verstanden sie nicht, daß ich es als selbstverständlich ansah, Victors einzige Frau zu sein. Ein Mann wie er brauche doch viele Nachkommen! Zusammen mit Victor hatte ich oft über das Thema Kinder gesprochen. Er sah Janet und Bobby als seine Kinder an und wollte nur noch eine kleine Maria und später vielleicht einen kleinen Victor. Zwei Nachkommen fanden die Frauen zuwenig für einen Stammes-Chef. Sunny, so erfuhr ich, hatte vier Ehefrauen und einige Geliebte. Es seien so viele, kicherten die

Damen an meinem Tisch, daß er gar nicht die Zeit habe, seine vier Ehefrauen in den richtigen Zeitabständen regelmäßig aufzusuchen. Trotzdem seien sie stolz, Sunnys Kinder zu gebären. An Williams Ehe- und Kinderlosigkeit nach seiner Scheidung in Europa übten sie indirekt Kritik. Doch William galt als gerechter und zu respektierender Stammes-Chef; keine Frau hätte es gewagt, ihn offen zu kritisieren.

Während des Festes beobachtete ich Sunny unauffällig. Er mischte sich zwar ständig unter die Männer, gleichzeitig stellte er aber auch den jungen Mädchen nach. Ein machtbewußter Pfau.

Victor war während des ganzen Festes nicht an meiner Seite. Erst gegen Abend kam er zu mir, um ungestört mit mir zu reden. »Mein Vater ist bereit, mit Vetter Opele zu sprechen. Wir werden also gleich morgen zu Opele nach Calabar fliegen. Die Familie darf von unserem Besuch aber noch nichts wissen. Wir müssen geschickt vorgehen.«

Nur Victor und sein Vater, der sein Flugzeug selbst steuern wollte, würden nach Calabar fliegen. Ich kannte diese Gegend, denn wir hatten dort in den Sümpfen nach jenen Fässern gesucht, die sich später als Sunnys Müll entpuppten.

Ich informierte Betty, daß ich mit ihr allein nach Benin City fahren würde, weil William und Victor nach Lagos flogen. In Windeseile machte diese Nachricht an unserem Tisch die Runde. Keine der Frauen hätte sich getraut, diese stark befahrene Strecke ohne Mann oder Chauffeur zu fahren.

Am nächsten Morgen brachten Betty und ich William und Victor zum Airport nach Warri, wo Williams Maschine aufgetankt bereitstand. »Ich werde morgen abend bei dir in Lagos sein, Ilona. Mach dir keine Sorgen«, sagte Victor zum Abschied und küßte mich lange.

»Wenn ihr herausfinden solltet, daß Opele kein Interesse

daran hat, Williams Nachfolger zu werden, dann wird es für uns einen anderen gemeinsamen Weg geben, nicht wahr, mein Schatz?« flüsterte ich Victor zu.

Da sagte Victor einige Sätze, die ich nie vergessen werde: »Du bist eine starke Frau, Ilona. Nur ich bin in letzter Zeit viel zu schwach. Ich muß meine alte Stärke wiederfinden. Darum werde ich meinem Onkel zeigen, daß ich mich von ihm nicht einschüchtern lasse. Es muß endlich Schluß sein mit all den seltsamen Dingen, die in letzter Zeit passiert sind. Unser gemeinsames Leben wird wunderschön werden. Das verspreche ich dir.«

Auch William umarmte mich, und dann gingen die beiden zu ihrer kleinen Maschine, die in der heißen Sonne wartete.

Victor drehte sich noch einmal um und rief: »München oder London? Was würde dir besser gefallen?«

»Wo du willst. Solange du bei mir bist!« rief ich zurück.

»Überall und immer«, schrie er und lachte mir winkend zu.

Beinahe übermütig humpelte er mit seinem eingegipsten Bein zum Flugzeug, als wäre eine schwere Last von ihm abgefallen. Ich stand lange auf dem Rollfeld und winkte der Maschine hinterher, bis sie nur noch ein kleiner Punkt am Himmel war.

»Liebe ist etwas Wunderbares«, kommentierte die runde Betty und seufzte schwer.

Die Fahrt nach Benin nutzte ich dazu, um mit Betty, Williams jüngerer Schwester, über Victors Sorgen zu sprechen. Ich berichtete von den seltsamen Anschlägen auf Victor, erzählte von dem Besuch beim *herbalist*.

»Er ist ein kluger Mann, dessen Voraussagen eintreffen«, sagte Betty in ihrem Pidgin-Englisch, in dem die Worte eine ganz simple Bedeutung haben. »Aber der Rat des Weisen nützt nur dem, der weise genug ist, ihn zu befolgen. Du liebst

Victor, aber der Junge kennt die Kultur unseres Landes nicht wirklich.« Sie sprach ganz offen darüber, daß sie sich mit Sunny anders als mit William nicht besonders verstand. »Es ist nicht möglich, Sunny ganz aus dem Weg zu gehen. Aber es gibt natürlich Mittel, seine Machenschaften aufzuhalten.«

Ich wurde neugierig. Was meinte sie?

»Alles ist miteinander verbunden, mein Kind. Sunny macht sich dunkle Mächte dienstbar. Aber jede dunkle Kraft hat eine Kraft, die gegen sie wirkt. Wenn Victor mir von seinem Problem erzählt hätte, so hätte ich ihm geraten, unsere Götter um Rat zu fragen. Sie würden ihm den Weg weisen.«

Einen anderen Nachfolger für William vorzuschlagen, wehrte sie allerdings mit einer sehr weiblich-afrikanischen Antwort ab: »Das ist eine Angelegenheit der Männer. Du wirst das noch lernen, Ilona. Wir Frauen haben andere Aufgaben, als uns um Fragen der Macht zu kümmern.«

»Aber das betrifft mich doch auch, Betty. Victors Leben ist *mein* Leben!« warf ich ein.

»Victor wird dir sagen, wie dein Leben verlaufen wird«, entgegnete sie.

Ich beschloß, daß es besser wäre, mich mit ihr über meine Initiation zu unterhalten. Die Fruchtbarkeitsgöttin *Mammy water* war nämlich auch Bettys persönliche Göttin. Sie erzählte, daß sie regelmäßig in ein Dorf im Regenwald fahre, um dort eine Priesterin des Kultes aufzusuchen. Denn die Kraft der Frauen stärke sie.

»Wenn du nicht mehr weiterweißt, mein Kind«, sagte sie, als ich sie vor ihrem Haus absetzte, »dann komm zu mir. Ich bin immer für dich da.«

Gegen Abend kam ich endlich in unserem Haus in Ikoyi an. Lange suchte ich nach einem geeigneten Platz für den schönen Frauenkopf, der Victors Urgroßmutter darstellte. Ich entschied mich, den Altar in einer Ecke unseres Schlafzimmers auf einer alten Kommode herzurichten, und schmückte ihn mit Blumen, Flußkieseln, Muscheln, einer Schale Wasser und frischem Obst, wie ich es bei den Frauen im Wald gelernt hatte.

Victor hatte mir seine Rückkehr für den folgenden Tag versprochen. Aber mich trieb eine unbekannte Unruhe durchs Haus. Während des folgenden Tages rief ich den Flughafen von Calabar wiederholt an, doch Williams Maschine war nicht gelandet. In Afrika ist es nicht Sitte, daß Frauen ihren Männern hinterhertelefonieren. Ich tat es trotzdem. Niemand gab mir Auskunft. Als es bereits dunkelte und Williams Maschine immer noch nicht wie geplant in Lagos gelandet war, machte ich schließlich die Telefonnummer des Rechtsanwalts Opele in Calabar ausfindig. Die Kanzlei war natürlich geschlossen. Mittlerweile war es Nacht geworden. Meine Nervosität stieg. Simon litt mit seiner weißen Chefin, die wie ein Tiger im Käfig herumlief. Wenn ich die Flugkontrolle des Privatflughafens in Lagos anrief und meinen Namen nannte, sagten sie bloß noch: »*No Madam.*«

Es war lange nach zehn Uhr nachts, als das Telefon schrillte. Ich war noch vor einem der *boys* am Apparat. Es war die Flugkontrolle in Lagos. Meine Anrufe waren ihnen so auf den Wecker gegangen, daß sie nachgeforscht hatten. »Das Flugzeug wird vermißt, Ma'am«, sagte der Mann in gutem Englisch.

»Seit wann?« fragte ich atemlos.

»Seit gestern abend. Der Flughafen von Port Harcourt hat mit dem Piloten gegen Mittag gesprochen. Als die Maschine am Abend immer noch nicht in Calabar eingetroffen war, wurde sie als vermißt gemeldet.«

»Das ist vierundzwanzig Stunden her«, sagte ich, »und seitdem gibt es kein Zeichen?«

»Tut mir leid, Ma'am.«

Ich ließ mich auf eines der Ledersofas fallen, die Victor so gemocht hatte. In mir war alles leer, wie ausgelöscht. Seit 24 Stunden wurde Victor vermißt! Vielleicht war das Flugzeug nicht sehr hoch geflogen. Vielleicht war William eine Notlandung auf einem der vielen Seitenarme des Niger geglückt. Allerdings hatte ich selbst in den Sümpfen das Brackwasser, das Ungeziefer und die Krokodile gesehen, die kaum erträgliche Hitze gespürt. Konnten William und Victor dort überleben? Vor Angst fast wahnsinnig, irrte ich durch das Haus. Keiner unserer Angestellten blieb im Bett. Während einige um das Leben von Victor und William beteten und laute Klagegesänge anstimmten, entfalteten andere Aktivität. Wie ein Lauffeuer sprach sich die entsetzliche Nachricht mitten in der Nacht herum. Femi war sogar zu Abiola gefahren und brachte ihn morgens um drei zu mir.

»Wir werden Suchtrupps zusammenstellen«, sagte Abiola, »mit kleinen Schiffen die Sümpfe durchkämmen. Wir werden sie finden. Eine kleine Maschine, die in den Mangrovensümpfen niedergeht, hat durchaus Chancen davonzukommen.« Abiola meinte es gut. Er hatte so lange in Deutschland gelebt, daß ihm der westliche Pragmatismus in Fleisch und Blut übergegangen war.

»Danke, Abiola. Du bist ein richtiger Freund.« Ich lehnte meinen Kopf an seine Schulter und heulte. Endlich löste sich der Schock des Anrufs in Tränen. Tränen, die nicht halfen. Trauer schnürte mir den Hals zu. Wie hatten Victor und ich um unser Glück gerungen, um es in Einklang zu bringen mit den Anforderungen, die der Clan an ihn stellte! Wir hatten einen Weg gefunden – und nun sollte mit einem Schlag alles zu Ende sein!?

Unser gemeinsames Leben wird wunderschön werden. Das verspreche ich dir. Immer wieder hörte ich die Worte Victors.

Die schönsten Augenblicke unserer kurzen Liebe flogen wie ein Film vor meinem inneren Auge dahin. Abiola sprach tröstend auf mich ein, und ich wollte seinen Worten Glauben schenken. Aber dann sah ich Victor vor mir: Mit seinem Gipsbein humpelte er zu Williams kleiner Maschine.

Ich hob den Kopf und sah Abiola tränenblind an. »Victor kann nicht schwimmen, er hat doch einen Gips!«

Die Maske des Leoparden

Es heißt, daß der Mensch hofft, solange er lebt. Und die Hoffnung ist die Kraft, die mich treibt. Darum wollte ich Victor nicht aufgeben und fuhr mit Abiola am nächsten Morgen in aller Frühe los. Femi bestand darauf, mich zu fahren, weil ich so nervös war. Im Gepäckabteil des klimatisierten Range Rover warteten Victors verbliebene zwei Dobermänner auf ihren größten Einsatz – ihr Herrchen zu suchen. Doch zuerst mußten wir herausfinden, wo die Maschine ungefähr notgewassert sein konnte, damit die Hunde Victors Spur aufnehmen konnten …

Es war eine Tagesreise, während der ich für die Schönheit der Landschaft zum ersten Mal kein Auge mehr hatte. Ich wollte die Polizei in Port Harcourt aufsuchen, einer großen Stadt zwischen Warri und Calabar mit eigenem Flughafen, doch Femi fuhr zu einem dieser namenlosen Orte im Regenwald. Wir hielten vor einem lehmfarbenen Gebäudekomplex, der von einer mannshohen Mauer umgeben war. Da ich dachte, er würde uns zur Polizeistation bringen, war ich um so erstaunter, als Victors Onkel Sunny uns begrüßte. Er hielt seine Augen hinter einer goldgefaßten großen Sonnenbrille verborgen.

»Willkommen in meinem *compound*«, sagte er mit seiner hohen Stimme.

Ich spürte ohnmächtige Wut in mir aufsteigen. Warum hatte Femi mich zu Sunny gebracht? Was sollte ich hier?

Sunny spielte erst mal die Rolle des guten Freundes, legte die Stirn in dicke Dackelfalten und schüttelte meine Hand.

»Ilona, das ist ein schwerer Schlag für Sie, ich weiß. Möge Gott uns gnädig sein und uns helfen, die beiden wohlbehalten zu finden. Victor hat in Ihnen eine so starke Frau gefunden. Gott segne Sie.«

So ein verlogener Kerl! Intrigiert hatte er gegen mich! Ich kämpfte meine Gefühle nieder und riß mich unglaublich zusammen. »Danke für Ihr Mitgefühl, Chief Sunny«, sagte ich. »Es wurde also noch keine Spur von dem Flugzeug gefunden?«

Statt einer Antwort kam ein schmächtiger Polizist in gebügelter Uniform, bei dessen Anblick ich mich fragte, ob er gerade aus dem Kühlschrank gestiegen war. Mit Sicherheit hatte er nicht in der feucht-warmen, moskitoverseuchten Hölle da draußen nach William und Victor gesucht. Und so war es auch. Aber er behauptete, daß seine Kollegen unermüdlich im Einsatz seien.

»Wie viele Polizisten suchen denn, Sir?« fragte ich.

»Es sind zwei, Missis.«

»Z...zwei?« Ich glaubte, nicht recht zu hören. Zwei in diesem gigantischen Gebiet!

»Zwei Teams«, sagte Sunny schnell.

»Ja, Chief Sunny, wollte ich sagen: zwei Teams.«

»Sir«, sagte ich zu dem Polizisten, »sollte man nicht mehrere Suchtrupps zusammenstellen, die mit Kanus die Seitenarme absuchen und ...«

»Ma'am, das ist Polizeiarbeit«, unterbrach mich der Polizist und blickte mich streng an.

»Nein, nein, laß Madam nur.« Sunny grinste. »Wir sollten alles tun, um William und Victor zu finden.«

»Hubschrauber, Suchflugzeuge! Haben Sie so was nicht?«

»Machen Sie sich keine großen Hoffnungen, Ma'am. Wenn ein Mann in diesem Gebiet nicht gefunden werden will, wird er nicht gefunden«, erwiderte der Polizist.

Ich schluckte. Was meinte er damit? Nicht gefunden werden will? Sunny hob seinen schwarzen Stock und breitete die Arme aus. »Ilona, vielleicht können Sie es dem Polizisten erklären. Ich kann es nicht. Als William und Victor aus Warri abflogen, sagten sie, sie wollten nach Lagos. Ein paar Stunden später meldeten sie sich in Port Harcourt.« Er grinste. »Das ist die andere Richtung. Osten statt Westen. Finden Sie das nicht seltsam? Oder wollte Victor nachsehen, ob er noch irgendwo ein bißchen Dreck in den Sümpfen findet?«

Wie konnte dieser Mann so von Victor sprechen, um dessen Leben ich bangte! Das war kein Spott. Das war Haß!

Sunny schnalzte mit der Zunge, wog den schweren Kopf hin und her. »Wir wissen beide, daß die Dinge für Victor in der letzten Zeit nicht gut liefen. Unsere Geschäftspartner in England und Holland fragen sich auch schon, zu welcher Seite er eigentlich gehört. Er hätte nicht überall herumlaufen und sagen dürfen, unser Land würde durch sie kaputtgemacht.«

So lagen die Dinge also. Sunny hatte die Verhältnisse kurzerhand in ihr Gegenteil verkehrt. Seiner Meinung nach waren Victor und sein Vater nicht abgestürzt, sondern hatten sich abgesetzt. Ich kochte vor Wut, sah aber ein, daß jetzt nicht der richtige Zeitpunkt für einen Streit mit einem Mann wie Sunny war, der einen frisch gebügelten Polizisten wie eine Marionette plappern ließ. Auf keinen Fall wollte ich Sunnys Angebot annehmen, in seinem Haus zu übernachten. Ich ließ mich und Abiola von Femi in ein sündteures und dennoch einfaches Hotel fahren.

Im Auto platzte mir endlich der Kragen, meine Verzweiflung hatte sich in Zorn gewandelt, den Femi zu spüren bekam. Ich stellte ihn barsch zur Rede, warum er mich zu Sunny gebracht hatte.

»Ich mußte es tun, Ma'am. Es tut mir leid. Chief Sunny ist

ein mächtiger Mann, er hat mich darum gebeten, Sie zu ihm zu bringen.« Femi erzählte mir, wie Sunny »bittet«. »Er hat einen seiner Männer zu mir geschickt, Ma'am. Der Mann hat gesagt, wenn ich nicht tue, was Chief Sunny sagt, wird Ogun böse auf mich werden. So wie er böse auf Chief Victor geworden ist.«

Ich wurde hellhörig. Ogun, den kannte ich noch nicht. Statt Femi antwortete Abiola; er sprach Deutsch mit mir. »Das ist ein mächtiger *orisha*. Im Süden von Nigeria gibt es kaum einen Stamm, der nicht vom Einfluß Oguns überzeugt ist.«

Da war er wieder, der Glaube der Afrikaner an ihre Götter! »Und welche Aufgabe hat Ogun?« fragte ich auf englisch, damit auch Femi die Möglichkeit hatte zu antworten.

Abiola erklärte auf deutsch: »Seine finstere Seite ist, daß er Unfälle verursacht. Femi hat mitgeteilt bekommen, daß Victors Flugzeug durch das Wirken böser Kräfte abgestürzt ist. Nun hat er Angst.«

»Aber, Abiola, das ist doch ein übler Trick. Nichts weiter! Da erscheint einer, der den Namen irgendeines *orisha* ausspricht, und schon zucken alle zusammen. Femi arbeitet seit zehn Jahren für die Weißen! Der kennt doch beide Seiten!«

»Das mag ja sein, Ilona. Aber wer sagt Femi, daß Ogun nicht wirklich seine Hände im Spiel hatte? Du etwa?«

Mir fielen Victors Worte ein, nachdem er aufgebracht die Hütte des *herbalist* verlassen hatte: »Der *herbalist* sagt, Schwarze Magie werde gegen mich eingesetzt. Lachhaft!«

Nein, es war alles andere als lachhaft. Der Abgesandte Sunnys hatte ziemlich unverhohlen mit Schwarzer Magie gedroht, mochte ich selbst an ihre Existenz glauben oder nicht. Letzten Endes hatte ich mich statt im Revier der Polizei in Sunnys Haus wiedergefunden. Das ist wahrscheinlich die wahre Kraft Schwarzer Magie: der Glaube daran ...

Auch am nächsten Tag hatte niemand eine Suche aus der Luft eingeleitet. Das sagte mir der gebügelte Polizist natürlich nicht offen ins Gesicht. Es reichte, daß er schwieg.

Sunny hatte mich erneut in seinen äußerlich schlichten Palast gebeten, der im Inneren einem Museum für afrikanische Volkskunst glich. Die Räume waren vollgestopft mit alten Schnitzereien, schmalen Holzfiguren und Masken mit teilweise fratzenhaft verzerrten Gesichtern, offenkundig dazu bestimmt, dem Betrachter Angst einzuflößen. Vorsichtig nahm Sunny eine Bronzemaske von einem Metallständer. In seinen großen, groben Händen wirkte das Kunstwerk zerbrechlich. Trotzdem ging von ihm eine Bedrohlichkeit aus. Beinahe liebevoll streichelte er die Maske.

»Der Geist des Leoparden«, sagte er würdevoll. »Die Maske diente einst einem *oba* zur Abschreckung der bösen Geister.«

Das konnte ich gut verstehen! Sunny hielt die Maske kurz vor sein Gesicht und zog sie wieder weg. Mit seinen kräftigen Zähnen grinste er mich an. »Der Leopard ist ein Tier, das die Jäger verehren. Es jagt in der Nacht. Man kann viel von ihm lernen. Der Leopard verändert immer wieder seine Jagdtechnik. Und dann schlägt er zu – wenn die Beute nicht mehr damit rechnet.« Das Grinsen seines großen Mundes wirkte ebenso maskenhaft, blieben Sunnys Augen doch hinter der dunklen Brille verborgen.

Er stellte die Maske behutsam wieder auf ihren Platz. Mit einem leicht lehrerhaften Ton fuhr er fort: »Wissen Sie eigentlich, daß in dieser Gegend schon vor über tausend Jahren solche Abgüsse hergestellt wurden? Aus Zinn, Blei und Kupfer. Für dieses Stück hier würde mir heute jedes Museum auf der Welt ein kleines Vermögen bieten. Aber es ist natürlich nicht verkäuflich.« Er nahm die Brille ab. »Ihr Weißen denkt, Afrika hätte eine primitive Kultur. Weil wir an so viele Götter glauben. Weil wir Hühner und Ziegen opfern. Ist es nicht so, Ilona?«

»Was Menschen nicht verstehen, lehnen Sie ab. Das ist doch normal, Chief Sunny«, hielt ich mutig dagegen, konnte aber nicht umhin, ihm insgeheim recht zu geben. Natürlich empfand auch ich seine kostbare Maske eher als angsterregend und hätte sie mir deshalb bestimmt nicht in mein Haus gestellt.

»Sie haben recht. Wenn ihr Weißen das so seht, ist das normal«, entgegnete er. »Was mich ärgert, sind Afrikaner, die ihre eigene Kultur verleugnen. Sie leben alleine in westlichen Häusern, um die sie hohe Zäune ziehen und die sie bewachen lassen. Sie tragen Anzüge aus London und Schuhe aus Mailand und vergessen ihre Brüder und Schwestern.« Er sprach ganz offenkundig von William und Victor. »Und dann erzählen sie uns, die wir in der Tradition unserer Ahnen leben, daß wir alles falsch machen!« Das Grinsen war aus seinem Gesicht gewichen. »Was hat Victors westliche Erziehung genutzt? Was haben die Wachen zu seinem Schutz ausgerichtet, die Hunde? Nichts haben sie geholfen! Die Geister kann man nicht mit Hunden verjagen! Man muß sie respektieren und besänftigen.«

»Sie leben mit den Geistern der Ahnen?«

»Ist das falsch, weiße Frau? Meinen Sie, ich sollte sein wie mein Bruder?« fragte er schroff.

»Nein«, beeilte ich mich zu sagen, »aber Victor gehört einer anderen Generation an.«

»Es gibt auch viele Männer seiner Generation, die im Einklang mit Traditionen leben«, beschied er mich.

Zum Abschluß seiner privaten Museumsführung standen wir vor einem mannshohen Abbild Sunnys. Es war eine buntnaive Darstellung des gedrungenen Chiefs, die den Betrachter aus starren Augen anglotzte.

»So arbeiten die Künstler von heute. Ihr Material ist der Zement. Sehr haltbar«, grinste er, während er die Statue tätschelte.

Als wir uns zum Essen niedergesetzt hatten, sagte er: »Ich habe Sie um diesen Besuch nicht gebeten, um Ihnen meine Kunstschätze zu zeigen. Es geht nicht um die Vergangenheit, sondern um die Gegenwart.« Während Sunny sprach, stopfte er sich mit den Händen *garri*-Brei, den er in rote Sauce getunkt hatte, und Hühnchen in den Mund. »Bruder William sprach voller Lob und Anerkennung von Ihrer Arbeit. Ich möchte, daß Sie weiterhin Geschäftsführerin bleiben. Um Ihnen einen Anreiz zu geben, verdopple ich Ihr Gehalt. Sind Sie einverstanden?«

Ich war sprachlos. Einverstanden? Als ob es darum gegangen wäre! Ich lebte mit der Hoffnung, daß Victor wiedergefunden wurde. Und dieses Rauhbein trat bereits als Nachfolger von William und Victor auf. Meine Gefühle, meine Trauer interessierten diesen Mann nicht. Betreten starrte ich auf meinen Teller. Niemals war mir ein Mensch begegnet, der mich derart herablassend behandelt hatte. Mein Gehalt verdoppeln! Was interessierte mich das jetzt, wo ich einen Mann vermißte, der mein Leben bedeutete, meine Liebe. Und Sunny wollte mich kaufen. Wie all die anderen, die er sich gefügig machte. Angst und Geld – das war die Welt eines Sunny.

»Na, wollen Sie oder nicht? Das ist doch eine ganz einfache Frage. Ja oder nein?« Er stippte sein *garri* in die rote, schleimige Suppe, die ich vorsichtshalber nicht anrührte. Es gab eine Menge Fragen zu klären. Und Sunny reduzierte alles auf Ja oder Nein! Es gab ja noch nicht mal eine Spur von den Vermißten. Während Sunny sich schon daranmachte, mich als seine Untergebene zu behandeln.

Er musterte mich über das Essen hinweg mit seinen unergründlichen, etwas schrägen schwarzen Augen. Was sollte ich antworten? Nein? Dann wäre ich sofort aus dem Spiel gewesen. Sunny hätte einen Grund gehabt, mich aus dem Haus in Ikoyi zu schmeißen. Kurz: Ich hätte nichts mehr über Victors Verbleib erfahren. Zu diesem Zeitpunkt hielt ich es noch für möglich, daß er wieder auftauchte. Vielleicht, dachte ich, schafft er es, sich zu einem der kleinen Dörfer am Fluß durchzuschlagen. Gerade die Frechheit, mit der Sunny auftrat, ließ mich um so mehr an meiner Hoffnung festhalten.

Es konnte also nur eine Antwort geben, wenn ich nicht den Anschluß an die weiteren Entwicklungen verpassen wollte. Unverblümt und dennoch so, als würde es für ihn eine große Belastung bedeuten, tat Sunny kund, daß er der Erbe von William und Victor sei. Aber Victor und William waren bislang nicht gefunden. Und solange würde der Leopard die Beute nicht wegschleppen können.

»Nun, was halten Sie von meinem Vorschlag? Sie wohnen weiterhin in Victors Haus. Alles bleibt, wie es ist. Und bei Gelegenheit werden Sie mir erklären, was Sie eigentlich tun.«

Es gab nie mehr als dieses Gespräch: keinen Vertrag, keinen Handschlag. Ich hatte nur genickt und mich damit an Sunny gebunden. Sunny erkannte schnell, daß die letzten Projekte seines Neffen durchaus zukunftsträchtig waren, und beauftragte mich später, den Aufbau der Fabriken für Toiletten- und Zeitungspapier voranzutreiben. Riesige Investitionssummen, vor denen Victor zurückgeschreckt war, schienen für Sunny kein Problem darzustellen. Meine mühsam mit Anwälten ausgehandelten Verträge reichte er ungelesen an seine Anwälte weiter und malte dann krakelig seinen Namenszug darunter. Das Umweltprojekt war mit Victors Verschwinden natürlich für alle Zeiten erledigt. Der Leopard hatte die Alleinherrschaft in seinem Revier zurückgewonnen.

Ein Leopard verändert seine Flecken nie

In Port Harcourt fanden Abiola und ich nach langer Suche eine kleine Chartermaschine, die uns über die Sümpfe flog. Nach einigen Stunden sah ich endlich ein, daß es sinnlos war: Wir suchten die Stecknadel im Heuhaufen. In dieser unendlichen Weite aus grünem Regenwald und verschlungenen braunen Wasserarmen hätte man für eine sinnvolle Suche Dutzende von Flugzeugen gebraucht. Doch ohne Unterstützung der Polizei ging gar nichts. Und die sagte mehr oder weniger deutlich, daß ich nicht die richtige Person war, nach Victor suchen zu lassen. Ich war ja nicht mal seine Frau! Und Sunny handhabte die Sache afrikanisch – er wartete. Die Zeit spielte für ihn und gegen meinen Prinzen. Enttäuscht und verbittert kehrte ich nach Lagos zurück.

In der ersten Nacht nach meiner Rückkehr träumte ich von Mila, der Beraterin. Sie schnalzte. »Sehe ich aus wie eine Hexe?«

Am nächsten Morgen fuhr ich zu Milas Haus nach Suru Lere. Mila und ihre *sisters* empfingen mich, als hätten sie mich erwartet. Die Fahrt von Ikoyi hatte mich seltsamerweise sehr angestrengt, ich schwitzte wie noch nie. Mila hatte mir meine Begegnung mit Victor vorausgesagt – und unser Unglück. Ob sie mir jetzt helfen konnte?

Sie warf ihre Kauris und schnalzte wieder mit der Zunge. »Es sieht nicht gut aus«, murmelte sie. Sie wollte mir trotzdem helfen, meinen Victor zu finden. Sie verlangte sehr viel Geld und versprach, zwei Tage später in mein Haus zu kommen.

Dort erschien sie mit einem älteren und einem jüngeren Mann, die mit Amuletten behängt und mit Symbolen bemalt waren. Beide sprachen nur Yoruba. Der ältere der beiden sah mich nie direkt an, er blickte irgendwie durch mich hindurch. Mila gab keine Erklärungen über das Tun der beiden. Sie verlangten, daß der teure Perserteppich zusammengerollt wurde, und breiteten mitten im großen Wohnraum Reisigmatten auf dem Boden aus. Dann bauten sie einen simplen Herd auf und verbrannten in einem rußschwarzen Topf Kräuter.

Ich sollte mich zu den beiden und Mila auf den Boden setzen. Das Feuer verbreitete einen herben Geruch, der entfernt an Weihrauch erinnerte. Dann begann der Ältere zu sprechen, der Jüngere schwieg. Der Ältere stellte belanglose Höflichkeitsfragen nach meinem Befinden und dem Wohlergehen meiner Ahnen und Familie. Um dann zu sagen, daß in meinem Schlafzimmer ein Frauenkopf stehe, der mir sehr viel bedeute. Ich solle ihn holen. Also schleppte ich die schwere hölzerne Uroma Victors nach unten und hielt sie vor meinen Bauch, weil ich nicht wußte, wohin damit.

Mila legte ihren Kopf etwas schief, als sie mir die Yoruba-Worte des Älteren übersetzte: »Sie ist die Ahnin des Babys, das du unter deinem Herzen trägst.«

Ich hätte den kiloschweren Ebenholzkopf fast fallen gelassen. Der Nachmittag nach der Initiation mit Victor im quietschenden Bett! Der Kuß auf meinen Bauch! Sein Wunsch nach einer Maria! Es war das letzte Mal, daß wir miteinander geschlafen hatten. Aber es war unmöglich, daß ich schwanger war, ich trug eine Spirale! Hatte das Leben trotzdem einen Weg gefunden? Mit der Uroma vorm Bauch stand ich schwankend im Raum, alles um mich herum schien sich zu drehen.

Mila half mir, Platz zu nehmen. Sie hatte verstanden, was in mir vorging. Die Büste stellte sie neben das Feuerchen in dem kleinen Herd.

Angestrengt versuchte ich, mich auf das zu konzentrieren, was in der Zwischenzeit im Wohnzimmer passierte. Der ältere der beiden Männer hatte sich mit geschlossenen Augen in sich selbst versenkt. Ich fragte Mila, was er und sein jüngerer Freund vorhatten.

»Owo ist ein Suchmann, Ilona. Er wird deinen Mann finden.«

Ich hatte mich auf den Besuch vorbereitet und legte dem Mann eine Karte von Nigeria hin. Mila faltete das Papier zusammen.

»Owo kann nicht lesen«, belehrte sie mich.

Die Hausangestellten preßten ihre Nasen neugierig gegen die Fenster. Owo hatte in der Zwischenzeit sieben Reihen kleiner Flußkiesel vor sich ausgebreitet, auf die er Blätter und Kräuter streute. Er wusch seine Augen mit einer dunklen Flüssigkeit aus einer mitgebrachten Flasche und kaute Blätter. Ein Zucken erfaßte zunächst seine Füße, dann seine Hände, bis sich sein ganzer Körper in Zuckungen und Krämpfen wand.

Als dieser »Anfall« vorbei war, tastete er nach einem Bündel zusammengeschnürter Stäbchen, die er wie ein Fernrohr vor ein Auge hielt, das er dann auf die Steine und die Blätter warf. Nach einem Schluck aus einer anderen Flasche sprühte er seinen feuchten Atem über das Ganze und brachte den Kopf nahe an den Boden, um sich alles genau anzusehen. Sein Gesicht wirkte entrückt und gelöst, vielleicht etwas verwundert. Er nahm zwei von den Steinen, hielt sie mir hin. Mila forderte mich auf, die Steine in meine rechte Hand zu nehmen und mich auf Victor zu konzentrieren, um sie Owo dann zurückzugeben. Owo starrte auf die Steine und doch an ihnen vorbei. Er begann einen Singsang, öffnete die Augen und sah durch mich hindurch.

Jetzt erst begann Deinde, der Jüngere der beiden, zu sprechen, was Mila übersetzte: »Dein Mann und sein Vater sind tot. Sie wurden von einer bösen Macht getötet, die ein Feind gegen sie gerichtet hat.«

Tot! Wie endgültig das klang. Vielleicht hätte ich geschrien oder losgeheult, wenn mir der gebügelte Polizist oder sonstwer das gesagt hätte. Aber die Szene war so absurd, daß ich nur mit weit offenem Mund blöde vor mich hin glotzte. Zweifelnd, ungläubig noch, aber bereits mit den ersten Anzeichen einer inneren Panik kämpfend. »Du findest die beiden dort, wo ihr einen weisen Mann besucht habt und nicht die Geduld hattet, seinen Worten zu lauschen. Zwei Fußstunden von dort in Richtung Westen liegt sein Flugzeug im Sumpf. Nur noch das Ende ragt aus dem Wasser, also beeile dich, wenn du es finden willst.«

Woher konnte dieser Owo den Zwischenfall mit dem Regenmacher kennen? Meine Gedanken überschlugen sich: War das nicht der erste Beweis für seine Weissagung? Ich selbst hatte das Flugzeug wesentlich weiter im Westen suchen lassen, bei Port Harcourt.

Ich glaubte einer fremdartigen Vorstellung zuzusehen, als Owo sich auf seiner Matte zusammenrollte, als schliefe er. Mit geschlossenen Augen seufzte, summte, flüsterte er und bewegte ein wenig die Arme. Nach ein paar Minuten stand er auf, warf die Stäbchen in den Topf und verbrannte draußen im Hof alles unter den ehrfürchtigen Blicken der Hausangestellten. Mila erklärte mir, daß ein Suchmann seine Fähigkeit nicht erlernen könne. Sie sei angeboren.

So faszinierend ich auch Owos Talente fand, ich hatte nicht die Kraft, mich mit ihnen auseinanderzusetzen. Der Suchmann hatte mir eine wunderschöne und eine niederschmetternde Botschaft gebracht. Ich sah den Kopf von Victors Uroma und hörte Williams Satz, daß wir auf den Schultern unserer Ahnen stünden. Lag darin die ganze schlichte und doch schreckliche Wahrheit? Wenn ich bereits Victors Baby unter meinem Herzen trug, dann war die Kette des Lebens doch nicht zerrissen! Sollte Sunny tatsächlich dunkle Mächte gegen seinen Neffen aufgeboten haben, so hatte er doch nicht verhindern können, daß ein Teil von Victor weiterlebte – in mir.

Mila setzte sich neben mich und legte ihren Arm um mich. »*Sister*«, sagte sie, »die *orishas* sind stärker als wir Menschen. Aber du mußt ihnen schon ein bißchen bei ihrer Arbeit helfen.« Wie sollte ich diesen mir immer noch recht fremden Göttern helfen? Zunächst müsse ich Victor vor Sunnys Macht schützen, sagte sie. Und dann mich – und unser Baby. Obwohl noch immer in einer Ecke meines Herzens die Hoffnung brannte, daß Victor lebte, gab sich Mila nach Owos »Suche« keinen Illusionen mehr hin. Sie akzeptierte Owos Vision als Realität und erklärte mir, daß ein Schwarzmagier danach trachten könne, die Seele des Verstorbenen, die nach so kurzer Zeit noch nicht in den Himmel zurückgekehrt ist, »einzufangen«, um sie für immer zu besitzen.

»Den *orishas* helfen« bedeutete, alle persönlichen Dinge Victors an einen sicheren Ort zu schaffen. Vor allem die im ganzen Haus verteilten Fotos müßten sofort verschwinden, die Bürsten, die er benutzt hatte, seine Kleidung, einfach alles! Ich war geschockt. Das bedeutete, ich mußte mir eingestehen, daß Victor tot war! Ich lachte hysterisch und weinte gleichzeitig, nahm die gerahmten Fotos von den Tischen und Sideboards und stellte sie wieder hin. Orientierungslos schwankte ich zwischen meiner Hoffnung, die auf meinem westlichen Pragmatismus gründete, der mir sagte, daß jemand erst tot war, wenn ich den Beweis dafür hatte, und dem afrikanischen Glauben, der auf mystischen Kräften fußte. Ich hatte mich vollkommen verheddert in den Fallstrikken, die zwischen den zwei Welten gespannt waren. Wem sollte ich glauben? Mir, meinen Gefühlen, Hoffnungen und Ansichten? Oder Milas Mystizismus?

Mila schnalzte angesichts meiner Zerrissenheit mit der Zunge. »*Sister*«, sagte sie, »dies ist Afrika, nicht dein sauber-gewischtes Europa.« Bevor sie ging, sah sie sich im Wohnzimmer um. Sie zeigte mir eine Sonnenbrille mit verspiegelten Gläsern, die sie auf einer Kommode gefunden hatte: »Wem gehört die?« fragte sie.

Sunny hatte das häßliche Teil aus hartem grünem Kunststoff offensichtlich vergessen. Sonnenbrillen waren sein Tick, er trug immer wieder andere. Das sagte ich Mila, und sie ließ die Brille in ihrem Gewand verschwinden. »Es ist gut vorzusorgen«, erklärte sie spöttisch.

Als die drei gegangen waren, begann ich die Fotos von Victor, die im ganzen Haus verstreut waren, einzusammeln. Wie ein Robotor lief ich von Zimmer zu Zimmer und nahm sie aus den Rahmen. Es war, als sähe ich meinen Händen dabei zu, wie sie eine Arbeit verrichteten, zu der ich selbst nicht in der Lage war. Die Fotos erzählten die Geschichte unserer Liebe in festgehaltenen Augenblicken des gemeinsamen Glücks. Victor im weißen Anzug im schmalen Kanu, unterwegs in den Sümpfen; Victor mit dem nervösen Abraxas; Victor als leuchtender Fremdkörper auf einem der lauten Märkte; Victor sinnend am Morgen in der Wüste ...

»Du mußt sie verbrennen«, hörte ich Milas eindringliche Stimme.

»Das kann ich nicht!«

»Wenn der Suchmann sich geirrt hat, wirst du neue Fotos von deinem Victor machen, *sister*!«

Victors Uhren und Schmuck, die Kreditkarten, sämtliche Ausweise und seinen Paß legte ich in den Safe in der Bibliothek, wo mir mein eigener Reisepaß in die Hände geriet. Ich überlegte, ob ich ihn lieber bei mir tragen sollte – und legte ihn zurück. Sicherheitshalber. Schwarze Magie kann keinen Zahlencode knacken, dachte ich. Aus den Bädern und dem Schlafzimmer holte ich Victors Bürsten, Wasch- und Rasierutensilien, raffte seine teure englische Unterwäsche zusammen. Die übrige Kleidung hatte ich Mila mitgegeben.

»Er hat genug Geld, um sich alles neu zu kaufen, *sister*«, sagte Milas Stimme in meinem Kopf. »Heute nacht nimmst du die Büste vom Altar, gehst, wenn alle schlafen, damit in den Garten, betest zu deiner Schutzgöttin Jemonja und bittest sie um Beistand für deine Liebe und verbrennst alles.«

Aus einem der nahen Teiche hörte ich das häßliche, laute Quaken der Ochsenfrösche und aus dem Gras das Zirpen der Zikaden, als ich nachts um eins neben Victors Ahnin im Garten saß und einem lodernden Feuer zusah, in dem jene Dinge ein Raub der Flammen wurden, die mich jeden Tag an ihn erinnert hatten. Im Schein der Flammen glänzte warm das dunkel gemaserte Holz des alten Frauenkopfes mit der mächtigen Haarlocke. Ich dachte an jenen glücklichen Moment, in dem William uns den Kopf gegeben hatte als Zeichen seines Vertrauens. Plötzlich wußte ich, daß ich das Richtige tat. So schwer es mir auch fiel, mich von den materiellen Erinnerungsstücken zu trennen.

Im Schein des Feuers grub ich ein Loch im Garten, in dem ich anschließend Asche und unverbrannte Rückstände versteckte, wie Mila mir geraten hatte. Den Rest der Nacht verbrachte ich auf der Veranda in einem Schaukelstuhl hinter dem Fliegengitter und lauschte in die Dunkelheit hinein. Irgendwann begann ich, mit meinem Bauch zu sprechen. Eine anfangs stumme, später leise Zwiesprache mit dem neuen Leben, von dem ich hoffte, daß es mich für alle Zeit an den Mann erinnern würde, um dessen Seele ich bangte, weil ich fühlte, daß sein Körper nicht zurückkehren konnte.

Mein Gefühl war zu diesem Zeitpunkt von der Mystik

Afrikas bestimmt; aber mein Denken richtete sich nach meinen seit Kindheitstagen antrainierten Schemata. Es wollte *wissen*, ob die spirituelle Suche Owos das richtige Ergebnis gebracht hatte. Also erklärte ich Abiola, wie er zu dem *babalawo*, der es regnen lassen konnte, fand, und schlug ihm vor, Mike, den Mann aus Eket, als Begleiter mitzunehmen. Mir selbst war es am wichtigsten, sofort zu einem Gynäkologen zu kommen. Meine Regel war zwar in der Tat seit einiger Zeit überfällig, aber bei dem Klima – und den Aufregungen der vergangenen Wochen – wunderte mich das nicht. Ich fuhr zu dem Geburtshaus meiner verstorbenen Freundin Yemi, dem einzigen Ort, den ich in Lagos kannte, wo vertrauenswürdige Frauenärzte arbeiteten.

Owo hatte recht gehabt: Ich war schwanger. Trotz Spirale! Ich saß in einer Ecke von Yemis Geburtshaus und heulte, aber mehr aus Glück als aus Verzweiflung. Ich hatte meinen Prinzen zwar verloren, aber ich bekam sein Baby. Seine Maria, die er sich so sehr gewünscht hatte. Oder einen kleinen Victor... In Afrika ist der Glaube an Wiedergeburt völlig normal. Bislang hatte Victor kein Kind, in dem seine Seele – nach dem Glauben der Afrikaner – weiterleben konnte. Nun würde er doch eines haben. Er würde weiterleben!

Ich schaffte es irgendwie, den Range Rover durch den Verkehr bis nach Ikoyi zu manövrieren. Ich wünschte mir, mich vor der Welt verkriechen zu können, um mit meinen widerstrebenden Gefühlen zwischen Trauer und Hoffnung ins reine zu kommen. Aber als ich den Wagen in den Hof fuhr, stand dort einer der von Sunny bevorzugten BMWs neben einem Pick-up.

Sunny erwartete mich im Wohnzimmer. Er war nicht allein, hatte eine blutjunge, rundliche Schwarze dabei, die sehr schlecht Englisch sprach. Die Glückliche, die sich Sunnys Gunst als x-te Nebenfrau erfreuen durfte, hörte auf den schönen Namen Felicitas und würde künftig in Victors Haus wohnen. Gemeinsam mit mir. Denn: »Das Haus ist doch viel zu groß für Sie allein, Ilona. Ich werde das obere Stockwerk benutzen.«

Sunny ließ Unmengen von Kisten hinaufschaffen. Bis zu diesem Tag war er nur einmal in Ikoyi aufgetaucht. Nun fand er mehr und mehr Gefallen an dem im westlichen Stil eingerichteten Haus – was wahrscheinlich auf seine Stunden mit Felicitas zurückzuführen war. Wenn die beiden sich in dem hellhörigen Haus im Schlafzimmer vergnügten, quiekte Felicitas wie ein kleines Schweinchen.

Auch die zweite Vision des Suchmannes bestätigte sich, wie Abiola mir anderntags niedergeschlagen berichtete: Victor und sein Vater waren tot. Victors neue Sanierungsfirma führte ihren letzten Job vor der Liquidierung aus: Sie veranlaßte seine Bergung. Außerdem beauftragte ich Williams Firma, das Flugzeug nach der Bergung untersuchen zu lassen – aus Versicherungsgründen.

Da Victors Tod nun amtlich war, hielt mich nichts mehr in Lagos. Ich dachte an Milas Warnung und wollte sofort abreisen. Natürlich heimlich, damit Sunny mir nicht in die Quere kam. Doch ich bekam nur einen Platz in einer Maschine, die erst eine geschlagene Woche später ging.

Es sollte eine lange Woche werden.

Sie begann mit Sunnys Forderung, sofort die beiden Dobermänner wegzuschaffen. Seine Angst vor den beiden Hunden kleidete er in die Drohung, die Tiere andernfalls erschießen zu lassen. Abiola vermittelte sie an ein weißes Ehepaar, bei dem sie es gut hatten. Dem treuen Femi verschaffte ich einen Arbeitsplatz beim neuen Strengfurt-Geschäftsführer.

Von den letzten Abenden in dem fremd gewordenen Haus verbrachte ich die meisten mit Abiola. Meine beiden Doggen waren ihm zu teuer geworden, und er hatte sie an ein nettes englisches Ehepaar in Victoria Island vermittelt. Seine ständige Begleiterin war jetzt die hübsche Labradorhündin Cilly. Wenn Cilly in Victors Haus, das nun Sunny gehörte, zu Besuch war, verhielt sie sich sehr unruhig.

Einmal schoß sie ins obere Stockwerk hinauf, schnüffelte, bellte und sprang gegen eine der verschlossenen Türen. Dahinter lag ein Raum, den Victor nie benutzt hatte. »Das wäre ein schönes Kinderzimmer«, hörte ich seine Stimme aus der Vergangenheit herüberklingen. »Und bei Regen können unsere Kinder auf dem überdachten Balkon spielen.«

Ich wußte von Sunnys Leben praktisch nichts. Deshalb konnte ich mir nicht vorstellen, was Cilly hinter der Tür verbellte. Sie ließ sich kaum beruhigen, und ich hatte Mühe, sie wieder nach unten zu bekommen. Am nächsten Tag schleppten vier Männer weitere Kisten in dieses Zimmer. Als Abiola das nächste Mal mit Cilly erschien, ließen wir die unruhige Hündin gleich los. Mit der Nase am Boden lief sie zielsicher wieder nach oben und bellte vor der verschlossenen Tür, hinter der sich die Kisten befanden. Abiola hatte Cilly von meinem Vater aus Deutschland geschickt bekommen. Also rief ich ihn an, und er erzählte, daß Cilly einer von drei ausgemusterten Zollhunden sei. »Sie wurden als Spürhunde in Zügen eingesetzt, um Rauschgift zu erschnüffeln, soweit ich weiß.«

Der traditionsbewußte Sunny hatte eine ganz und gar zeitgemäße Einnahmequelle gefunden: Rauschgift! Abiola kommentierte meine Empörung mit einem nigerianischen Sprichwort: *»A leopard never changes his spots.«* (Ein Leopard verändert seine Flecken nie.)

Wahl der Waffen

Um meine Abreisepläne zu tarnen, erschien ich wie üblich im Büro und nutzte die Gelegenheit, um alle persönlichen Unterlagen Victors verschwinden zu lassen. Denn Sunny hatte Akpoviroro ausersehen, sich in die Geschäftsführung einzuarbeiten. Der älteste Sohn Sunnys war ein Mann von Mitte Zwanzig, der von Betriebswirtschaft praktisch keine Ahnung hatte, sich aber hinter meinem großen Schreibtisch räkelte, als handelte es sich um einen Spielplatz für reiche Jungs. Er war genauso klein und gedrungen wie sein Vater, schien aber nicht über dessen hinterlistige Verschlagenheit zu verfügen.

Drei Tage vor meiner Abreise forderte Sunny mich auf, ihn und Akpoviroro zur Bank zu begleiten. Ich kannte Sunnys furchterregende Fahrweise und weigerte mich zunächst. Schließlich erklärte er mir den Grund: Er wollte, daß meine Kontenvollmachten auf ihn und Akpoviroro übertragen wurden. Ich betete, daß ich den Trip heil überstehen würde, und stieg widerwillig ins Auto.

Sunny nutzte die neue Vollmacht, um sogleich umgerechnet eine Million Mark von den Konten zu räumen. Das viele Geld ließ er in einen schwarzen Samsonite-Koffer packen. Den Koffer in der einen, den schwarzen Stock mit dem Leopardenkopf in der anderen Hand, den mit einem Gewehr bewaffneten Akpoviroro als Schatten hinter sich – so eilte Sunny zurück zum Range Rover, hinter dessen Steuer er Platz nahm. Ich wurde nach hinten komplimentiert. Akpoviroro saß auf dem Beifahrersitz, das Gewehr für alle sichtbar in den Händen, den Geldkoffer vor seinem Sitz zwischen den Knien.

Sunny bearbeitete das Lenkrad, als hätte er zu viele amerikanische Krimis gesehen. Rote Ampeln interpretierte er in grüne um, Fußgänger jagte er durch Dauergehupe zur Seite. Ein Straßenköter, der wegen seiner kurzen Beine nicht schnell genug von der Fahrbahn fliehen konnte, wurde brutal überfahren.

»Tote Hunde bringen Glück«, sagte Sunny grinsend.

Und sein Sohn auf dem Beifahrersitz freute sich mit dem rasenden Vater. Lachend richtete er das Gewehr auf Passanten, die erschreckt zurücksprangen. In Deutschland hätte uns bereits nach der zweiten Kreuzung eine Polizeistreife direkt ins Gefängnis geleitet. Ich sank von Kreuzung zu Kreuzung tiefer in die edlen Polster und kämpfte die aufkommende Übelkeit nieder. Als wir endlich in Ikoyi bei Victors Haus ankamen, schaffte ich es gerade noch, die Tür des Rovers zu öffnen. Dann übergab ich mich.

»Ilona, bist du schwanger?« hörte ich die quietschende Stimme von Felicitas.

Mein Herz setzte aus. Na, das hatte noch gefehlt, daß Sunny von meiner Schwangerschaft erfuhr. Ich hielt mich keuchend vornübergebeugt am Rover fest und sah zu Sunny hoch. Der entblößte sein Raubtiergebiß und strahlte mich an. Dann schüttelte es mich erneut.

»Das ist sehr interessant. Ein Baby von Victor. Oh, Mann, das ist wirklich eine Überraschung. Ilona, Sie sind eine kluge Frau, eine wirklich kluge Frau.«

Ich schleppte mich erschöpft ins Haus und ließ mich aufs weiche Sofa fallen. Nachdem ich wieder etwas zu Atem gekommen war, japste ich: »Sunny, es ist Ihr Fahrstil. Er ist wirklich zum Kotzen.«

»Sie verlieren nie Ihren Humor, Ilona.« Er schüttelte lächelnd den Kopf. »Schade, daß Sie die Frau Victors waren. Wirklich schade.«

Über den Sinn dieses Satzes konnte ich nicht hinreichend nachdenken, denn nun petzte Felicitas: »Darling, Ilona hat gestern morgen auch erbrochen!«

Blöde Kuh! Ich hatte so aufgepaßt! Aber in diesem hellhörigen Haus aus Holz hörte man wirklich alles. »Unsinn«, sagte ich und holte mir ein Glas Wasser, »ich hatte mir den Magen verdorben.«

»Sicher«, kicherte Sunny, legte seinen Arm um Felicitas' runde Hüften und leitete sie nach oben.

Sie sind eine kluge Frau, hatte er gesagt. Denn er hatte die Bedeutung meiner Schwangerschaft sofort begriffen: Ich bekam Victors Erben. Daran verschwendete ich zu diesem Zeitpunkt zwar keinen Gedanken, denn ich wollte das Baby um seiner selbst und um unserer Liebe willen. Solche Gefühle waren einem Sunny allerdings keinen Gedanken wert. Zitternd verkroch ich mich ins Bett. Die Zeit lief gegen mich – noch zwei Tage, bis ich ins Flugzeug steigen konnte. Zwei Tage, in denen ich beschloß, vorsichtig zu sein. Die Sache hatte nur einen Haken – ich wußte nicht, wovor ich mich schützen mußte.

Am Tag vor meinem geplanten Abflug fand die anglikanische Trauerfeier für Victor und William statt, die ich arrangiert hatte. Sunny ließ es sich nicht nehmen, in der ersten Reihe zu sitzen. Nach einem letzten Empfang für die Mitarbeiter, von denen manche meine Wehmut gespürt haben mögen, fuhr ich nach Hause und ließ mir von Simon scharfes Ziegenfleischcurry servieren. Traurig und allein aß ich, während Felicitas und Sunny oben Schweinchen spielten. Das Essen war schärfer als sonst, oder vielleicht kam es mir auch nur so vor; während einer Schwangerschaft verändert sich ja auch das Geruchs- und Geschmacksempfinden. Ich spülte mit viel Wasser nach. Durch die Schärfe des Currys merkte ich erst zu spät, daß im Mund ein leicht bitterer Geschmack zurückblieb. Ich machte Simon darauf aufmerksam, doch der verstand nicht.

»Ich habe gekocht wie immer. Soll ich Madam eine andere Speise servieren?«

Früh zog ich mich zu meiner letzten Nacht in Victors Bett zurück. Im Verlauf der nächsten Stunden erbrach ich mehrmals, was ich auf die Schwangerschaft schob. Am frühen Morgen bekam ich starke Blutungen, mein Körper glühte. Mir fiel Yemis Schwangerschaft ein, ihr schreckliches Sterben in der Klinik. Panik ergriff mich. Ich hatte es fast geschafft, ein paar Stunden später sollte mein Flugzeug zurück nach Deutschland gehen! Mit Bauchkrämpfen schleppte ich mich ins Bad, ließ das lauwarme Wasser von den Tanks auf dem Dach in die Badewanne rauschen und rief Abiola an, meinen letzten Vertrauten.

Im lauwarmen Wasser der Wanne erlitt ich eine Fehlgeburt, bevor Abiola eintraf. Er hatte seinen Vetter mitgebracht, der mich sofort in seine Privatklinik mitnahm. Abiola erzählte mir später, daß mein Unglück das ganze Haus aufgeweckt hatte und sogar Sunny erschienen war, um nach mir zu sehen. Ich kann mich daran nicht mehr erinnern; das einzige, was ich noch weiß, ist eine unsagbar große Verzweiflung, die sich über mich legte wie eine schwere dunkle Decke, unter der ich zu ersticken drohte.

In der Privatklinik von Abiolas Vetter wurde mein Zustand stabilisiert, aber mein eigener Körper war mir vollkommen gleichgültig geworden. Tagelang lag ich da, als wäre ich selbst gestorben. Meine Gedanken kreisten immer um dieselbe Frage: Ich hatte versagt, nicht genügend auf Victors Baby aufgepaßt. Diese Schuld war nicht wiedergutzumachen.

Der Tod unseres Kindes traf mich beinahe noch härter als der von Victor. Da hatte ich so um Victors Seele gekämpft und ihr dann durch die Frühgeburt den Weg zurück auf die Erde genommen. In diesen düsteren Tagen beschuldigte ich mich, Victor endgültig getötet zu haben, weil ich seine Wiedergeburt unmöglich gemacht hatte.

Meine Depression trieb mich sogar so weit, daß ich meine ganze Existenz in Frage stellte, alles, was ich in meinem Leben getan hatte. Und ich gab mir die alleinige Schuld daran, daß ich mich von meinen beiden Kindern entfremdet hatte. Ich fühlte mich wie in der Hölle, unfähig, ihr jemals wieder entkommen zu können. Jeder Antrieb, meine Situation etwa durch den Rückflug zu verändern, war weg. Wenn die Ärzte mich in dieser Klinik vergessen hätten, so wie knapp zwei Jahre zuvor Yemi – mich selbst hätte das am allerwenigsten interessiert.

Abiola besuchte mich in dieser entsetzlichen Zeit häufig, saß stundenlang an meinem Bett. Aber ich hörte seine Worte voller Mitgefühl und seine Aufmunterungsversuche nicht. In den Wochen zuvor hatte ich ihm viel von Mila erzählt. Und dann stand sie eines Nachmittags an meinem Bett, rund und mütterlich, eingehüllt in Hunderte von verschiedenen Düften, eingewickelt in bunte Stoffe, behängt mit Schmuck und Amuletten. Ein großer, bunter Paradiesvogel war in meine graue Traurigkeit vorgedrungen, um mich auf seine Schwingen zu heben und fortzubringen. Zurück ins Leben.

»Du siehst gar nicht gut aus, *sister.* Was hat der Leopard mit dir gemacht, he?« Sie ließ die Zunge schnalzen und wakkelte mit dem Kopf. »*Sister*, ich glaube, du brauchst Hilfe.«

Dann stellte sie mir behutsam Fragen nach dem Abend vor der Fehlgeburt. Zum Beispiel, was ich gegessen hatte. Ich sah mich am Tisch sitzen, hörte, wie ich mich über das unglaublich scharfe Ziegen-Curry und das bittere Wasser beschwerte.

»Alligator-Pfeffer, *sister.* Die weisen Frauen verwenden ihn, um einen Abort herbeizuführen«, sagte Mila ernst.

Ich hatte mich von meiner eigenen Misere zu weit entfernt, um das verstehen zu können. Mila erinnerte mich an einen ungleichen Kampf, in dem ich die Verliererin war, als sie sagte: »Der Leopard jagt bei Nacht, *sister*, und du bist eine Blinde. Du konntest nicht gewinnen. Kehr nach Hause zurück, beginn ein neues Leben und vergiß alles.«

Sie wollte mich trösten, aber da war ein Unterton in ihren Worten, der in meinem Gehirn die richtige Stelle ansprach. Jenen Ort, in dem mein Kampfgeist sitzt, mein Gerechtigkeitssinn, mein inneres Stehaufmännchen sozusagen. Es signalisierte mir, daß ich nicht schuld am Tod des Babys war. Alligator-Pfeffer, weise Frauen, Abort ... An diesen Worten arbeitete sich mein wieder erwachendes Hirn ab. Mit einem Schlag verstand ich sie. »Mila«, sagte ich langsam, »Sunny hat mir mein Baby genommen!«

Mila schnalzte. »Nein, *sister*, er hat etwas viel Schlimmeres getan. Er hat verhindert, daß die Seele deines Mannes im Körper seines Kindes weiterleben kann. So jagt der Leopard. Er holt sich seine Beute, wenn das Opfer sich schon in Sicherheit wiegt.«

Ja, sie hatte recht. Ich hatte mich bereits zu sicher gefühlt, so kurz vor dem Rückflug ...

Ich bat Mila, mich und Abiola zu begleiten, um meine Sachen aus Victors – nun Sunnys – Haus zu holen. Felicitas hatte es sich im Wohnzimmer mit einigen Freundinnen bequem gemacht. Als wir aufkreuzten, verzogen sie sich in die Bibliothek. Der Kopf von Victors Uroma gefiel Mila sehr und vor allem der kleine Altar, den ich um den Kopf herum aufgebaut hatte.

»Deine Zeit in meinem Land war nicht umsonst«, sagte sie anerkennend.

Wir rafften alle meine Sachen zusammen, die sich ausschließlich im Schlafzimmer und im Bad befanden. Ich hatte an meinem letzten Abend alles so weit vorbereitet, daß ich es mit wenigen Handgriffen in die Koffer legen konnte. Sunny schien nichts angerührt zu haben. Rund und grinsend stand Felicitas als Siegerin in der Tür zur Bibliothek. Ich ging als Verliererin, verwirrt und mit hängenden Schultern. Zu schwach, um dieser Frau, die meine Schwangerschaft verraten hatte, in die Augen blicken zu können.

Abiola nahm mich in seinem Haus auf, in dem seine Mutter mich bekochte. Wir kamen zu dem Schluß, daß Victors und Williams Tod völlig unnötig gewesen war. Victor hatte auf die Thronfolge verzichten wollen. Doch das hatte Sunny nie erfahren. Etwas anderes jedoch war ihm sicher nicht entgangen: Mein Angebot an seine Schwester Betty, sie nach Benin City mitzunehmen. Die Frauen hatten ausgiebig darüber gesprochen, daß ich die gefährliche Strecke selbst fahren würde – weil William und Victor am Morgen nach dem Fest fliegen wollten.

Inzwischen hatten wir erfahren, daß jemand das Höhenruder des Flugzeuges so manipuliert hatte, daß es abstürzen mußte. Eine ziemlich primitive Arbeit, besagte das Gutachten. Aber man hatte ja auch nicht erwartet, daß die Maschine jemals im Sumpf gefunden wurde.

Daß Sunnys Leute für die Manipulation des Höhenruders verantwortlich waren, stand für Abiola und mich außer Frage. Sunny war durch den Tod von William *und* Victor mit einem Mal alle Probleme los. Er war der Chief und der Erbe obendrein. Als er von meiner Schwangerschaft erfuhr, »besserte« er sozusagen nach. Ich konnte – so gesehen – froh sein, daß er nur mein Baby und nicht uns beide beseitigt hatte.

»Es ist eine Gemeinheit, daß Leute wie Sunny mit so etwas durchkommen«, sagte Abiola.

»Ja«, murmelte ich nachdenklich, »da hast du recht.«

Ich fuhr noch einmal zu Mila, um mir von ihr die Zukunft

voraussagen zu lassen. Ich wollte wissen, ob ich nach all den Nackenschlägen, die mir das Schicksal verpaßt hatte, jemals wieder glücklich sein könnte.

Aber sie sah in ihren Kauris etwas anderes. »Da ist ein Hindernis auf deinem Weg, *sister.* Ein großes Hindernis. Dein Gegner will dich vernichten.«

»Warum sollte er das tun wollen, Mila? Ich habe Victor verloren, sein Kind ist tot. Ich bin doch schon genug gestraft!«

»Das Orakel kann dir nicht die Gründe nennen, *sister.* Es sieht, was passiert. Und dann kannst du deinen Weg entsprechend ändern, damit nicht eintritt, was das Orakel sieht.«

»Und wie soll ich das machen, Mila?«

»Dein Gegner ist der Leopard. Du mußt ihn mit seinen eigenen Waffen schlagen. Der Leopard hat sich Ogun als Schutzgott gewählt. Du mußt ihn also an dieser Stelle angreifen.« Ich verstand kein Wort. Mila machte es mir wirklich nicht leicht!

Sie legte Sunnys grüne Sonnenbrille vor meine Füße, in deren Gläsern ich mich spiegelte. »Sagte ich dir nicht, daß es gut ist vorzusorgen?« Sie lächelte böse und stellte die ewige Gretchenfrage des Lebens: »Hast du noch Geld?«

Was ich verdient hatte, war auf umständlichen Wegen nach Deutschland gelangt, um meine Schulden abzutragen. Aber ich hatte noch einen kleinen Beutel mit ungeschliffenen Diamanten, die Victor mir geschenkt hatte. Mila pickte sich ein paar davon heraus, nahm die Sonnenbrille und sagte: »Sehr gut. Wir fahren zu meiner *sister* Enitan.«

Diese *sister* wohnte nicht weit von Mila im gleichen Stadtteil Suru Lere, der in jener Ecke allerdings noch weniger einladend wirkte. Nach dem Balanceakt über die stinkenden Abwassergräben standen Mila und ich in einem Hof, in dem einige Schweine, Ziegen und Hühner herumliefen. Es roch entsetzlich nach Kot und Urin, aber da war noch ein anderer, stechender Geruch.

Mila führte mich zu einem Hinterhof, dessen Eingang mit *jujus* geschmückt war. Jetzt erklärte sich der stechende Geruch: Vor mir lagen, in der Sonne zum Trocknen und zum Verkaufen ausgebreitet, die unterschiedlichsten Teile von Tierkadavern – schmutzig graue Krokodilköpfe mit überlappenden Zähnen und blicklosen Augen neben abgetrennten Köpfen von Affen, Hunden, Katzen und Antilopen, ausgestopfte Eulen, Falken und Adler. Daneben unzählige Kopfskelette, ein Korb mit toten Heuschrecken, ein anderer mit Schlangen. In der Sonne trockneten Häute und Felle von Reptilien und Vierbeinern. Obwohl die Jagd auf Löwen und Leoparden auch damals schon verboten war, lagen einige Felle neben denen von Gnus und einer Giraffe. Angeekelt tappte ich auf diesem absurden Friedhof des spiritistischen Unfriedens umher.

Enitan bot in ihrem *juju*-Supermarkt auch lebende Tiere an, Uhus, Eulen und Geier etwa, die in winzigen Holzverschlägen verschreckt die Köpfe hin und her drehten oder schliefen, als wären sie bereits tot. Die kleinen *juju*-Säckchen, die ich das erste Mal im Haus von Moses gesehen hatte, konnte man hier zu Hunderten erstehen.

Aufgrund der großen Auswahl wirkte diese Ansammlung von Zaubermitteln, zu denen auch Metallstangen und Masken gehörten, merkwürdig unwirklich. Horror, der in solch einer Massierung auftritt, erscheint nicht mehr schrecklich. Das Gegenteil tritt ein: Nach einer Weile weicht der Schrekken der Faszination. Sie übermannt den Betrachter, der eigentlich Abscheu empfindet. Ich trat näher, zögernd zunächst, dann mutiger und sah mir einen Krokodilschädel an, dessen Knochen weiß in der Sonne leuchteten.

»Du hast deine Wahl getroffen, *sister*«, sagte Mila.

»Was meinst du?«

»Du solltest aus all diesen Dingen etwas aussuchen. Das hast du getan. Ich werde daraus ein *juju* machen, das Sunny aufhalten wird. Vertrau mir.«

Ich hatte den Krokodilkopf gekauft? Ich trug dazu bei, daß der verabscheuungswürdige Handel mit diesen Tieren unterstützt wurde?

»Du kannst es auch lassen, *sister*«, meinte Mila, fügte aber mit einem unüberhörbaren Unterton hinzu: »Aber dann kann ich nichts für dich tun.«

»Gibt es denn keinen anderen Weg?«

»Du mußt Sunny mit seinen eigenen Waffen schlagen. Und dies hier« – sie breitete die Arme aus – »*sind* seine Waffen. Du willst doch wieder zurück zu deinen Kindern? Oder nicht?« Ihr Blick durchbohrte mich. Es gab also nur entweder – oder. Den Weg der afrikanischen Magie: dunkle Mächte mit dunkler Macht bekämpfen – oder abwarten, ob Milas Orakel wie immer recht hatte. Wenn sich das herausstellte, konnte es allerdings zu spät sein.

Also nahm ich Mila Sunnys verspiegelte Brille aus der Hand und setzte sie dem Krokodil auf den nackten Schädel. »Okay, Mila, wir machen es, wie du gesagt hast. Du kennst dein Land und deine Leute. Ich vertraue dir, *sister*«, fügte ich mit einem Augenzwinkern hinzu.

Ich weiß nicht, warum ich das Krokodil auswählte. Vielleicht, weil ich so viele in den Sümpfen gesehen hatte. Vielleicht, weil der Schädel in seiner knöchernen Nacktheit etwas Abstraktes hatte, nichts Wirkliches.

Mila nahm den Schädel mit der Brille und marschierte los. »Du hast eine gute Wahl getroffen«, lobte sie mich, »deine *orisha* ist Jemonja, von ihr stammt dieses Tier.« Sie gab meiner unbewußten Entscheidung somit eine mystische Bedeutung.

Milas *sister* Enitan – ich nehme nicht an, daß sie ihre leibliche Schwester war – verfügte in ihrem Haus über ein weiteres Sammelsurium magischer Gegenstände, aus dem ich aussuchen mußte: Ein längliches Röhrchen mit einer roten Flüssigkeit entpuppte sich als rotes Quecksilber, eine messingfarbene Hülse war eine Gewehrpatrone, und ein dreckiger weißer Beutel enthielt roten Sand. All dies wechselte für den Gegenwert meiner Diamanten, die die grobschlächtige Enitan ungerührt entgegennahm, den Besitzer.

Anschließend brachte ich Mila zurück zu ihrem Haus. »Was wirst du damit machen?«

»Dabei darfst du nicht zusehen. Aber die Zutaten, die du ausgewählt hast, weisen mir den Weg. Sunny wird von einer Gewehrkugel getroffen werden. Sie wird ihn in den Sand schleudern, und sein Blut wird den Boden rot färben.«

Das sagte sie sehr bedeutungsvoll. Ich hatte bereits einiges erlebt – aber an diese Prophezeiung glaubte ich nicht. Trotzdem hütete ich mich, meine Skepsis zu zeigen.

Mila legte alles auf ein großes, verwittertes Holzbrett und befahl mir, die Gegenstände zu bespucken. Immer diese Spuckerei! Aber inzwischen kannte ich den Grund: Indem ich etwas bespuckte, stellte ich einen persönlichen Bezug zu den Gegenständen her, die meinen Gegner aufhalten – oder töten? – sollten. Ich mußte einen Schluck Gin als Opfer für Jemonja nehmen und noch einmal spucken. Schon der Geruch von Alkohol – ich haßte ihn. Angewidert nahm ich einen zaghaften Schluck und spuckte fauchend über die Dinge. So wie ich es bei den *babalawo*s gesehen hatte.

»Perfekt, *sister.*« Mila grinste. »Ich habe den Haß und den Ekel in deinem Gesicht gesehen. Es wird ein gutes *juju* werden.«

Ich fuhr hinaus an den Strand. Dort, wo Victor mich im Arm gehalten hatte, setzte ich mich in den Sand und ließ die

Wellen meine Füße umspülen. Wahrscheinlich habe ich eine kleine Ewigkeit so gesessen, völlig in mich selbst versunken. Mir fiel das Wasserritual ein, die Fruchtbarkeitsgöttin *Mammy water*, die Mila Jemonja nannte und die angeblich meine Schutzgöttin war. Und plötzlich dachte ich an Betty, Williams rundliche Schwester.

»Vielleicht solltest du, wie ich es regelmäßig tue, in ein kleines Dorf im Regenwald fahren«, hatte sie einmal gesagt, »um dort eine Priesterin des *Mammy water*-Kultes aufzusuchen. Durch die Göttin *Mammy water* hat sie die Macht, dir zu helfen, in jeder Lebenssituation deine innere Balance wiederzufinden. Sie wird dir gleichzeitig die nötige Kraft geben, um deinen weiteren, vorbestimmten Lebensweg zu gehen.«

Wie ein Fisch im Wasser

Für meine letzte Reise durchs Land bat ich Abiola, mir seine hübsche Labradorhündin Cilly, den wachsamen Zollhund, als Begleitung mitzugeben. Ich fuhr nach Benin-City zu Betty, die versprochen hatte, mir zu helfen. Zum Glück traf ich sie noch an, denn sie war im Aufbruch: Am folgenden Tag wollte sie in den Norden reisen, um Geschäfte zu machen. Auch meine Bargeldsorgen löste Betty – sie gab mir für zwei meiner Diamanten mehr Nairas, als ich erwartet hatte.

Auf dem Markt half sie mir, weiße Kleiderstoffe und Glasperlen, Palmwein und Gin, Kolanüsse und Früchte auszusuchen. All dies, trug mir Betty auf, sollte ich den Priesterinnen des Wasserkultes als Gastgeschenke mitbringen. Ich mußte sie nur noch finden – und sie dann davon überzeugen, daß ich, die weiße Frau, dringend ihres Beistandes bedurfte.

Es war viel einfacher, als ich angenommen hatte. Etwas außerhalb des Ortes Iselegu, den Betty genannt hatte, entdeckte ich nach etwas Suchen an einem Haus ein naives, buntes Wandbild. Ein Gemälde, das in seiner Schlichtheit auch mir als Europäerin sofort verständlich war: eine Frau mit nacktem Oberkörper und Fischleib, eindeutig als Nixe zu identifizieren. Erst jetzt wurde mir bewußt, daß ich auf den Fahrten durch die kleinen Dörfer im Niger-Delta schon öfters solche Wandnixen gesehen hatte, ohne mir über deren Bedeutung klar zu sein. Sie wiesen auf die dort wohnenden Priesterinnen des *Mammy water*-Kultes hin.

Durch einen schmalen Torbogen betrat ich einen sandbedeckten, höchstens zehn mal zehn Meter großen Hof, der auf drei Seiten mit flachen Gebäuden umbaut war. Von den verschiedenen Wandbildern, die sich fast alle mit Wasser, Fischen und Schlangen befaßten, stach vor allem eines ins Auge: die Darstellung einer rundlichen Frau, die sich eine Schlange um die Schultern gelegt hatte.

Bevor ich das Kunstwerk näher in Augenschein nehmen konnte, kamen nach und nach immer mehr sehr junge Mädchen aus den flachen Häusern heraus. Sie trugen schneeweiße Tücher, die mich an Bettlaken erinnerten, um die Hüften. Ihre Oberkörper waren unbekleidet. Mit verhaltener Neugier musterten sie mich, eine von ihnen lief zurück ins Haus.

Kurz darauf trat aus dem Dunkel des Hauses eine von den Schultern abwärts würdevoll in buntbedrucktes Tuch gehüllte Frau, deren Haar in ein weißes Tuch gewickelt waren. Zweifellos war dies die auf dem Bild dargestellte Frau mit der Schlange – also wohl die Lehrerin der jungen Mädchen, die bei ihr das erlebten, was ich in Victors Dorf durchgemacht hatte – eine Initiation.

»Weiße Frau, was führt dich zu mir? Du siehst aus, als brauchtest du Hilfe. Komm herein und erzähle Mammy Ama.« Sie wollte mich schon hereinbitten, als ihr Blick auf Cilly fiel. »Ist dein Hund etwa auch krank? Ihm kann ich nicht helfen.«

»Ich bin aus Lagos gekommen und wollte den weiten Weg nicht alleine fahren. Ein Hund ist ein guter Schutz.«

Sie lachte. »Ein Schutz? Vor wem? Allenfalls vor den gierigen Händen der Polizisten! Ogun kannst du damit nicht beeindrucken.«

»Woher wissen Sie, daß ich vor Ogun Angst habe?« fragte ich verblüfft.

»Oh? Weiß ich das?« Sie lachte, und ihre freundlichen Augen musterten mich eine Spur wärmer. »Also gut, dein Hund kann bleiben. Aber nur, wenn er sich ruhig verhält.«

Ich holte aus dem Auto die zahlreichen Geschenke und folgte Mammy Ama hinein in ihr schlichtes Haus. Hier gab es keine blutbesudelten Altäre und Fetische. Es wirkte alles aufgeräumt und rein, sogar ihr Altar war mit einer ordentlichen Decke geschmückt, auf der neben Flakons, Bürsten und allerlei Behältern einige kleine Figuren herumstanden.

Mammy Ama untersuchte meine Mitbringsel. »Eine gute Auswahl. Wer hat dich beraten?«

Während ich ihr erzählte, hörte sie aufmerksam zu.

»Dieser Sunny – oder der Leopard, wie du ihn nennst – scheint mir nicht die wirkliche Bedrohung in deinem Leben zu sein«, sagte sie schließlich. »Was dich wirklich bedrückt, ist etwas anderes. Du wirst nicht mit dem fertig, was du hier in Afrika erlebt hast. Ich werde versuchen, dir zu helfen.«

Sie holte zwei der vielleicht zwanzig Zentimeter großen Holzpuppen von ihrem Altar. »Es sind Totenpuppen«, erklärte sie. Eine Figur hatte männliche Gesichtszüge und einen Penis, die andere weibliche und Brüste. Die weiß bemalten Puppen besaßen gebrochene, nach unten gerichtete Augen. »Was hast du von Victor bei dir?« fragte Mammy Ama.

Ich überlegte, was ich ihr geben sollte. Viel war es nicht, was ich bei mir führte. Eine zarte Gliederkette aus Gold, die er mir Silvester in London geschenkt hatte, trug ich seitdem ständig. Instinktiv faßte ich mir an den Hals. Die Priesterin nahm die Kette wortlos ab und schlang sie der kleinen männlichen Puppe um den Körper. Sie deutete auf den Armreif aus Elefantenhaar an meinem Handgelenk, den ich für meinen Glücksbringer hielt, seitdem ich ihn zweieinhalb Jahre zuvor dem *juju*-Händler auf dem Markt in Lagos abgekauft hatte. »Was ist das?«

»Mein Glücksbringer«, antwortete ich und erntete ein verächtliches Schnalzen.

»Das ist kein Glücksbringer. Gib es mir.« Ich zögerte.

Schließlich pflegt man seinen Aberglauben mit Hingabe. »Es bedeutet dir mehr als die goldene Kette deines Mannes?« Sie sah mich erstaunt an.

Eigenartig, daß ein Stück vom Schwanzhaar eines Dickhäuters plötzlich wertvoller sein sollte als das Gold meines Prinzen. Aber irgendwie schrieb ich dem harten, dünnen Band zu, daß ich in Afrika Glück gehabt hatte, und betrachtete es deshalb als meinen Schutz.

»Hast du denn Glück gehabt?« fragte Mammy Ama.

Sie hatte den Nagel auf den Kopf getroffen. Ja, das Schicksal hatte es gut mit mir gemeint, daß ich auf einen Freund wie Abiola getroffen war, daß ein Mann wie Victor mich geliebt hatte. Aber das Glück hatte meine Hand nur kurz gehalten, um mich dann um so heftiger fortzustoßen. War nicht Yemi gestorben, Abiolas Frau und meine Freundin? Hatte mir das Schicksal nicht auch Victor genommen? Und seinen Vater? War nicht Victors Baby gestorben? Lebte ich jetzt etwa nicht in Angst vor Sunny?

Langsam schob ich den Elefantenhaarreif von meinem Handgelenk und sah zu, wie Mammy Ama daraus geschickt eine Kette für die weibliche Puppe bastelte. Das schwarze Band wirkte an ihrem Hals wie ein Galgenstrick.

»Sind das Victor und ich?«

»Vielleicht«, erwiderte die Priesterin.

Sie ließ sich den Palmwein bringen, den ich gekauft hatte, schüttete etwas davon auf den Boden und begann, die beiden Puppen in frischem Wasser zu waschen, das zwei der jungen Mädchen in Eimern hereinbrachten, während sie selbst ständig in einer mir unverständlichen Sprache vor sich hin murmelte. Ich nehme an, daß sie die Puppen »besprach«. Sie stellte die Figürchen auf ihren Altar, von wo aus sie dem folgenden zusehen durften.

Ich sollte mich entkleiden, während noch mehr Wasser hereingeschleppt wurde, das intensiv nach Kräutern duftete. Die Mädchen gossen es aus Kalebassen über mich. Mammy Ama gab unterdessen fortwährend einen monotonen Singsang von sich. Die Mädchen flochten meine Haare in kleine Zöpfe und bemalten meine Hände und mein Gesicht mit weißer Farbe. Von den Schultern abwärts wurde ich in ein schlichtes weißes Tuch gewickelt. Männer mit Trommeln erschienen. Sie setzten sich an die Wand und begannen, langsam und rhythmisch zu schlagen. Der Raum füllte sich mit immer mehr Menschen. Mir wurde eine bittere Ewo-Nuß gegeben, die ich sorgsam zu zerkauen und einzuspeicheln hatte, bevor ich sie mit Wasser hinunterschluckte.

Eine der jungen Frauen begann zu tanzen, der Takt wurde allmählich schneller. Mammy Ama schob mich sanft in die Mitte des Raums. Ich spürte, wie der Rhythmus meinen Pulsschlag beschleunigte. Mehrere Frauen schlossen sich der ersten Tänzerin und mir an. Mammy Ama hatte sich mit einigen älteren Frauen vor ihrem Altar niedergehockt und sah uns zu. Ein zufriedener Ausdruck lag in ihrem Gesicht. Ich hatte das Gefühl, daß meine eigene Mutter meinem – sicherlich recht ungelenken – Tanz wohlwollend zusah. Mammys Augen schienen zu sagen: Gut machst du das, Ilona, weiter so.

Meine Bewegungen wurden immer ausschweifender. Ich ruderte mit den Armen, warf den Kopf mal auf die Brust, mal in den Nacken, trippelte mal mit kleinen Schritten auf der Stelle, mal schritt ich weit aus. Ich schien den Raum für mich allein zu beanspruchen. Fast alle anderen Tänzerinnen setzten sich, klatschten zum Rhythmus der Trommel.

Schließlich blieb nur noch ein anderes Mädchen übrig, dessen zarter nackter Körper und Gesicht ebenfalls mit weißer Kaolin-Farbe eingestrichen waren. Sie warf sich auf den Boden, fauchte mich an, kratzte mit den Händen im weichen Sandboden. Sie war geschmeidig wie eine Katze, die mich belauerte, darauf zu warten schien, mich anzufallen. Ich bückte mich, kratzte selbst Sand vom Boden und warf ihn nach dem Leoparden, der mich fauchend umkreiste. Ich trat nach dem gefleckten Tier, schrie und spuckte. Und ich tanzte. Zwar hatte ich die Kontrolle über mich nicht verloren, aber ich tanzte in einer Art, die ich von mir nicht kannte. Das war zweifellos eine erheblich veränderte Ilona, die da über den Sand tobte. Aber es war immer noch ich.

Der Leopard blieb schließlich schwer atmend liegen und wurde weggetragen. Der rasende Trommelwirbel schien mich durch den Raum zu schleudern, bis ich nichts mehr um mich herum erkannte. Ich fühlte mich leicht, frei, schwerelos. Glücklich. Ich drehte mich, bis mir schwindlig wurde. Ich stolperte, wankte, versuchte den Takt wiederaufzunehmen, stolperte erneut. Was um mich herum geschah, war wie weggefegt, statt dessen schien ich im Zentrum eines Wirbels aus hellem Licht zu tanzen. Meine Füße schafften es nicht mehr, die rasende Geschwindigkeit meines Körpers zu transportieren. Ich schien geradezu abzuheben, sah für einen kurzen Augenblick auf mich herunter. Und lachte! Was macht die da unten, diese Weiße? Tanzt wie eine Verrückte ...

Irgendwann, als draußen der Sand des Vorplatzes schon wieder im hellen Sonnenlicht lag, kam ich wieder zu mir. Ich dämmerte auf ein paar Kissen in der Ecke, verspürte nicht die geringste Lust aufzustehen. So blieb ich lange liegen, bis ich Hunger bekam. Die beiden Frauen, die auf mich aufpaßten und dabei monoton auf Trommeln schlugen und unverständliche Töne von sich gaben, schickten nach Mammy Ama, die als einzige Pidgin-Englisch sprach. Mammy gab mir Wasser zu trinken, aber kein Essen. Ich sollte ruhen, aber nicht schlafen.

Es muß später Nachmittag gewesen sein, als man mir wieder die Waschungen angedeihen ließ, denen ein erneuter Tanz folgte, bei dem ich diesmal allerdings nicht in Trance geriet. Müdigkeit und Schwäche schienen stärker zu werden. Nach einer Weile wurde der Rhythmus langsamer. Ich spürte die starke Hand von Mammy, die mich aus dem Tempel herausführte und in den Hof brachte. Die Trommeln folgten uns. Umgeben von Mammys jungen Schülerinnen, ging ich an ihrer Seite durchs Dorf. Es war Nacht geworden.

Irgendwann standen wir am Fluß. Er war dunkel und schön. Das helle Licht des Mondes verlieh den Umrissen der Natur eine bizarre Klarheit. Die Trommler kehrten zum Dorf zurück. Es waren jetzt nur noch Frauen am Fluß. Sie hatten in einer Schale ein Feuer entfacht, in das Kräuter und Blütenblätter geworfen wurden. Ein sanfter, betörender Duft machte sich in der feuchten Nachtluft breit. Nicht mehr der dumpfe Klang der Trommeln versetzte mich jetzt in ein Hochgefühl, sondern das schnelle Klatschen der Frauenhände.

Mammy Ama bestreute die Totenpuppe, die Victor darstellte, mit Erde und wusch sie ausgiebig wieder sauber. Unablässig unterhielt sie sich mit der Puppe. Sie wiederholte den Vorgang mit Gin, den sie darüber schüttete und wieder abwusch. Schließlich stieg sie ins Wasser und forderte mich auf, zu ihr zu kommen. Sie gab mir die kleine Holzpuppe, die immer noch die teure Goldkette umgebunden trug. Schnaps und Sand hatten die weiße Farbe der Puppe verklebt und zerkratzt. Sie schien regelrecht gealtert zu sein.

»Mammy Water wird ihm Frieden geben«, sagte die Priesterin, »verabschiede dich und laß ihn dann los.«

Ich drückte Victor an meine Brust, küßte ihn und ließ das Püppchen ins Wasser gleiten. Das an dieser Stelle flache, schnell fließende Wasser zog es davon. Ein paar Sekunden lang blitzte das weiße Holz noch vom Mondlicht beschienen im dunklen Wasser, ritt fröhlich auf den kleinen Wellen. Dann war es verschwunden.

Als ich wieder aus dem Fluß stieg, klatschten die jungen Mädchen begeistert und forderten mich zu einem gemeinsamen Tanz um die Feuerschale auf. Während wir ausgelassen mehr sprangen als tanzten, begann Mammy Ama die zweite Puppe herzurichten. Sie klebte rote Blütenblätter mit Wasser auf die mir gewidmete Puppe, die meinen »Glücksbringer« trug. Dann nahm sie einen Schluck Palmwein, den sie fauchend über das Püppchen spuckte. Die Mädchen ergriffen meine Hände, und wir tanzten zusammen in den Fluß. Mammy Ama hielt meine Puppe diesmal selbst und redete ernst auf sie ein. Ohne Vorwarnung ließ sie sie los, und die Puppe nahm daraufhin den gleichen Weg wie die Victor geweihte Figur.

Wir sahen ihr eine Weile nach. Die kleinen Strudel spielten mit ihr, drehten sie im Kreis. Schließlich bewegte sich mein afrikanisches Alter ego davon – direkt in ein paar Mangrovenwurzeln ein gutes Stück flußab hinein, wo es hängenblieb, ohne unterzugehen.

»Das ist gut«, kommentierte Mammy Ama.

Gemeinsam mit den anderen Mädchen zog sie mich in die Mitte des Flusses, wo das Wasser wesentlich tiefer war. Ich stand bis zum Hals in den dunklen Fluten. Ohne jede Angst legte ich mich ins Wasser, paddelte mit den Armen. Es kam mir fast vor, als kraulte ich. Ich trieb an meinem Püppchen mit den erloschenen Augen vorbei, ließ es hinter mir zurück. Mein Gott, ich schwamm! Ich tauchte unter, drehte mich um meine eigene Achse. Ich, die ich noch nie geschwommen war, weil mich meine Angst immer gehindert hatte! Ich fühlte mich wohl wie die Fische im Wasser, die mein Sternzeichen sind.

Irgendwann stießen meine Füße gegen Hindernisse, stemmten sich dagegen; ich richtete mich auf. Erstaunt sah ich mich um. Ich war allein, hatte die Frauen hinter der Flußbiegung zurückgelassen. Tropfnaß stapfte ich an Land. In mir überwog Verwunderung, Unverständnis darüber, daß ich in diesem Wasser geschwommen war. Schwer atmend setzte ich mich ans Ufer und sinnierte vor mich hin, ohne jedoch einen klaren Gedanken fassen zu können. Mein Kopf war leer und leicht. Die warme Nachtluft trocknete das dünne Tuch auf meinem Körper. Ewig hätte ich so dasitzen und dem Gurgeln des Wassers lauschen können. Es klang vertraut und beruhigend. Als wäre ich noch darin. Schwerelos treibend, ohne Widerstände. Ohne etwas beeinflussen zu müssen.

Ich stand auf, warf das inzwischen trockene Tuch von mir und tauchte wieder in den Fluß. Ich sprang herum, spritzte mit dem Wasser, jubelte wie ein kleines Kind! Irgendwann kehrte ich zu den Frauen zurück. Wir gingen zum Tempel, und ich durfte schlafen.

Am nächsten Mittag nahm Mammy Ama mich sanft in die Arme, und ich fühlte mich geborgen. Sie band mir eine dünne Kette aus geflochtenen Fäden mit einer kleinen Muschel als Amulett um den Hals und drückte mir ein Säckchen in die Hand. »Streu den Sand auf den Fensterrahmen und die Schwelle des Zimmers, in dem du schläfst. Dann wird dir nichts passieren. Aber bleibe nicht mehr zu lang im Land des Leoparden. Er findet sonst einen Weg, dich zu töten«, schärfte sie mir ein.

Die hübsche Cilly lief schwanzwedelnd auf mich zu; ich freute mich, sie wohlbehalten wiederzuhaben.

»Die Mädchen wollten sie gar nicht mehr hergeben«, rief Mammy Ama lachend.

»Mammy«, sagte ich, »eine Frage habe ich noch: Wußtest du, daß ich nicht schwimmen kann?«

»Wußte ich's?« Ihre Augen sahen mich schelmisch an. »Das sah aber ganz anders aus. Du bist doch geschwommen wie ... eine Nixe!« Sie lachte herzhaft.

Vier Tage waren seit meiner Abreise aus Lagos vergangen. Ich war jetzt bereit, nach Hause zu fliegen, um Weihnachten mit meiner Familie zu feiern. Mein Flug ging in zwei Tagen.

Mammy Ama hatte mich gebeten, die Hauptstraße nach Lagos wegen ihrer Unfallträchtigkeit zu meiden. Ich hielt mich daran – und verfuhr mich prompt. Statt Richtung Westen fuhr ich direkt auf die Mangrovensümpfe zu, geriet immer tiefer ins Sumpfland, verlor jede Orientierung. Da entdeckte ich eine Straße, die mir bekannt vorkam, und gab Gas. Die gesamte Umgebung kam mir vertraut vor – natürlich, in der Nähe befanden sich das Heimatdorf Victors und Sunnys Palast!

Ich hatte Sunnys Dorf unbehelligt passiert, als sich das Land öffnete. Für ein paar Meilen wich die dichte Vegetation zurück. Ich stoppte den Wagen in einer menschenleeren Gegend, weil sich Cilly bemerkbar machte – sie brauchte Auslauf. Ich schloß den Wagen ab und lief mit Cilly los.

Wir waren noch nicht weit gekommen, als ich einen Vogel ausmachte, der mit schnellem Flügelschlag über den Boden dahinflog und dann niederging. Cilly wurde unruhig, sie wollte dorthin laufen. Ich kniete mich neben sie und hielt sie am Halsband fest. Das hier war nicht ihr Jagdrevier. Ein Reiter sprengte über das abgeerntete Feld, in dem der Vogel niedergegangen war. Der Mann stieg ab, als er den Vogel erreichte. Er bückte sich nach etwas, das ich nicht sehen konnte, richtete sich wieder auf und bestieg das Pferd. Er ritt etwa hundert Meter, hielt das Pferd an, streckte den Arm aus und wartete. Nun stieg der Vogel wieder vom Boden hoch und setzte sich auf den ausgestreckten Arm des Mannes. Ein Falkner!

Ich machte mich noch kleiner, beruhigte Cilly und wartete, bis der Reiter verschwunden war. Dann liefen wir rasch zum Wagen zurück. Mein Traum mit dem Urzeitvogel, der Victor verschleppt hatte! Ein Mann hatte auf einem Pferd gesessen, den Arm ausgestreckt. Nach meiner Interpretation hatte er mir hochhelfen wollen. Nun wußte ich es besser: Er bot dem Falken seinen Arm als Landeplatz!

Jenem Falken, der auf dem staubigen Poloplatz Victors Pferd angefallen hatte.

Die weiße Hexe

Mila hatte versprochen, mich zum Flughafen zu begleiten. Wir luden mein Gepäck in und auf Abiolas aus Deutschland mitgebrachten, alten Mercedes, der schwer in den Achsen hing. Drei Jahre Nigeria, da war eine Menge Kram zusammengekommen!

Zum ersten Mal war ich überpünktlich am Flughafen. Vier Stunden zu früh, aber wenigstens konnte ich so der Zollkontrolle gelassen entgegensehen. Am Schalter legte ich dem Lufthansa-Bodensteward mein Rückflugticket vor. Ich atmete auf. Sunny hatte mich also nicht aufgehalten, mir keine Steine mehr in den Weg gelegt, mir nicht nach dem Leben getrachtet. Milas Orakel hatte unrecht. Ich war dem Leoparden entkommen!

»Darf ich Ihren Reisepaß sehen?« fragte der Steward.

Ich durchsuchte meine Handtasche. Während ich überall nachsah, merkte ich, wie mir der Schweiß ausbrach. Ich spürte den Kloß im Hals, meine Hände zitterten. Es hatte keinen Sinn weiterzusuchen. Der Paß war nicht da. Ich sah mich selbst, wie ich das Dokument zusammen mit Victors Wertsachen in seinen Safe gelegt und sorgsam das Zahlenschloß verstellt hatte. Ich mußte zurück in dieses Haus! Was, wenn Sunny dort war? Aber mir blieb keine andere Wahl. Ohne Paß konnte ich nicht ausreisen.

Abiola hatte den Mercedes längst entladen, das Gepäck stapelte sich in der Halle. Mila übernahm das Kommando: »Abiola, du bleibst hier und sorgst dafür, daß das Gepäck eingecheckt wird. Komm, Ilona, wir fahren zu Victors Haus.«

Es war nur ein Versuch, mehr nicht. In drei Stunden nach Ikoyi und zurück, das war kaum zu schaffen. Normalerweise brauchte ich für eine Strecke anderthalb Stunden, wenn kein Stau dazwischenkam. Ich bin eine defensive Fahrerin, gehe nie ein Risiko ein. Aber dieses eine Mal fuhr ich, als stünde mein Leben auf dem Spiel. Und irgendwie ging es ja auch um mein Leben! Die Sicht war schlecht, ein Sandsturm, der um die Jahreswende gefürchtete Wüstenwind Harmattan, zog auf.

»Der Sand ...«, murmelte Mila. Ich warf ihr einen Seitenblick zu. Was meinte sie? »Der Sturm aus der Sahara, er bringt den Sand. Du hast ihn ausgesucht, *sister*, damit dein Gegner im Sand liegt ...«

Sie wirkte entrückt. Ich hupte ununterbrochen, überholte links und rechts. Der Verkehr und die schlechten Sichtverhältnisse beanspruchten meine Konzentration auf das Äußerste. Mila begann unterdessen vor sich hin zu murmeln. Ich verstand nichts von ihrem Singsang. Aber ich bekam mit, daß sie in der großen Tasche herumwerkelte, die sie, unter ihrem Wrapper verborgen, stets mit sich trug. Schließlich holte sie eine Glasscherbe und einen spitzen Zahn hervor.

»Spuck darauf, *sister*!« Sie hielt mir beides vor den Mund, und ich spuckte. Mila band Scherbe und Zahn mit einem Lederband zusammen und murmelte weiter vor sich. »Er wird da sein, *sister*. Er wird da sein. Du mußt jetzt sehr stark sein.«

Eine Stunde, 15 Minuten. Das war Rekord. Abiolas alter Mercedes brauste in den Hof. Nein, er war nicht da! Sunnys BMW stand nicht wie üblich protzig breit im Hof. Ich atmete auf. Mila wartete im Wagen. Ich raste zum Haus, schob den verdutzten Hausboy zur Seite.

»Ist Chief Sunny da?«

»Nein, Ma'am.«

Ungehindert erreichte ich den Safe in der Bibliothek. Links, rechts, rechts ... ich drehte wie ein Champion an dem Zahlenrädchen, riß die schwere Tür auf und grapschte mir den bereitliegenden Paß. Nichts wie raus. Ein kurzer Blick auf die Uhr. Eine Minute war vergangen. Ich hastete gerade die Stufen zum Wagen hinunter, als Sunnys BMW einbog. Und mitten in der Einfahrt stehenblieb. Breit und dick. Keine Fluchtmöglichkeit. Sunny wälzte seine Kilos aus dem Wagen.

Ich warf einen hilfesuchenden Blick zu Mila. Sie bedeutete mir, cool zu bleiben.

»Was tun Sie hier, Ilona«, quetschte Sunny wütend hervor, »Sie sind gekommen, um mich zu bestehlen, nicht wahr?«

Ich zog den Paß aus meiner Handtasche und zeigte ihn ihm. »Der Paß, ich brauche ihn.«

»Wofür? Wollen Sie verreisen? Etwa ins Ausland? Sie sind meine Angestellte. Warum fragen Sie nicht, ob Sie ins Ausland dürfen?« Seine Wut ließ den kleinen dicken Mann schwitzen. Während Sunny mich anschrie, verließ Mila Abiolas Wagen und ging die zwei, drei Meter bis zu Sunnys BMW. Niemand beachtete sie. Sie beugte sich blitzschnell in das geöffnete Fenster des BMW hinein und zog sich rasch wieder zu Abiolas Auto zurück.

Sunny schubste mich ins Haus. »Sie haben Ihre Stellung mißbraucht!« schrie er los. »Sie haben Projekte abgeschlossen, die ich weiterführen wollte. Sie haben Geld auf Kontos umgebucht, die Akpoviroro nicht kennt. Sie können jetzt nicht verschwinden. Sie bleiben hier!«

Das Zittern, das mich erfaßt hatte, ließ meine Beine schlottern, der Schweiß brach mir aus allen Poren. Das verdammte Orakel! Es hatte doch recht gehabt. Dabei war ich schon am Flughafen gewesen! Meine eigene Schusseligkeit hatte mich zu Sunny geführt, dem ich fast entkommen war. Ich setzte mich auf Victors Lieblingssofa und preßte meine Handtasche als Schutz vor meinen Bauch.

»Chief Sunny«, sagte ich so ruhig wie möglich, um meine Todesangst zu verbergen, »Akpoviroro ist nicht besonders geübt in Buchhaltung und Finanzen. Ich habe kein Geld veruntreut. Ihr Sohn ist nur nicht in der Lage, die Geschäftsbücher und Kontoauszüge richtig zu lesen.«

Diese letzten Worte hatte Akpoviroro leider gehört. Ich hatte nicht einmal gewußt, daß der ungeratene Sohn überhaupt im Haus war. »Sie ist eine Betrügerin!« kreischte er.

Durch das dünne Leder meiner Handtasche spürte ich das kleine Säckchen mit Sand, das Mammy Ama mir gegeben hatte. Ich öffnete es in der Tasche, hielt es wie meinen letzten Trumpf in der Hand. Ich saß in der Falle. Mit sachlicher Argumentation konnte ich nichts mehr erreichen. Meine Position war denkbar schlecht. Was konnte ich tun? Sollte ich mich fertigmachen lassen? Sunny den endgültigen Sieg ermöglichen? Ich straffte meine Schultern und ging zum Gegenangriff über. Mit triefend nassen Achselhöhlen.

»Sie lieben die Jagd mit dem Falken, nicht wahr, Chief Sunny? Und einen Falken kann man so abrichten, daß er ein Pferd angreift. Ist das richtig?« fragte ich ganz ruhig.

Damit hatte er nicht gerechnet. Er nahm sogar die Sonnenbrille ab, um mich anzuglotzen. »Wie kommen Sie darauf?«

»Ich kenne den Leoparden. Er jagt klug, aber heimtükkisch. Er schleicht sich in der Nacht an sein Opfer heran. Mich aber umgibt keine Nacht, Chief Sunny. Mir werden Sie nichts tun. Sie haben Victor und seinen Vater getötet. Sie haben alles erreicht, was Sie wollten.«

»Wie kommen Sie darauf, daß ich Victor und William getötet habe? Es war ein Flugzeugabsturz«, blaffte er mich an.

Ich pokerte. Mir schlug das Herz bis zum Hals, als ich sagte: »Nicht nur Sie wissen um die Kräfte Oguns. Sie sollten aufpassen, daß sich seine Kraft nicht gegen Sie richtet.«

Ich hatte mich ganz schön weit aus dem Fenster gelehnt. Sunny durchmaß das Zimmer mit schnellen, energischen Schritten. Rasch streute ich eine dünne, halbkreisförmige Linie Sand auf den Teppich, direkt vor meine Füße.

Sunny ging festen Schritts auf mich zu. »Du willst mir mit der Macht Oguns drohen! Du wagst es, mich zu verfluchen!?« fuhr er mich an. Er war nur noch drei Schritte vor mir, und es schien, als wollte er mir jeden Augenblick an die Gurgel fahren. Ich rutschte auf dem Sofa so weit als möglich zurück.

Da hielt Sunny inne und starrte auf den Boden. »Was ist das? Was hat das zu bedeuten?«

»Es ist ein Schutz. Mein Schutz«, sagte ich ganz ruhig. Und zitterte wie Espenlaub.

»Hexe!« brüllte er. »Du bist eine weiße Hexe!«

Wütend drehte er sich um und stob aus dem Raum, um nach wenigen Sekunden zurückzukehren. Er schnauzte die beiden Wächter an, die ihn begleiteten. Die Kerle sahen den Sand, schraken zurück. Sunny brüllte erneut. Vorsichtig umrundeten die muskelbepackten Kerle das Sofa und griffen mich von hinten. Wie eine Puppe hoben sie mich aus dem Sofa heraus. Sie hakten mich rückwärts unter und schleiften mich zur Eingangstür, quer über den Hof, rissen die Türen des immer noch in der Einfahrt stehenden BMWs auf und schmissen mich auf den Rücksitz. Einer der Wächter setzte sich mit dem Gewehr zwischen den Füßen nach vorn, Sunny schwang sich hinters Lenkrad, wendete den Wegen und gab wütend Gas. Und drückte dann so abrupt auf die Bremse, daß ich mit dem Kopf gegen den Vordersitz knallte.

»Was ist das?!«

Sunny riß die Fahrertür auf und sprang aus dem BMW, als wäre er von einem Skorpion in den Hintern gestochen worden. Wie ein Irrer tobte er neben dem BMW herum. »Das bringt Unglück! Wie kommt das in meinen Wagen! Wer hat das da reingetan?!« schrie er wie ein Irrer.

Ich sah zwischen den Sitzen hindurch nach vorn. Das kleine *juju* aus dem Zahn des von mir ausgesuchten Krokodilschädels und einem Stück von Sunnys Brille, verklebt mit meiner Spucke und von Mila umwickelt und besprochen – es lag direkt neben dem Hebel der Gangschaltung! Das also hatte Mila gemacht, als sie kurz zu Sunnys BMW geschlichen war. Reiner Wahnsinn, wie das wirkte! Der Wahnsinn der Schwarzen Magie. Und dennoch nur ein bißchen Glas, ein Zahn, Spucke und Leder. Aber wenn man daran glaubte, dann war es ein böser Fluch. Und Sunny glaubte daran. Natürlich, denn es waren die Waffen, mit denen er selbst kämpfte. Und die er fürchtete, wenn sein Gegner sie einsetzte.

»Das war sie«, schrie Sunny, »die weiße Hexe hat das dahin getan!« Er marschierte um das Heck des BMWs herum. »Komm da raus, Hexe, mit diesem Auto fährst du nicht!«

Als ich nicht rasch genug aus den Polstern des BMW herauskrabbelte, packte er mich brutal am Arm und riß mich heraus. Ich war viel zu überrascht, um Widerstand zu leisten, und landete schmerzhaft mit dem Hintern im Staub der Einfahrt. Als ich mich hochrappelte, sah ich Mila am Steuer von Abiolas Mercedes sitzen. Gott, ich werde nie vergessen, wie sie grinste! In ihren Zügen lag eine Mischung aus Genugtuung und tiefer Verachtung. Mila hatte mir einen Ball zugeworfen. Jetzt mußte ich nur noch damit spielen ...

»Chief Sunny, Sie werden doch vor einem *juju* keine Angst haben. Oder glauben Sie etwa, daß die Kräfte des Wassers Ihrem Ogun etwas antun können? Ein Mann wie Sie, der den Leoparden und den Falken auf seiner Seite hat.«

Sunny brüllte etwas, und ein Pick-up hielt neben mir. Die Wächter packten mich und warfen mich wie ein Bündel Lumpen auf die Ladefläche. Sunny selbst setzte sich hinters Lenkrad, ein Wächter und Akpoviroro kletterten mit Gewehren zu ihm ins Führerhaus. Sunny bugsierte den Pick-up an seinem *juju*-verseuchten BMW vorbei auf die Straße und raste los.

Verzweifelt suchte ich nach einem Halt und lag schließlich bäuchlings auf der Ladefläche. Meine Umhängetasche unter mir, klammerte ich mich an der hinteren Ladekante fest und preßte die Füße gegen das Fahrerhaus. Vorsichtig hob ich den Kopf und stellte fest, daß Mila vergeblich versuchte, mit Abiolas Benz hinterherzukommen. Die Strecke kam mir schon bald vertraut vor. Ich schätze, ich bin die einzige deutsche Managerin, die je auf diese Weise zum Flughafen von Lagos gebracht worden ist.

Schon auf dem Weg nach Ikoyi hatte Mila bemerkt, daß der Wüstensturm Harmattan den weißen Sand aus der Sahara herantrug. Jetzt wirbelte der warme Wind auch den überall in der Stadt gegenwärtigen roten Sand auf. Ich hatte Sand in den Augen, in der Nase, im Mund, spuckte und bekam kaum noch Luft. Trotz der schlechten Sicht raste Sunny wie ein Verrückter. Pausenlos hupte er. Plötzlich hörte ich einen dumpfen Schlag, als ob ein schwerer Gegenstand den Pick-up vorn getroffen hätte. Der Wagen bremste so hart, daß die Kraft in meinen Beinen nicht ausreichte; wie eine Puppe wurde ich nach vorn gegen das Fahrerhaus geschleudert.

Als ich wieder zu mir kam, lag ich noch immer auf der Ladefläche. Um mich herum tobte ein Orkan aus Sand, Sturm – und menschlichen Stimmen. Alles schrie durcheinander. Benommen hob ich den Kopf und spähte über die Ladekante. Durch den Nebel aus feinem Sand erkannte ich schemenhaft Menschen, die sich in einer dichten Traube um den Pick-up versammelt hatten. Mittendrin der kleine Sunny mit seinem Leopardenstock, sein Leibwächter und Akpoviroro, die mit ihren Gewehren in der Luft herumfuchtelten.

Irgendein Mann griff Sunny an und schrie mit vor Wut verzerrter Stimme. Plötzlich fiel ein Schuß, dann noch einer. Frauen kreischten hysterisch auf, die Menge stob auseinander. Jetzt sah ich, was geschehen war: Am Boden lagen die Körper zweier Männer. Akpoviroro kniete auf dem Asphalt und schrie immer wieder auf englisch:

»Gott, was habe ich getan! Verzeih mir, Vater, verzeih!«

Seine Stimme klang schrill und verzweifelt. Langsam kamen die Menschen zurück. Ich kletterte ungeschickt vom Pick-up und schob mich durch die Menge.

Einer der beiden Toten war Sunny. Eine Gewehrkugel hatte ihn am Hinterkopf getroffen, sein Blut bildete in dem roten Sand, der auf der Straße lag, eine dunkle Lache.

»Du hast gut gewählt, *sister.* Eine Gewehrkugel wird ihn treffen. Sein Blut wird den Boden rot färben.« Ich hatte das Gefühl, Mila stünde hinter mir. Aber da waren nur Fremde, die sich mit Tüchern vor den Gesichtern gegen den Sand schützten.

Akpoviroro hob den Kopf. Sein Gesicht von Tränen, Staub, Dreck und rasender Wut zur Maske eines Irren verzerrt, drehte sich in meine Richtung. »Sie ist eine Hexe! Sie hat das getan. Sie hat mich dazu gebracht, meinen Vater zu erschießen!«

Dann stand er auf, lud das Gewehr, hob es und legte an. »Stirb, weiße Hexe!«

Ganz ruhig sagte ich: »Die Kugel, die du abfeuerst, wird dich selbst töten, Sohn deines Vaters.« Es war, als hätte eine andere Person aus mir gesprochen.

Akpoviroro ließ sein Gewehr sinken. Ich öffnete die Beifahrertür des Pick-up. »Befiehl deinem Bodyguard, mich zum Flughafen zu bringen.«

Akpoviroro gab seinem verdutzten Leibwächter ein stummes Handzeichen, und der Mann schwang sich folgsam hinters Lenkrad. Als der Wagen anfuhr, traten die Menschen schweigend zur Seite. Im Rückspiegel sah ich Akpoviroro, der mir nachstarrte. Dann schloß sich die Menge wieder um ihn.

Nach kurzer Fahrt erreichte der Wagen tatsächlich den Airport. Der Leibwächter sprang gehetzt aus dem Wagen und riß meine Tür auf: »Verpiß dich, weiße Hexe. Und komm nie zurück! Oder du wirst zu spüren bekommen, was Nigeria für dich bedeutet!« brüllte er.

Ich hatte nur noch zwanzig Minuten bis zum Abflug. Barfuß und verdreckt, rannte ich in die Halle, schon beinahe ohne Hoffnung, daß ich noch rechtzeitig kommen würde. Zum letzten Mal war das Glück in Nigeria auf meiner Seite: Der Harmattan hatte alle Flugpläne über den Haufen geworfen. Nichts ging mehr. Hunderte Reisende, die sich alle auf weiße Weihnachten in Europa freuten, standen vor den Schaltern Schlange. Irgendwo in dem Gewühl fand ich Abiola, der ganz vorn am Counter lehnte.

Er mußte zweimal hinsehen, bis er mich in der heruntergekommenen, mit Sand bedeckten Bettlerin erkannte. Ich legte meinen Paß vor, der mich beinahe das Leben gekostet hätte.

Eine energische Stimme ließ mich aufhorchen. »Geh mal weg, *sister*, ich muß da vorn zu einer Freundin.«

Mila! Wo kam die her? Sie war wie ich voller Sand. Als sie vor mir stand, sah sie mich von oben bis unten an. »Hey, du siehst verdammt noch mal aus wie eine Hexe, die den Teufel besiegt hat, *sister*!«

Aus der Tiefe ihres mächtigen Leibes stieg ein dröhnendes Gelächter auf, das sie schüttelte. Die Umstehenden wichen zurück, in ihren Gesichtern stand sprachloses Entsetzen. Aus Milas weiten Gewändern war eine Patronenhülse gefallen. Langsam kullerte sie vor meine Füße und hinterließ dabei eine dünne rote Spur aus Blut.

Ein neuer Anfang

Im warmen Schein des Windlichts leuchtete der Messingmantel der Patronenhülse auf dem Tisch von Abiolas Veranda.

»Eine erstaunliche Frau, diese Mila«, lächelte Abiola vielsagend. Allerdings machte er keinen Hehl aus seiner Überzeugung, daß er sie für eine typisch nigerianische Trickserin hielt. Wenngleich er keine logische Erklärung anzubieten hatte. »Ich habe mir abgewöhnt«, sagte er, »in meinem Land nach Logik zu fragen. Nigeria funktioniert immer dann am besten, wenn die Menschen aus dem Bauch heraus leben. In den ersten Jahren nach meiner Rückkehr aus Europa kam ich damit überhaupt nicht zurecht, inzwischen sehe ich aber ein, daß ich meine Landsleute so nehmen muß, wie sie sind.«

Seine Frau Emeta interessierte an meinen Erzählungen vor allem der edle Victor – ebenso wie meinen Mann Peter, der sich in dem Punkt allerdings vornehm zurückhielt. Ob es denn wahr sei, daß ich alle Fotos von ihm verbrannt hätte? Ich nickte bedauernd. Da zog Abiola einen Papierabzug hervor und legte ihn wortlos auf den Tisch. Das Foto zeigte einen Mann, der auf ein Polopony steigt – Victor!

»Sieht ja recht beeindruckend aus«, brummelte Peter und reichte das Foto an Emeta weiter, die es wesentlich länger besah. »Schade um diesen Mann«, sagte sie nachdenklich.

Abiola erinnerte sich, daß er das Foto ein paar Tage vor dem Angriff des Falken gemacht hatte. Vor meiner Rückkehr nach Nigeria hatte er seine alten Fotokisten durchwühlt und darin auch die Patronenhülse wiedergefunden. Er berichtete, daß es tatsächlich so gekommen war, wie Victor es sich gewünscht hatte: Sein Vetter Opele wurde nach Sunnys Tod Stammeschief und neuer König. Opele hatte für diesen Aufstieg einen hohen Preis zu zahlen: Er mußte sich von seiner ersten Frau trennen, die ihre Arbeit als Anwältin nicht aufgeben wollte und von der Stammestradition keine Ahnung hatte, so daß sie dem Palast nicht vorstehen konnte. Er mußte eine junge Frau heiraten, die der Ältestenrat vorgeschlagen hatte.

Natürlich wollten Abiola und Emeta wissen, was aus John Wowo geworden ist. »An meinen großen Sohn Bobby« – dieser Kartengruß kommt jedes Jahr einige Wochen nach Weihnachten bei meiner Mutter an. Hin und wieder findet sich auch ein Hinweis darauf, daß Bobby wieder einen neuen Bruder bekommen hat. Soweit ich weiß, sind es inzwischen sechs, die alle die Nachnamen von US-Präsidenten tragen.

»Es gibt Nigerianer, die geben ihren Töchtern die Namen von Autos«, schmunzelte Abiola vielsagend.

Emeta lieh mir einen ihrer hübsch bestickten Wrapper, nur so zum Spaß. »Er steht dir so gut!« sagte sie, »du mußt ihn bei meiner Hochzeit tragen!«

Am nächsten Tag feierten wir auf dem Gelände der Uni von Benin City Abiolas Hochzeit. Peter und ich bewunderten die Gäste, die sich ausgelassen und anmutig zur afrikanischen Musik bewegten.

»Komm schon«, sagte ich und nahm Peters Hand, »laß uns mitmachen. Wir sind doch nicht zum Zusehen hier!«

Mein unmusikalischer Mann machte viel zu große Schritte und kam schnell ins Schwitzen. Nachdem er endlich Sakko und Krawatte abgelegt hatte und sich von mir führen ließ, wurden seine Bewegungen allmählich geschmeidiger und verloren ihre deutsche Eckigkeit. Im Gewühl der Tanzfläche trafen wir auf Abiola und Emeta, die uns zuzwinkerte.

»Afrika bekommt euch gut«, rief Abiola über die laute Musik hinweg. »Ihr solltet bald wiederkommen!«

Meine Aufenthaltsorte in Nigeria

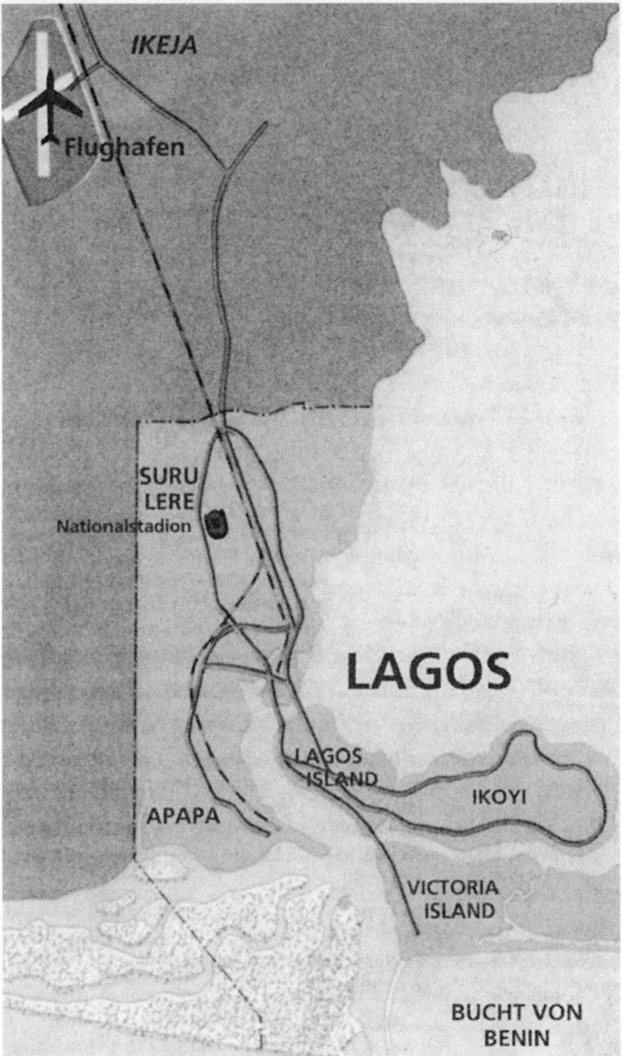
IKEJA
Flughafen
SURU
LERE
Nationalstadion
LAGOS
LAGOS
ISLAND
IKOYI
APAPA
VICTORIA
ISLAND
BUCHT VON
BENIN

Glossar

babalawo – Medizinmann
bitterleaf-Soup – bitteres, spinatähnliches Blattgemüse
boy's quarter – Unterkünfte der Hausangestellten
chief – eigentlich: Clanchef, doch mit diesem Titel schmükken sich Männer, die wichtig sind – oder sich dafür halten
compound – Ansammlung verschiedener Häuser, die einen Hof bilden
controller – kaufmännischer Leiter, der z. B. die Finanzen einer Firma kontrolliert
day watches – Tagwachen
dodo – gebratene Banane
earthspirits – Erdgeister
fathouse – Fetthaus; bezeichnet einen Ort, an dem Mädchen spirituell und praktisch auf die Ehe vorbereitet werden
garri – aufgequollener Gries aus Maniokknollen
gele – kunstvoll gewickeltes Kopftuch
Government Residential Area (GRA) – von der Regierung ausgewiesenes Gebiet, in dem vor allem Ausländer wohnen
harmattan – warmer Wind mit Staub aus der Sahara, tritt um die Jahreswende herum auf
herbalist – Kräuterdoktor
High-Life-Musik – westafrikanische Tanzmusik, erinnert an Reggae
Initiation – Einweihung in geheime Rituale
Jemonja – Göttin der Urweiblichkeit, Sinnbild der Fruchtbar-

keit und des materiellen Reichtums, Patronin aller Mütter; aus der Ifa-Religion

juju – Fetisch, vom Medizinmann gefertigt

kobo – kleine nigerianische Münze von geringem Wert

Mammy water – andere Bezeichnung für die *orisha* Jemonja der Ifa-Religion. Urgöttin der Weiblichkeit, Sinnbild der Fruchtbarkeit

naira – nigerianische Währung

night watches – Nachtwachen

oba – im Südwesten Nigerias und in Benin gebräuchliches Wort für König oder oberster Stammesfürst

Ogun – Gott des Eisens und der Metalle; Patron der Autofahrer; aus der Ifa-Religion

opon – Orakelbrett eines *babalawo*

orisha – einer von 400 Göttern der Ifa-Religion; männlich oder weiblich

òyìbó – Europäer, Europäerin, Weiße

Pick-up – kleiner Lastwagen mit Ladefläche

Pidgin-Englisch – afrikanisches Englisch, in dem Worte oftmals eine andere Bedeutung haben als im herkömmlichen Englisch

tribal marks – Stammessymbole; ins Gesicht geritzte Narben

wrapper – afrikanischer Rock, der aus einer Stoffbahn gefertigt wird, indem man den Stoff kunstvoll um den Leib wikkelt; wird mit Bluse, meistens aus dem gleichen Stoff, kombiniert getragen